应用型高校产教融合系列教材

供应链与冷链物流管理系列

冷链物流设计与应用

刘 峥 ◎ 主编

胡 斌 孟德志 ◎ 副主编

清華大学出版社

北 京

内 容 简 介

本书共 12 章,涵盖冷链物流的基本知识、冷链配送中心规划与设计、冷链物流装备管理、冷链物流订单管理、冷链配送、冷链配送中心库存管理、冷链物流退货管理、冷链物流配送管理、冷链物流信息系统管理以及冷链配送成本控制与绩效评估,并对来自不同行业和领域的相关实际案例进行分析。本书结构设置合理、内容丰富,将理论与实践相结合,通过丰富的案例和实际操作指导,帮助读者深入了解供应链和冷链物流的核心概念,并提供了解决实际挑战的有效工具和方法,促进冷链物流的可持续发展。

本书既可作为高等院校物流专业的教材,也可作为物流行业从业者、供应链管理相关人士的参考用书。

图书在版编目(CIP)数据

冷链物流设计与应用 / 刘峥主编. -- 北京 : 清华大学出版社,2025. 8.
(应用型高校产教融合系列教材). -- ISBN 978-7-302-70173-6

Ⅰ. F252.8
中国国家版本馆 CIP 数据核字第 20258SM503 号

责任编辑:张 伟
封面设计:何凤霞
责任校对:宋玉莲
责任印制:刘海龙

出版发行:清华大学出版社
   网   址:https://www.tup.com.cn,https://www.wqxuetang.com
   地   址:北京清华大学学研大厦 A 座   邮   编:100084
   社 总 机:010-83470000   邮   购:010-62786544
   投稿与读者服务:010-62776969,c-service@tup.tsinghua.edu.cn
   质 量 反 馈:010-62772015,zhiliang@tup.tsinghua.edu.cn
   课 件 下 载:https://www.tup.com.cn,010-83470332
印 装 者:小森印刷(天津)有限公司
经 销:全国新华书店
开 本:185mm×260mm   印 张:12.25   字 数:272 千字
版 次:2025 年 9 月第 1 版   印 次:2025 年 9 月第 1 次印刷
定 价:39.00 元

产品编号:105992-01

应用型高校产教融合系列教材

总编委会

主　　任：李　江

副 主 任：夏春明

秘 书 长：饶品华

学校委员（按姓氏笔画排序）：

　　　王　迪　王国强　王金果　方　宇　刘志钢　李媛媛

　　　何法江　辛斌杰　陈　浩　金晓怡　胡　斌　顾　艺

　　　高　瞩

企业委员（按姓氏笔画排序）：

　　　马文臣　勾　天　冯建光　刘　郴　李长乐　张　鑫

　　　张红兵　张凌翔　范海翔　尚存良　姜小峰　洪立春

　　　高艳辉　黄　敏　普丽娜

丛书序

FOREWORD

教材是知识传播的主要载体、教学的根本依据、人才培养的重要基石。《国务院办公厅关于深化产教融合的若干意见》明确提出，要深化"引企入教"改革，支持引导企业深度参与职业学校、高等学校教育教学改革，多种方式参与学校专业规划、教材开发、教学设计、课程设置、实习实训，促进企业需求融入人才培养环节。随着科技的飞速发展和产业结构的不断升级，高等教育与产业界的紧密结合已成为培养创新型人才、推动社会进步的重要途径。产教融合不仅是教育与产业协同发展的必然趋势，更是提高教育质量、促进学生就业、服务经济社会发展的有效手段。

上海工程技术大学是教育部"卓越工程师教育培养计划"首批试点高校、全国地方高校新工科建设牵头单位、上海市"高水平地方应用型高校"试点建设单位，具有40多年的产学合作教育经验。学校坚持依托现代产业办学、服务经济社会发展的办学宗旨，以现代产业发展需求为导向，学科群、专业群对接产业链和技术链，以产学研战略联盟为平台，与行业、企业共同构建了协同办学、协同育人、协同创新的"三协同"模式。

在实施"卓越工程师教育培养计划"期间，学校自2010年开始陆续出版了一系列卓越工程师教育培养计划配套教材，为培养出具备卓越能力的工程师作出了贡献。时隔10多年，为贯彻国家有关战略要求，落实《国务院办公厅关于深化产教融合的若干意见》，结合《现代产业学院建设指南（试行）》《上海工程技术大学合作教育新方案实施意见》文件精神，进一步编写了这套强调科学性、先进性、原创性、适用性的高质量应用型高校产教融合系列教材，深入推动产教融合实践与探索，加强校企合作，引导行业企业深度参与教材编写，提升人才培养的适应性，旨在培养学生的创新思维和实践能力，为学生提供更加贴近实际、更具前瞻性的学习材料，使他们在学习过程中能够更好地适应未来职业发展的需要。

在教材编写过程中，始终坚持以习近平新时代中国特色社会主义思想为指导，全面贯彻党的教育方针，落实立德树人根本任务，质量为先，立足于合作教育的传承与创新，突出产教融合、校企合作特色，校企双元开发，注重理论与实践、案例等相结合，以真实生产项目、典型工作任务、案例等为载体，构建项目化、任务式、模块化、基于实际生产工作过程的教材体系，力求通过与企业的紧密合作，紧跟产业发展趋势和行业人才需求，将行业、产业、企业发展的新技术、新工艺、新规范纳入教材，使教材既具有理论深度，能够反映未来技术发展，又具有实践指导意义，使学生能够在学习过程中与行业需求保持同步。

系列教材注重培养学生的创新能力和实践能力。通过设置丰富的实践案例和实验项目，引导学生将所学知识应用于实际问题的解决中。相信通过这样的学习方式，学生将更加具备竞争力，成为推动经济社会发展的有生力量。

本套应用型高校产教融合系列教材的出版，既是学校教育教学改革成果的集中展示，也是对未来产教融合教育发展的积极探索。教材的特色和价值不仅体现在内容的全面性和前沿性上，更体现在其对于产教融合教育模式的深入探索和实践上。期待系列教材能够为高等教育改革和创新人才培养贡献力量，为广大学生和教育工作者提供一个全新的教学平台，共同推动产教融合教育的发展和创新，更好地赋能新质生产力发展。

中国工程院院士、中国工程院原常务副院长

2024 年 5 月

前言

本书为上海工程技术大学产教融合系列教材之一，在总编委会和供应链与冷链物流管理系列教材编委会指导下，按照产教融合教材建设要求编写完成。

本书聚焦于冷链物流的设计和实际案例，涵盖了从冷链系统的规划和设计到实际案例分析的全面内容，有助于对冷链物流的深入理解。读者将学到如何建立可靠、高效的冷链系统，以确保温度敏感产品的质量和安全。本书的特色在于实际案例的丰富性，这些案例来自不同行业和领域，帮助读者将理论知识与实际应用相结合，为他们提供了宝贵的见解和启发。

本书共 12 章，主要结构设置如下。

第 1 章概述了冷链和冷链物流的基本概念，包括冷链物流行业的优劣势、配送中心的定义及分类，以及物流配送中心与连锁经营模式的关系，并结合国外配送中心的现状进行了案例分析，帮助读者快速掌握冷链物流配送中心的相关知识。

第 2 章详细介绍了冷链配送中心的规划与设计原则，从立项开始，详细阐述了冷链配送中心的选址原则、选址方法及选址基本条件，还涉及作业流程规划、作业区域规划等内容，使读者能够深入了解冷链配送中心的建设。此外，本章还讨论了配送中心的布局原理，并通过具体案例帮助读者融会贯通。

第 3 章主要介绍了冷链运输的含义、发展历程，以及冷链运输装备的分类和使用。此外，本章还详细讲解了冷链物流仓储设备管理和冷链物流装卸运输设备管理。

第 4 章重点讨论了订单在物流配送中的重要作用，包括订单管理概述、订单管理的原则和流程，强调了高效订单管理对于物流流程连贯性和高效率的重要性。

第 5 章详细介绍了冷链配送的各个方面，包括冷链配送的概念、分类、模式，以及冷链物流的发展现状。此外，本章还详细讲述了拣货、补货、配送加工、配装和送货等基本要素和具体流程，以及冷链配送方法和技术。最后，本章还探讨了冷链配送合理化的方法。

第 6 章深入探讨了冷链配送中心的库存管理，涵盖进货计划、冷链库存特性、经济订购批量模型、订货点技术和冷链库存管理等多个方面。通过实际案例的应用，本章提供了库存管理的实际运用指导，确保供应链的安全性、效率和可追溯性。

第 7 章主要讨论了冷链物流退货管理，包括退货产生的原因、退货管理的意义、退货作业流程、冷链商品退货的会计流程，以及经销商的理赔退返管理。

第 8 章详细介绍了冷链配送计划及其管理，包括配送计划的制订与实施、库存控制与理货配送管理及冷链物流配送路线规划和配送模式。本章结合实际案例,深入解析了国内外主要的冷链配送模式。

第 9 章主要探讨了冷链物流信息系统管理,包括冷链物流信息系统的概念、结构、功能及冷链物流信息技术和计算机技术的应用。

第 10 章则着重于冷链配送成本控制与绩效评估,详细介绍了冷链配送成本的构成、成本控制的重要性,以及绩效管理的核心内容。本章还提出了冷链配送中心作业效率评估的八大要素和绩效评估方法。

第 11 章和第 12 章通过实际案例分析,对前面章节的内容进行了整理和归纳,将理论与实践紧密结合,帮助读者更好地理解和应用所学知识。

本书由上海工程技术大学和上海卓昕瑞供应链管理有限公司合作编写,由刘峥担任主编,胡斌和孟德志担任副主编。其中,刘峥老师负责第 1~6 章,胡斌老师负责第 7~8 章,上海卓昕瑞供应链管理有限公司孟德志经理负责 9~10 章。此外,上海工程技术大学李柔葭、常思雨、李珂娟、戈富荣、江剑锋、邢若、马庄园、张峪负责案例资料收集并编写第 11~12 章。

本书的编写得到了上海工程技术大学产教融合系列教材项目的大力支持,也得到了合作企业上海钢蜂物流科技有限公司的鼎力相助。在本书编写过程中,总编委会的各位专家和教授给予了指导和支持,在此表示诚挚的感谢。本书力求体现理论上的前沿性,同时又与企业实践紧密结合,但是由于作者水平有限和冷链物流领域的迅猛发展,书中难免有不尽如人意甚至疏漏之处,敬请读者惠予批评指正。

编者

2025 年 1 月

目录

本章主要介绍了冷链和冷链物流的基本含义、冷链物流行业的优劣势、配送中心的定义及分类、物流配送中心与连锁经营模式的关系以及国外配送中心的现状，配有相关的案例分析，帮助读者更好地快速了解、掌握冷链物流的配送中心相关知识，并结合相关案例加以理解。

1.1 冷链物流的基本知识

1.1.1 冷链

1. 冷链的含义

冷链（cold chain）是指易腐食品在产地收购或捕捞之后，为了保持其特性，从生产加工、储藏、运输、分销，直到转入消费者手中，整个过程使食品始终处于所需的低温环境中，从而保证食品的质量安全，减少损耗，防止污染的供应链系统。

2. 冷链的构成

冷链粗略由以下四个方面构成。

（1）冷冻加工。冷冻加工包括：肉禽类、鱼类、蛋类的冷却与冻结，在低温状态下的加工作业过程，果蔬的预冷，各种速冻食品的低温加工等。这个环节主要涉及的冷链装备有冷却冻结装置和速冻装置。

（2）冷冻储藏。冷冻储藏包括食品的冷却储藏和冻结储藏，以及水果、蔬菜等食品的气调储藏，它保证食品在储存和加工过程中处于低温保鲜环境。这个环节主要涉及各类冷藏库、冻结柜及家用冰箱等。

（3）冷藏运输。冷藏运输包括食品物流环节中需保持低温状态的中、长途运输及短途配送等。冷藏运输要求运输工具具有良好性能，在保持规定低温的同时更要保持稳定的温度，这对远途运输尤其重要。

（4）冷冻销售。冷冻销售包括各种冷链食品进入批发零售环节的冷冻储藏和销售。它由生产厂家、批发商和零售商共同完成。随着冷链物流的不断发展，冷冻销售逐渐成为完整的食品冷链中不可或缺的重要环节。

1.1.2 冷链物流

1. 冷链物流的含义及特点

目前，学术界对冷链物流的定义是：让易腐、生鲜食品在生产、储藏、运输、销售直到消费前的各个环节中始终处于规定的低温环境下，以保证食品质量安全，减少损耗，防止污染的特殊供应链系统。冷链物流的特殊性体现在需要特别的运输工具，需要注意运送过程、运输形态、时间掌控等，与一般常温物流系统相比，冷链物流除具有动态性、增值性、面向用户需求等基本特点以外，还具有以下特点。

（1）复杂性。冷链物流必须遵循 3T 原则，即冷链食品的最终质量取决于冷链的储藏温度、流通时间和产品本身的耐储藏性。首先，冷藏产品在流通过程中，质量随温度和时间的变化而变化，不同的产品都必须有对应的温度和储藏时间。其次，产品生产、消费市场和冷链物流服务环境还具有明显的区域性，这在很大程度上增强了冷链物流的复杂性，所以说冷链物流是一个复杂的系统工程。

（2）协调性。与常温物流相比，冷链物流在运营过程中对时间的要求非常高。易腐食品的时效性要求冷链各环节具有更高的组织协调性。一旦运营中的某一环节出现差错，就很有可能损坏物品的质量。如果冷链各环节没有较高的组织协调性，不能及时协调解决问题，那么对于托运方或者承运商来说，都将面临巨大的经济损失。

2. 冷链物流行业的优劣势

进入 21 世纪以来，我国每年约有 4 亿吨生鲜农产品进入流通领域，冷链物流比例逐步提高。随着冷链市场不断扩大，冷链物流企业不断涌现，并呈现出网络化、标准化、规模化、集团化的发展态势。冷链物流行业日益红火发展的同时，其优缺点也日益明显。

1）冷链行业的优势

（1）冷链物流大大提升了食品的保鲜能力，不会影响食品的营养和味道，同时也延长了食品的保鲜期限。

（2）冷链物流具有高效性，不同地域之间的食品输送非常方便，食品在运送到目的地时仍然很新鲜。

（3）冷链物流为食品的安全输送提供了保证。冷藏和冷冻食品需要一个完整的冷链物流对其进行全程的温度控制，以确保食品的安全，而冷链物流可以具备装卸货物时的封闭环境、储存、运输等温控条件。

2）冷链物流行业的劣势

（1）目前，我国冷链物流行业的标准缺失，很多企业没有按照国家标准执行，自律性差，行业发展举步维艰。

（2）技术水平低和冷链设备落后，不能为易腐食品的流通系统提供低温保障。

（3）冷链物流理念推广不足，冷链物流的要求较高，相应的管理和资金方面的投入也比普通的常温物流要大，价格也相对偏高。而人们往往倾向于廉价的违规产品，却对此并不知情，这也阻碍了冷链物流行业的发展。

我国冷链物流行业发展起步较晚，尽管随着人民生活水平的不断提高，冷链食品的消费逐年迅速增长，市场前景光明，但总体上看，与发达国家的冷链物流相比，还存在非常大的差距。这需要我们认真地分析冷链物流行业的"性格"，明确其优缺点，对发展中出现的问题做到有的放矢、应对自如，促进我国冷链物流行业的稳健发展。

1.2 配送中心的定义和类型

1.2.1 配送的定义

配送是现代物流的一项重要内容。它是现代市场经济体制、现代科学技术和现代物流思想结合的产物。现代企业界普遍认识到它是企业经营活动的重要组成部分，能给企业创造更多的效益，是企业增强自身竞争力的重要手段。

现如今，配送是物流中一种特殊的、综合的活动形式，是商流与物流的紧密结合，包含了商流活动和物流活动，也包含了物流中若干功能要素。

1.2.2 配送中心的定义

配送中心的规划、建立与运营在连锁企业的物流系统中起着举足轻重的作用。配送中心是提高连锁企业组织化程度、实现集约化经营、实现流通现代化的有利形式。

2021 年 12 月 1 日实施的中华人民共和国国家标准《物流术语》（GB/T 18354—2021）中对于配送中心是这样定义的：具有完善的配送基础设施和信息网络，可便捷地连接对外交通运输网络，并向末端客户提供短距离、小批量、多批次配送服务的专业化配送场所。

1.2.3 配送中心的类型

1. 按配送中心的经济功能分类

（1）供应型配送中心。供应型配送中心专门向某些用户供应货物，是充当供应商角色的配送中心。其服务对象主要是生产企业和大型商业组织（超级市场或联营商店），所配送的货物以原材料、元器件和其他半成品为主。

（2）销售型配送中心。销售型配送中心是以销售商品为主要目的、以开展配送为手段而组建的配送中心。因隶属单位不同，销售型配送中心又可细分为以下三种。

① 生产企业为了直接销售自己的产品及扩大自己的市场份额而建立的销售型配送中心。在国外，特别是在美国，这种类型的配送中心数量很多。

② 专门从事商品销售活动的流通企业，为了扩大销售而自建或合作建立的销售型配送中心。近几年，我国一些试点城市所建立或正在建立的生产资料配送中心多属于这种类型。

③ 流通企业和生产企业联合建立的销售型配送中心。这种配送中心类似于国外的公用型配送中心。

（3）储存型配送中心。储存型配送中心是一种有很强储存功能的配送中心。这种配送中心多起源于传统的仓库，是在发挥储存作用的基础上组织、开展配送活动的。

（4）加工型配送中心。加工型配送中心的主要功能是对商品进行清洗、下料、分解及集装等加工活动，以流通加工为核心开展配送活动。

2. 按配送中心的运营主体分类

（1）以制造商为主体的配送中心。这种配送中心的商品完全是由自己生产制造的，这样可以降低流通费用、提高售后服务质量，及时地将预先配齐的成组元器件运送到规定的加工和装配工位。

（2）以批发商为主体的配送中心。这种配送中心的商品来自各个制造商，它所进行的一项重要活动便是对商品进行汇总和再销售，而它的全部进货和出货都是社会配送的，社会化程度高。

（3）以零售商为主体的配送中心。零售商发展到一定规模后，就可以考虑建立自己的配送中心，为专业商品零售店、超级市场、百货商店、建材商场、粮油食品商店及宾馆饭店等服务，其社会化程度介于前两者之间。

（4）以仓储运输业者为主体的配送中心。这种配送中心最强的是运输配送能力，而且地理位置优越，如港口、铁路和公路枢纽，可迅速将到达的货物配送给用户。它提供仓储货位给制造商或供应商，而配送中心的货物仍属于制造商或供应商，配送中心只是提供仓储管理和运输配送服务。

1.3　物流配送中心与连锁经营

连锁经营的物流配送系统是指由总部的采购部门和配送中心作为主体所承担的商品的采购、储存、加工、配送活动，以及伴随这些活动所产生的信息的收集、整理、传递和利用过程。作为一种先进的经营管理模式，连锁经营的最大优点在于通过统一决策、分散经营和集中采购、分散销售经营模式的推行，在合理、有序的管理之中实现资源、物流的快速运营，并通过实现连锁企业经营的效率化和规模化来实现连锁经营的效益最大化。而在这一过程中，如何组织专业化、社会化的配送中心并合理安排物流配送，成为连锁经营规模化、效率化能否实现的关键所在。发展连锁经营必须建立一个物流配送系统。目前，全国各连锁企业基本上实现了规模经营，但物流配送滞后已成为连锁规模扩张的瓶颈。我们认为，对于国内众多处于成长期的连锁企业来说，尽快建立起高效的与其经营规模相适应的物流配送支持体系，将是连锁经营发展深层次的要求。

1.3.1　物流配送是连锁经营发展的关键

1. 物流配送与规模效益

连锁企业的规模效益是通过"统一进货、统一配送、统一管理"降低经营成本实现的。物流配送中心是使这些"统一"实现的基础。物流配送中心与各连锁店联合形成经销系统，使店铺与供应商等外部经济关系变为统一所有者的公司各部门内部业务关系。总部通过配送中心，一方面可以汇总多店铺的经营数据，进行大规模的需求预测；另一方面可以在高度、广度上给各零售商店以业务上的指导，提高经营水平，将集中化进货与分散化销售结合起来，使分散的销售力转化为大量集中的进货力，变集中零星要货为大批量要货，对供应商在价格上形成影响力。同时，在与同行的竞争关系中也可以获得优势，从而实现经营的规模效益。

2. 物流配送与速度效益

连锁店的运营是在总体规划下进行专业化分工，如采购、库存、配送、收银、经营、公关、促销及商品陈列等。在分工的基础上实施集中管理，以便连锁店在激烈的竞争中能快速反应、领先对手。物流配送中心作为总部与分店的联系纽带，通过分店快销、配送中心快送和采购部快购，使物流运转速度大大快于独立商店。在高度专业化基础上的运营使连锁店获得了竞争中的速度优势，从而实现连锁经营高效、节约、优质的服务。

3. 物流配送与管理效益

一般来说，各门店要求交货期短、定时配送，且品种多、批量小，对于物流配送来说比较困难，而且浪费运输量，使物流成本上升。物流配送中心通过对整体供应链的协调，实现大批量的统一采购和全方位的代理功能，可以在较大范围内选择有利资源，对物流系统进行整体优化、合并，减少不必要的物流活动，消除物流中的作业浪费，提高设施、运输工具使用效率，提供物流多元化服务，实现连锁企业资源的优化组合，达到连锁利润最大化而物流成本合理化目的。

1.3.2　物流配送滞后影响连锁企业的发展

中国的连锁经营是建立在对过去旧的、分散于各地区的企业改组和改造的基础上，虽然对原有松散的组织结构进行了改造，初步建立了供应链管理体系和移植了比较先进和完善的经营模式，但业态的改造和组织结构的改组普遍不到位，多数连锁经营企业的物流配送还很不成熟，配送中心的建设明显落后于连锁经营的发展，影响了连锁经营的进一步发展，表现在下述几方面。

1. 连锁企业对物流配送认识不足

许多连锁企业对现代物流发展方向缺乏深入了解，对配送中心的认识还停留在传统的"静态仓库"上，认为所谓的配送中心只要一部电话、几辆车子、几间房子就行了；担心建立现代化配送中心投资太多，成本难以收回。国外连锁业成长的经验表明，当一个连锁超市拥有 10 个分店，总面积达 5 000 平方米时，就有建立配送中心的必要，所以，一个连锁超市在开店的同时，就应考虑配送中心的建立。而目前有的连锁超市总面积已超过 1 万平方米，其规模效益及价格优势均未体现出来，各分店经营惨淡，其根本原因是缺少与之配套的配送中心。

2. 物流配送规模小，统一配送率低

中国连锁企业初期的发展大多考虑连锁分店数量的增加，没有把统一物流配送作为连锁业发展的基础。在中国内地，平均一个物流中心配送 20 个店铺，平均每辆车承担2～3 个店铺的送货；日本的一个物流中心负责 70 个店铺，需 4～5 辆车；中国香港百佳超市的一个物流中心负责配送 100 多个店铺。物流配送规模小，多数企业统一配送率只有 50% 左右，造成人员闲置、运输设备不能充分利用，物流成本偏高导致商品零售价格居高不下。因此，物流配送规模最终制约了连锁经营的发展。

3. 物流配送功能不健全，管理落后

物流配送中心是集诸多功能于一体的现代化流通中心，尤其强调功能的协调和一体化。其基本功能不仅仅是仓储和运输，还是具有采购、运输、装卸、流通加工、配送、信息处理与信息反馈等服务功能的服务中心，是物流集散地。目前，中国物流中心在功能上主要存在两大缺陷：一是流通加工功能。流通加工在很多配送中心内还没有开展起

来。二是信息处理与信息反馈功能。物流信息没有得到充分利用，没有起到对流通加工的导向作用。由于不能充分利用计算机技术，物流信息系统薄弱，高效率的信息收集、传递和信息处理成为空谈。因物流配送功能不足而导致经营商品的成本过高，商品价格居高不下，企业效益不佳。

4. 物流配送设施不匹配，物流技术装备水平低

配送中心是一种动态型仓库，其高效、高质的运作需要以现代化的配套设施为基础。目前，国外现代化配送中心作业面积大，设施现代，配有自动分拣机、自动升降机、自动传送带及真空包装机等机械设备，并采用自动化管理，充分展现了其快速、准确的配送服务功能。中国的物流中心无论是技术还是设备，都比较陈旧。仓储设施方面，70%是普通平房仓库，具有冷藏、保鲜、空调的仓库较少。运输车辆中，普通车辆占70%以上，现代化的厢式货柜和集装箱拖斗及特种运输车辆很少。计算机的应用仅限于日常事务的管理，配送中心的内部数据采集、配送中心与外部接口系统［如电子自动订货系统、电子数据交换（electronic data interchange，EDI）］等功能，多数配送中心还没有完全建立起来，既影响了配送质量，又影响了配送速度。

5. 标准化程度低，运营效率低

物流配送是跨地区、跨行业的运作系统，标准化程度低在很大程度上影响了物流效率的提高。中国商品容器及有关的装卸、搬运、储藏、运输等设备未能实现统一的规模化和标准化，商品条形码化率低，故难以发挥电子计算机控制的作用，制约了自动化水平和运营效率的提高。运营效率的低下，致使配送服务水平降低，供货的及时性、准确性和经济性受到影响。连锁经营"质优价廉"这一商业竞争的优势没能充分发挥出来。

1.4 国外配送中心的现状

1.4.1 日本配送中心的发展经验

日本是最早提出和发展配送中心（又称物流团地）的国家，1965年至2017年期间已在全国22个城市中建成20多个大规模的配送中心，同时也形成了多个物流配送中心。日本的东京、阪神和京都三大经济圈的物流总量占日本全国物流量的比重长期保持在44%以上，其中东京为缓解市区的交通压力，由政府组织在城市外环路旁规划建设了4个以公路运输为主的配送中心，形成了这个经济发展地带中一个最重要的物流配送中心。各级配送中心及物流配送中心的建立，不仅对日本经济发挥了支持作用，使日本充当东亚经济的生产总值中枢，还优化了该地区的物流结构，完善了市场体系，提高了城市经济档次，并带动了运输业的发展，提供了新的就业机会，增加了税收。

日本配送中心的建设主要是由政府推进的，政府在配送中心的建设中扮演重要角色，如图1-1所示。

通过上述这些措施，配送中心成功地吸引了大量的现代化物流企业入驻，这些物流企业为在以后的竞争中取得优势，不仅加强了其专业化、自动化水平的发展，而且对物流信息的处理手段也极为重视。如今，所有的专业物流企业无一不是通过计算机信息管

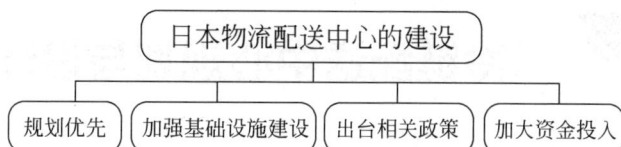

图 1-1 日本配送中心的建设内容

理系统来处理和控制物流信息，为客户提供全方位的信息服务。此外，各级物流企业在物流管理方式上也不断创新，准时制生产（just in time，JIT）、共同配送、物流供应链管理等也不断得到应用和推广。

1.4.2 德国配送中心的发展经验

在欧洲，配送中心的发展历史虽然只有几十年，但是却极大地促进了该地区物流业的发展，而德国配送中心的发展尤其具有代表性。

截至 2024 年，德国已建成 40 个物流园区，其中 33 个铁路物流中心实现公、铁、水、空多式联运（如科隆港物流园），物流业规模达 3 000 亿欧元，占 GDP（国内生产总值）的 7%，DHL、德莎等企业通过并购成为全球物流巨头。

德国配送中心的发展具有典型的欧洲特色，即较为注重物流运作组织和管理的合理性与先进性，重视物流服务企业与接受服务的目标企业之间的战略伙伴关系，同时较为注重系统效率。德国配送中心建设由联邦政府统一规划，由州政府负责按规划进行基础设施和公益设施建设，配送中心的场地向物流企业出租，承租企业根据自己的业务需要建设相应的库、场，配置相关的设施设备。德国政府对配送中心的规划建设与交通干线、主枢纽的规划建设等进行统筹考虑，在广泛调查生产力布局、物流现状的基础上，根据各种运输方式衔接的可能，在全国范围内规划配送中心的空间布局、用地规模与未来发展。和日本一样，德国配送中心的物流企业的现代化发展也得到了很大的重视，各种信息化、自动化、电子化的设施和技术及现代化管理模式的应用与推广在促进物流企业发展的同时，也进一步推动和加强了配送中心的主导地位。

┃即测即练┃

经过第 1 章的学习，我们对冷链物流的配送中心及其功能有了一个初步的了解，接下来本章则会详细介绍冷链配送中心规划与设计的原则，从根本目标出发，详细阐述冷链配送中心的立项过程，并从冷链配送中心的选址原则、选址方法及选址基本条件等方面解答冷链配送中心选址的问题，同时介绍如作业流程规划、作业区域的功能规划等一系列冷链配送中心的功能及设备规划，帮助读者对冷链配送中心的建设进行深入了解。要想确保一家冷链配送中心正常运转，合理的布局同样重要。本章还介绍了一些配送中心内部布局原理，方便读者对冷链配送中心的运转有一个更深入的认知。

2.1 冷链配送中心规划与设计原则及立项

2.1.1 冷链配送中心规划与设计原则

冷链配送中心规划与设计的基本原则是"立足现状、着眼未来、适度超前"，同时还须遵循以下特定原则。

1. 现代化、科学化

冷链配送中心的规划，尽可能引用国内外先进技术，确保一个物流项目一般 10 年内不至于落后，为了适应科学技术的发展，留有改建和扩建的余地。项目建设的规划不可能一步到位，开始以人工作业、机械作业为主，逐步完善，滚动发展，最终达到较为现代化的水平。特别是要适应未来世界经济一体化，无论是硬件建设还是运营管理，注意同国际接轨，并且做到以信息为支撑。

2. 社会化、规模化

冷链配送中心的规划设计需以"降低物流成本，提高服务水平"为宗旨，规划冷链配送中心必须找出"成本—服务"的最佳组合，在保证本企业内部需求的前提下尽可能做到社会化服务，提高服务水平。同时，需要一定的规模效益，以降低成本。21 世纪，经济全球化时代的显著特点是竞争国际化、激烈化，为此需要不断提高社会服务能力，形成集约化经营，以取得规模效益。

3. 信息化、集成化

冷链配送中心的工作包括验货、搬运、储存、装卸、分拣、配货、送货、信息处理及供应商、客户的衔接，如何做到各环节彼此均衡、协调地运转是非常重要的。要想确保冷链配送中心的稳定运转，实现物流信息化、集成化必不可少。实现信息化可以提高物流管理的科学化水平及市场预测的精确性，使现代物流更加合理，以加强物流过程的可控性和可预见性。

信息化是实现物流网络化、国际化的基础,是物流系统的核心,信息管理技术对物流效率及效益具有决定性作用。集成化以信息化为基础,将物流业务置于物流系统中枢的管理和控制之中,以确保物流系统高效率运营。

4. 交通便利

冷链配送中心的主要活动,一方面在冷链配送中心内部,这有赖于冷链配送中心的设计及工艺装备;另一方面,在中心之外的一个辐射地区,这一活动极度依赖交通条件。所以,冷链配送中心必须地处交通便利之处,以保证冷链配送的时效。

2.1.2 冷链配送中心的立项

为避免由于规划错误而产生投资风险,规划者必须遵循正确的程序完成冷链配送中心的立项工作。冷链配送中心立项的主要流程如图 2-1 所示。

1. 明确目标

新建一个冷链配送中心,首先要明确其必要性,综合考虑各方面因素,并按照冷链配送中心立项的主要流程确立项目目标是什么、想解决什么问题。一般来说,新建冷链配送中心主要是解决以下几方面问题。

```
明确目标
   ↓
决定系统范围
   ↓
研究经济和技术可行性
   ↓
编制实施计划
```

图 2-1　冷链配送中心立项的主要流程

（1）容量不足。企业经营规模不断拓展,经营的商品量、品种数增加,现有人员、设备及设施能力不足,导致处理能力差,无法迅速、及时地完成每天作业;或因土地、建筑物面积不足,现有冷链配送中心没有发展余地。

（2）据点分散。物流据点数越多,配送成本越低,但物流据点的建设成本和库存成本却越高。

（3）设备陈旧。建筑物陈旧,维持费昂贵或物流系统陈旧落后,无法适应流通活动的发展和变化。例如,华联超市原先的配送仓库系租用农村仓库,设施条件差,绝大多数物流作业采用人工,劳动强度大,作业效率低,差错率、货损率高。随着企业经营规模的超常规发展,彻底消除物流配送瓶颈,建设现代化的大型冷链配送中心,便成为华联超市塑造企业核心竞争力的关键。

（4）环境变化。例如,交通量增大,运输效率不高。又如,城市规划改变,原冷链配送中心需要迁移;出货单元由整托盘向整箱,以及由整箱向零散的变化,大批量、拆零的倾向日趋强烈,迫切希望物流设施得到改善。

当然,也可能是上述各种情况的组合。如果动机不清楚、目标不明确,即使做了一个理论上极佳的冷链配送中心建设方案,也大多在筹措或实施的途中夭折。

2. 决定系统范围

冷链配送中心是一个多功能、集约化的物流据点。因此,要在立项时就确立物流中心系统合理的范围。需要研究以下问题。

（1）如何根据企业经营规模发展的近期、中期规划,建立企业的物流系统和网络体系。

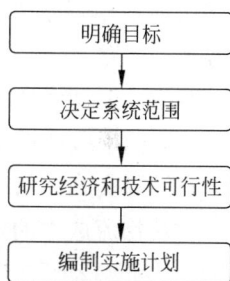

（2）确定建造具备哪些功能的冷链配送中心。

（3）选择在何处建造冷链配送中心，其优点和不足之处有哪些。

（4）如何改善作业环境、减小装卸作业劳动强度、实现机械化。

（5）如何实现100%的质量保证。

（6）如何实现误配送为零。

（7）如何减少单据，实现无纸化。

（8）如何使冷链配送中心的物流流程更合理、更科学。

（9）如何降低物流成本。

（10）如何增强冷链配送中心的适应能力和应变能力。

（11）如何满足冷链配送中心规模进一步拓展的需要。

3. 研究经济和技术可行性

首先，将各项目标按照"务必达到""最好能达到"等不同的需求程度排列起来。对那些可能是相互矛盾的目标，不可能100%全部满足，因而存在一个目标优化、选定最佳方案的问题。

其次，要切实研究新建冷链配送中心在整个物流系统中所处的位置，对实现各项功能所采取的手段和措施进行比较、选择。

4. 编制实施计划

应从物流成本的角度来确定冷链配送中心的投资规模是否合理。同时，还要预算冷链配送中心启动后的维持费究竟需要多少、这个费用占整个物流成本的百分比是多少、给企业经营和效益带来的影响如何、企业是否能够长期承受等。此外，还要研究整个物流系统。

总之，冷链配送中心建设的立项是企业特别是连锁商业企业经营战略决策的重要组成部分。

2.2 冷链配送中心的选址

冷链配送中心选址时，必须根据已确认的目的、方针，认真考虑每个影响因素，逐步筛选备选地。

2.2.1 冷链配送中心选址的基本条件

冷链配送中心选址时，要充分考虑冷链配送中心可利用的基本条件，见表2-1。

表2-1 冷链配送中心选址的基本条件

序号	考虑条件	考虑因素
1	必要条件	顾客分布现状及预测 业务量增长率 辐射范围
2	运输条件	是否靠近运输据点 是否能够很方便地利用运输公司

序号	考虑条件	考虑因素
3	配送服务条件	货物到达时间 配送率 订发货周期 配送距离及范围
4	用地条件	是否利用新征土地 地价情况 用地分布状况
5	法规条件	是否允许建设冷链配送中心
6	管理与信息条件	是否要求冷链配送中心靠近总部
7	流通条件	商流、物流是否分离 员工上下班是否方便 是否限定选址范围
8	其他条件	是否需要冷冻、保温设施 是否需要放置公共设施 是否需要危险品处理设施

2.2.2　冷链配送中心选址的原则

冷链配送中心的建造属于大型系统工程，包含诸多方面问题。比如占据较大的土地面积、具备众多的建筑设施以及运作机械、一旦建成就很难改变等。假如选址不合理，将会对企业造成很大影响。因而，可以说冷链配送中心的选址工作是整个冷链配送中心筹建规划中极其重要的部分。选址原则包括以下几方面。

（1）适应性原则。冷链配送中心的选址不得违背各级政府经济发展方针与政策的要求，以及城市规划发展的需要。冷链配送中心的选址也要适应我国需求分布、物流资源分布、国民经济和社会发展等。

（2）综合协调性原则。冷链配送中心在选址时应将地域物流网络纳入综合考虑范围，综合考虑社会效益与经济效益。同时，要使冷链配送中心的设施设备与加工和配送能力、技术水平等方面保持一定的协调性。

（3）经济性原则。筹建冷链配送中心过程中存在各种费用，主要包括土地费用、构建费用、经营费用以及运输费用等。选址时应综合考虑各种费用因素，经济性原则指的就是以各项费用综合最低作为冷链配送中心选址的一个原则。

（4）远见性原则。冷链配送中心的筹建需要巨大的投资，而且一旦形成就不易改变。因此一定要有高度的战略眼光，充分考虑大局与长远打算，使其具备较大的发展空间。

2.2.3　冷链配送中心选址的影响因素

冷链配送中心选址受到很多因素的影响，因此，在选址时必须尽量满足以下这些因素的要求。

（1）物流量。冷链配送中心设立的根本目的是降低物流成本，如果没有足够的物流量，冷链配送中心的规模效益便不能发挥。所以冷链配送中心的建设一定要以足够的物流量为基础条件，同时还要预测中、远期的物流量。

（2）商品流向。商品流向决定冷链配送中心的作业内容及设施设备的配备。冷链配送中心的主要职能是将商品集结、分拣，然后配送到连锁店铺或用户手中，因此应选择靠近客户的位置。

（3）城建规划。必须既考虑城市建设的发展速度和方向，又考虑减少装卸次数，同时还考虑大型货车进出、专用线的使用等问题。

（4）交通运输。冷链配送中心必须靠近铁路货运站或高速公路及其他公路干线。设置铁路专用线，其规模应达到年吞吐量 30 万吨以上，否则成本太高。冷链配送中心距离铁路编组站 2 千米以内，不仅基建、运营费用低，而且便于管理。

（5）气候。详细了解当地的自然气候环境。例如，温度、湿度、降雨量、风向、风力、地震、山洪、泥石流等。

（6）政策环境。其主要是政府政策支持，有助于冷链配送中心的发展，包括土地、税收等方面的优惠政策，以及城市建设、地区产业发展政策等。

2.2.4 冷链配送中心选址的方法

1. 解析方法

解析方法通常是指物流地理重心方法，这种方法通常只考虑运输成本对冷链配送中心选址的影响，而运输成本一般是运输需求量、距离及时间的函数，所以解析方法根据距离、需求量、时间或三者的结合，通过在坐标上显示，以冷链配送中心位置为因变量，用代数方法来求解冷链配送中心的坐标。

2. 最优规划方法

最优规划方法一般是在一些特定的约束条件下，从许多可用的选择中挑选出一个最佳的方案。例如可以运用线性技术进行规划。运用线性规划技术解决限制问题一般须具备两个条件：一是有两个或两个以上的活动或定位竞争同一资源对象；二是在一个问题中，所有的相关关系总是确定的。

3. 启发式方法

启发式方法是一种逐次逼近最优解的方法，大部分在 20 世纪 50 年代末期及 60 年代期间被开发出来。用启发式方法进行冷链配送中心选址及网点布局时，首先要确定计算总费用的方法，拟定判定准则，规定改进途径，然后给出初始方案，迭代求解。

4. 仿真方法

仿真方法是试图通过模型重现某一系统的行为或活动，而不必实地去建造并运转一个系统，因为那样可能会造成巨大的浪费，或根本没有可能实地去进行运转试验。

5. 综合因素评价法

综合因素评价法是一种全面考虑各种影响因素，并根据各影响因素重要性的不同对方案进行评价、打分，以找出最优选址方案的方法。

2.2.5 单一物流冷链配送中心选址

1. 重心法

重心法基本的解析方法只考虑与运输成本相关的需求量、距离和时间三者中的某一个或几个变量。在只考虑需求量时，设有 n 个需求用户，它们的坐标分别为 (x_i, y_i)，则系统重心 (x, y) 可由式（2-1）、式（2-2）确定。式中，h_i 为运输费率，w_i 为配送到用户 i 的货物重量，实际求得的 x，y 值就是冷链配送中心的坐落位置，如图 2-2 所示。

$$X = \frac{\sum_{i=1}^{n} h_i w_i x_i}{\sum_{i=1}^{n} h_i w_i} \qquad (2\text{-}1)$$

$$Y = \frac{\sum_{i=1}^{n} h_i w_i y_i}{\sum_{i=1}^{n} h_i w_i} \qquad (2\text{-}2)$$

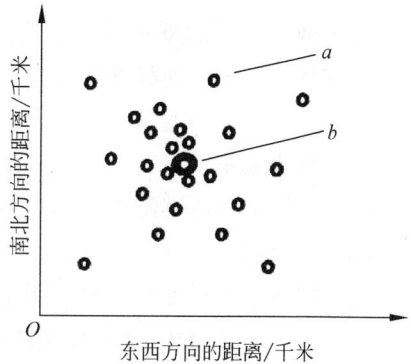

图 2-2　重心法

a. 小圆点：某需求用户的位置
b. 大圆点：重心法计算出的冷链配送中心的位置

2. 加权因素分析法

加权因素分析法是常用的选址方法中使用最为广泛的一种，因为它以简单易懂的模式将各种不同因素加以综合考虑。加权因素分析法的具体步骤如下。

（1）决定一组相关的选址因素。

（2）对每一因素赋予一个权重，以反映这个因素在所有权重中的重要性。每一因素的分值根据权重来确定，权重则要根据成本的标准差来确定，而不是根据成本值来确定。

（3）对所有因素的打分设定一个共同的取值范围，一般是 1～10 或 1～100。

（4）对每一个备选地址，根据所有因素按设定范围打分。

（5）将各个因素的得分与相应的权重相乘，并把所有因素的加权值相加，得出每一个备选地址的最终得分值。

（6）选择具有最高得分值的地址作为最佳的选址。

例如，某厂有 4 个候选地址（A、B、C、D），影响因素有 10 个，其重要度见表 2-2，求最优方案。

表 2-2　加权因素评价表

影响因素	权重	候选方案 A		候选方案 B		候选方案 C		候选方案 D	
		评分	得分	评分	得分	评分	得分	评分	得分
劳动条件	7	2	14	3	21	4	28	1	7
地理条件	5	4	20	2	10	2	10	1	5
气候条件	6	3	18	4	24	3	18	2	12
资源供应	4	4	16	4	16	2	8	4	16
基础设施	3	1	3	1	3	3	9	4	12
产品销售	2	4	8	4	8	3	6	4	8
生活条件	6	1	6	1	6	2	12	4	24
环境保护	5	2	10	3	15	4	20	1	5
政治文化	3	3	9	3	9	3	9	3	9
扩展条件	1	4	4	4	4	2	2	1	1
总计			108		116		122		99

表 2-2 中方案 C 得分最高，选为最优方案。

3. 整数规划模型法

整数规划模型法主要是运用运筹学方法进行冷链配送中心选址优化的方法。它是从多个候选物流网点中选取费用最小的若干冷链配送中心作为本模型的目标。

1）假设条件

由于现实环境的复杂性，影响冷链配送中心选址的因素有很多，而且各因素之间的关系错综复杂。为了使模型容易建立且求解方便，本模型有如下的基本假设。

（1）仅在一定的备选地点范围内考虑新的冷链配送中心的配置。

（2）每个需求点只有一个冷链配送中心负责供应。

（3）可以估计冷链配送中心与各需求点之间的费用。

2）模型结构

模型的决策变量和参数可表示为

$$X_{ij} = \begin{cases} 0, & \text{若第 } i \text{ 配送中心到第 } j \text{ 需求点} \\ 1, & \text{若第 } i \text{ 配送中心到第 } j \text{ 需求点} \end{cases} \quad (i, j = 1, 2, \cdots, n) \tag{2-3}$$

$$X = \begin{bmatrix} x_{11} & x_{12} & \cdots & x_{1n} \\ x_{21} & x_{22} & \cdots & x_{2n} \\ \vdots & \vdots & & \vdots \\ x_{n1} & x_{n2} & \cdots & x_{nn} \end{bmatrix} \tag{2-4}$$

C_j 为第 i 个冷链配送中心到第 j 个需求点所需的费用，可以用矩阵表示为

$$C = (C_{ij})_{n \times n} = \begin{bmatrix} C_{11} & C_{12} & \cdots & C_{1n} \\ C_{21} & C_{22} & \cdots & C_{2n} \\ \vdots & \vdots & & \vdots \\ C_{n1} & C_{n2} & \cdots & C_{nn} \end{bmatrix} \tag{2-5}$$

Z 为建立冷链配送中心耗费的总费用，其目标函数与约束条件为

$$\min Z = \sum_{i=1}^{n} \sum_{j=1}^{n} C_{ij} X_{ij} \tag{2-6}$$

$$\text{s.t.} \begin{cases} \sum_{i=1}^{n} x_{ij} = 1 & (j = 1, 2, \cdots, n) \tag{2-7} \\[3mm] \sum_{j=1}^{n} x_{ij} = 1 & (i = 1, 2, \cdots, n) \tag{2-8} \\[3mm] x_{ij} = 0, 1 & (i, j = 1, 2, \cdots, n) \tag{2-9} \end{cases}$$

其中，式（2-7）表示每个需求点必有且只有一个冷链配送中心，式（2-8）表示每个冷链配送中心必到且只到一个需求点。利用线性规划求出最优解。

2.3　冷链配送中心功能及设备规划

冷链配送中心作业功能的规划包括三方面：一是作业流程的规划；二是作业区域的功能规划；三是作业区的能力规划。通常的步骤是，针对不同类别的物流冷链配送中

心的功能需求和典型的作业流程，设计适合该冷链配送中心的作业流程，然后根据确定的作业流程规划不同功能的作业区域，最后确定各作业区域的具体作业内容和作业能力。

2.3.1 冷链配送中心功能规划

1. 冷链配送中心作业流程规划

总体上讲，冷链配送中心的基本作业流程可以综合归纳为七项作业活动：客户及订单管理，入库作业，理货作业，装卸搬运作业，流通加工作业，出库作业，配送作业，具体表现为订货、进货、发货、库存管理、订单处理、拣货和配送等内容。冷链配送中心的一般物流作业流程如图 2-3 所示。经过基本资料分析和基本条件设定之后，根据冷链配送中心的特性制定合理的作业程序，以便选用设备和规划设计作业空间。

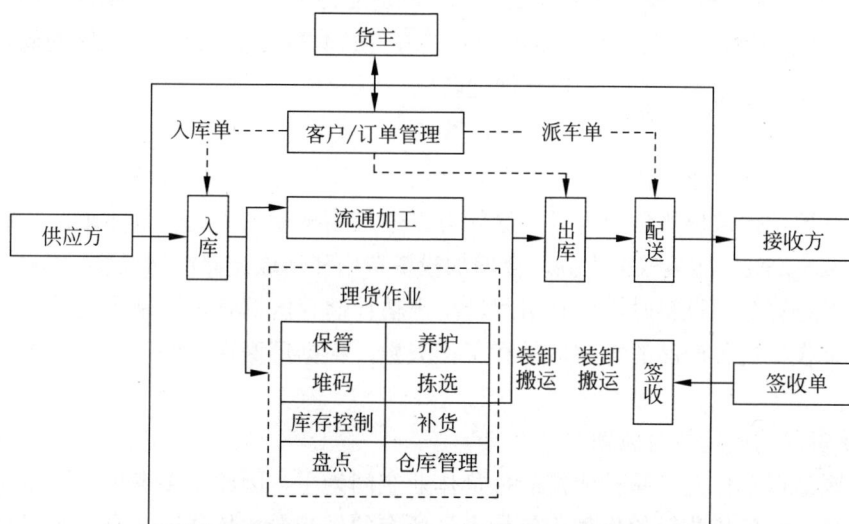

图 2-3　冷链配送中心的一般物流作业流程

2. 冷链配送中心作业区域的功能规划

作业流程规划后，可根据冷链配送中心运营特性进行作业区域包括物流作业区及周边辅助活动区的规划，周边辅助活动区包括办公室、计算机室和维修间等。冷链配送中心作业区分类如图 2-4 所示。

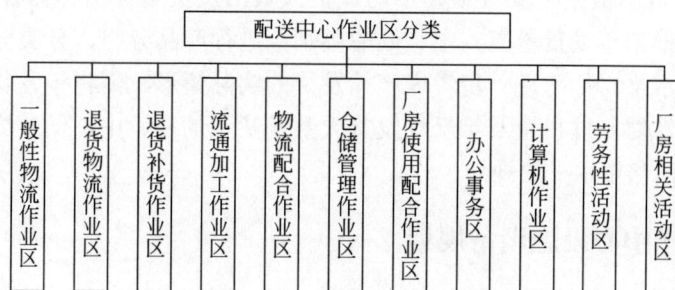

图 2-4　冷链配送中心作业区分类

3.作业区的能力规划

确定作业区之后，根据其功能设定进行作业能力的规划，特别是仓储区和拣货区。一般在规划冷链配送中心各区域时，应以物流作业区为主，再延伸到相关外围区域。

1）仓储区的储运能力规划

冷链配送中心仓储区储运能力的规划方法主要有周转率估计法和商品送货频率估计法两种。周转率估计法利用周转率估计储存量，是一种简便、快捷的初估方法。这种方法虽然不太精确，但适用于初步规划和储存能力的概算。其计算步骤如下。

（1）年运转量计算。年运转量计算就是把冷链配送中心的各项进出产品单元换算成相同单位（如托盘或标准箱等）的储存总量。这种单位是现在或今后规划的仓储作业基本单位。求出全年各种产品的总量就是冷链配送中心的年运转量。

（2）估计周转次数。估计周转次数就是估计未来冷链配送中心仓储存量的周转率。一般情况下，食品零售业年周转次数为20～25，制造业为12～15。设立冷链配送中心时，可针对经营品种的特性、产品价值、附加利润、缺货成本等因素，确定仓储区的周转次数。

（3）估算仓容量。仓容量 $= \dfrac{\text{年仓储运转量}}{\text{周转次数}}$。

（4）估计安全系数。估计安全系数就是估计仓储运转的变化弹性，以估算的仓容量乘以安全系数，便求出规划仓容量。这就可以适应高峰期的高运转量要求。一般取安全系数为10%～25%，比值取得太高，会增加投资费用和造成仓储空间过剩。

在缺乏足够分析资料时，可利用周转率来估计储存区储量，即采用商品送货频率估计法。如果收集到各产品的年储运量和工作天数，根据厂商送货频率进行分析，则可估算仓储量。

2）拣货区的储运能力规划

拣货区是以单日发货品种所需的拣货作业空间为主，因此主要考虑的因素是货品数目和作业量。一般拣货区的规划不包括当日所有的发货量，拣货区货品不足时由仓储区进行补货。拣货区储运量规划的计算方法如下所述。

（1）年发货量计算。把冷链配送中心的各项进出产品换算成相同拣货单位的拣货量，并估计各产品的年发货量。

（2）估计各产品的发货天数。分析各类产品，估计其年发货天数。

（3）计算各产品平均发货天数的发货量，即各产品年发货量除以年发货天数。

（4）ABC分析。根据年发货量和平均发货天数的发货量等指标对各产品进行ABC分析。首先，可根据年发货量高、中、低的类别，进行产品分组、分类分析，初步确定不同拣货区存量水平。如需进一步考虑产品发货的实际情形，需将年发货量配合单日发货量加以分析。针对年发货量及年平均发货天数发货量的高、中、低分类，进行组合交叉分析，再做不同存量水平的规划。

2.3.2　冷链配送中心设施设备规划

冷链配送中心的设施设备内容广泛，包括物流作业区域设施设备、辅助作业区域设施设备和厂房建筑周边设施三类。设施规划与设备选用就是对以上三个区域的设施设备进行规划，并根据作业功能的规划，结合区域布置的面积限制等因素选用合适的设施设备。

1. 物流作业区域设施设备

冷链配送中心的主要作业活动，基本上均与库房、搬运和拣取等作业有关。一般来讲，冷链配送中心的主要系统设备包括存储设备、装卸搬运设备、输送设备、自动分拣系统设施、包装机械、外围配合设施设备、集装单元设备、流通加工设备等，如图 2-5 所示。

图 2-5 物流作业区域设施设备构成

1）存储设备

存储设备包括自动仓储设备（如单元负载式、水平旋转式、垂直旋转式、轻负载式等自动仓库）、重型货架（如普通重型货架、植入式钢架、重型流动钢架等）和多品种少量存储设备（如轻型货架、轻型流动货架和移动式储柜等）。冷链配送中心中最主要的存储设备是货架。为提高冷链配送中心的效率，储存设施与设备需要根据不同的物品属性、保管要求和用户要求等采用适当的货架，使得货物存取方便、快捷，减小占用面积。

2）装卸搬运设备

装卸搬运设备是进行装卸搬运作业的劳动工具或物质基础，其技术水平是装卸搬运作业现代化的重要标志之一。冷链配送中心的装卸搬运设备品种繁多、规格多样，主要分为起重机械和搬运车辆。

起重机械是一种最常见的装卸搬运机械，在建筑工地、工厂、仓库、港口等场合和多种行业中广泛应用。物流领域中，起重机械是物流作业机械化、自动化搬运车辆，实现货物的短距离运输与装卸。随着人们对装卸搬运的作业要求日益提高，越来越多的场所使用搬运车辆，以保证装卸搬运工作的高效与安全。

在进行设施设备规划时，要注意配合仓储和拣取设备，估计每天进发货的搬运、拣货和补货次数，从而选择适用的搬运设备。

3）输送设备

输送设备主要是指连续输送机。连续输送机是冷链配送中心必不可少的重要搬运设备，是沿着一定的输送路线以连续的方式运输货物的机械。连续输送机根据所运货物的种类分为成件货物输送机和散装货物输送机；按结构特点分为有挠性牵引构件输送机和无挠性牵引构件输送机。

4）自动分拣系统设施

在商品种类繁多、流通数量庞大、多批次、小批量、准时制的物流作业要求下，冷链配送中心货物的分拣量急剧增加。随着科学技术的进步，特别是感测技术（激光扫描）、条码及计算机控制技术等的导入使用，自动分拣系统已被广泛用于冷链配送中心。自动分拣系统特别适用于分拣量较大、一次性分拣单位较多、被分拣的货物适应自动分拣机的场合。其优点是分拣准确、迅速、吞吐能力大；缺点是系统设施复杂、投资和运营成本较高、需要计算机信息系统与作业环境等一系列配套设施和外部条件与之相适应。

5）包装机械

包装是产品进入流通领域的必要条件。包装机械是指能完成全部或部分产品和商品包装过程的机械，是实现包装的主要手段。包装机械有多种分类方法，按功能可分为单功能包装机和多功能包装机，按使用目的可分为内包装机和外包装机，按包装品种可分为专用包装机和通用包装机，按自动水平可分为半自动机和全自动机，按包装的功能可分为填充机、装箱机、液体灌装机、包裹机、封口机、捆扎机、标签机、清洗机、干燥机和杀菌机等。

6）外围配合设施设备

外围配合设施设备主要包括楼层流通设备、装卸货平台、装卸设施、容器暂存设施和废料处理设备等，根据冷链中心的实际需要来选定。比如，对于需要频繁装卸货物的冷链中心，应优先配置高效的装卸货平台和装卸设备。而对于生鲜食品处理较多的冷链中心则应加强废料处理设备的配置，以确保卫生环保。

7）集装单元设备

集装单元技术是现代物流发展的标志之一，它利用集装单元设备，把物品组成标准规格的单元货件，以加快装卸、搬运、储存、运输等物流活动。集装单元技术已广泛应用于物流的各个环节。集装单元化为装卸作业机械化、自动化创造了条件，加速了运输工具的周转，缩短了货物送达时间，从总体上提高了运输工具的重量和溶剂利用率，节约了包装材料，减少了包装费用，同时减少了物流过程的货损、货差，保证了货物的安全，便于堆码，提高了仓库、货场单位面积的储存能力。通过集装单元技术，促使物流实现标准化和批量化，向物流的社会化、机械化和自动化方向发展。集装单元设备是实现集装单元技术的关键和基础。集装单元设备中最主要的是集装箱和托盘，仓库中最常用的是托盘。

8）流通加工设备

流通加工设备是完成流通加工任务的专用机械设备。流通加工设备通过对物流中的商品进行加工，改变或完善商品的原有形态来发挥生产与消费的"桥梁和纽带"作用。流通加工设备根据其实现的功能不同可分为包装设备、分割设备、分拣设备、组装设备、冷冻设备、精加工设备等，根据加工的物品可分为金属加工设备、木材加工设备、玻璃加工设备、煤炭加工设备、混凝土加工设备等。

随着冷链配送中心服务项目和客户需求的多元化，冷链配送中心进行二次包装、包裹和贴标签等加工作业也日益增加。随着国际物流的发展，由国际物流转运后再分类和简易加工的业务也越来越多，从而使物流作业的附加值大为增加。

2. 辅助作业区域设施设备

冷链配送中心的运营过程中，除了主要的物流设备之外，还需要有辅助作业区域的设施设备。冷链配送中心辅助作业区域的主要设施设备包括以下内容。

（1）办公设备，如办公桌椅、文件保管设备等。

（2）劳务设施，如洗手间、娱乐室、休息室、餐厅、医务室等所需的设施。

3. 厂房建筑周边设施

规划冷链配送中心时，必须考虑到交通、水电、动力、土壤、空调、安全和消防等与厂房建筑相关的周边设施条件。

2.4 冷链配送中心的内部布局

冷链配送中心的内部布局要求具有与装卸、搬运、保管等和产品获得完全适应的作业性质和功能，还要满足易于管理、提高经济效益、对作业量的变化和商品形状变化能灵活适应等要求。

2.4.1 冷链配送中心内部布局原理

冷链配送中心的内部设计与以下三条基本原理有关。

1. 设计标准

冷链配送中心的设计标准体现了实际的物流设施特征和储存商品的运动。设计过程中要考虑三个因素：设施中的楼层数、利用高度和商品的流程。

理想的冷链配送中心设计应该是一层楼，这样一来，就不必将储存的商品上下搬运，因为利用电梯将其从一个楼层搬到另一个楼层费时、费力。

不管冷链配送中心的规模如何，冷链配送中心设计应该利用每一层楼最大允许使用的高度，最大限度地利用有效的立体空间。尽管现代的自动化多层仓库设施可以利用的有效高度达 30 米，但大多数的高度为 6～9 米。通过使用高层货架，将商品放到建筑物的最高限度。

一般来说，这种要求意味着配送作业应在建筑的一端接收商品，将其存放在中间，然后在另一端装运。图 2-6 所示为这一流程的基本原理，即直线式的流程，可以将冷链配送中心的拥挤和混乱降到最低程度。

2. 搬运技术

仓库设计致力于搬运技术的效果与效率，该原理的基本构成要素与移动连续性和移动规模经济有关。

移动连续性意味着用一辆搬运机或一部搬运设备进行更长时间的移动，比用几辆搬运机对同样的移动做多次单独的、短距离的分割移动的效率要高。这是因为，在搬运机之间交换商品，或者将商品从一个设备转移到另一个设备上，会浪费作业时间并提升货物损坏的可能性。因此，一般来说，在冷链配送中心首选的是次数少但移动距离长的移动。

移动规模经济是指所有的仓库活动要尽可能搬运和移动最大的数量。冷链配送中心活动应旨在移动诸如托盘或集装箱之类的成组或成批的货物，而不是移动单票货物。这

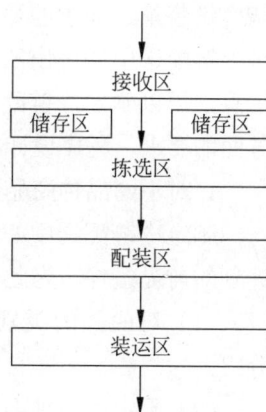

图 2-6 典型的冷链配送中心设计

种成组或成批的货物移动意味着要在同一时间里必须移动或选择多种商品或订货。尽管这种做法因必须考虑多种商品或多种订货，有可能提升单票货物移动的复杂性，但利用这种原理可以减少大量的活动，并因此降低储存成本。

3. 积载计划

冷链配送中心设计时应考虑商品特征，尤其是有关商品的流量、重量和积载因素。

确定仓库的积载计划时，主要关心的问题是商品流量。一般来说，销售量高或吞吐量大的商品应该放在对它们进行移动时距离最短的位置，如主通道附近或堆存量低的货架上。这种位置可以使移动时距离最短和所需的升降高度最小。相反，低流量的商品可以安排在离主通道较远的位置或货架的更高层，具体如图 2-7 所示。

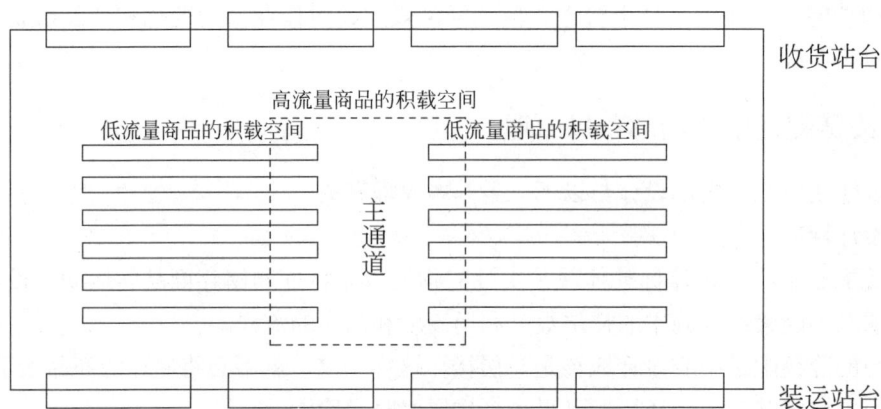

图 2-7　根据商品的移动距离安排的积载计划

2.4.2　冷链配送中心内部布局的步骤

由于仓库的设计和经营直接与商品的结构和性质有关，所以每一种商品都应该按照年度销售量、需求的稳定性、重量、容积及包装等进行分析。此外，还需要确定商品通过冷链配送中心进出的总规模、总容积及订货处理的平均重量等。这些数据提供了必要信息，用以确定冷链配送中心的空间、设计和布局、搬运设备、作业程序及作业控制等方面的要求。程序设计如图 2-8 所示。

1. 对不同品种商品数量分析

制定冷链配送中心设计规划时，"以何种产品、多大的作业量为对象"，是确定设施计划的前提条件。为此，通常按下述顺序分析。

（1）对商品的类别，按商品出、入库的顺序进行整理，同时还按类似的货流加以分组。

（2）确定不同种类商品的作业量。

（3）以作业量的大小为顺序制作图表（P-Q 曲线）。如图 2-9 所示，横轴为商品种类 P，纵轴为商品数量 Q。P-Q 曲线斜度大的 A 区间，明显地看出商品的品种少、数量大，是流通快的商品群，B、C 区间次之，而 P-Q 曲线倾斜缓慢的 D 区间为商品种类多、数量少的商品群。

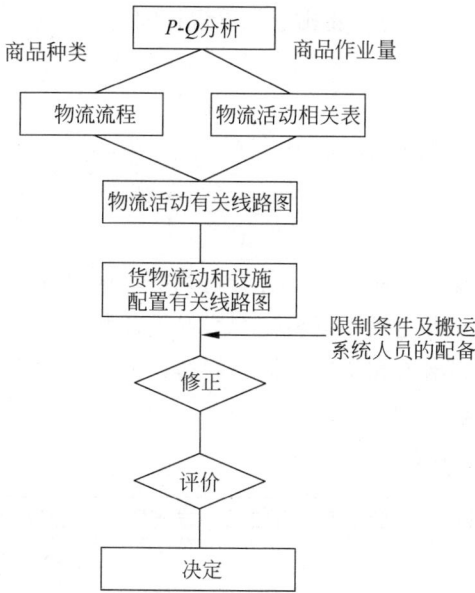

图 2-8　程序设计

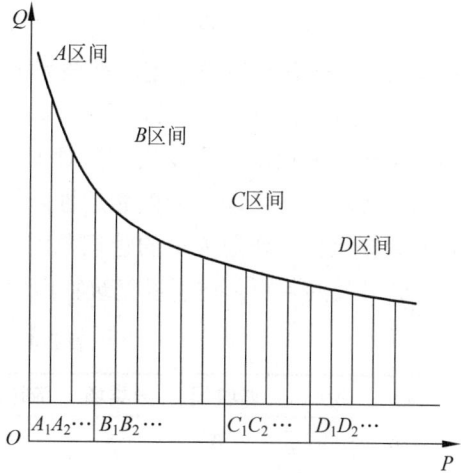

图 2-9　*P-Q* 曲线图

2. 物流分析

商品在配送中心内部的流程，一般如图 2-10 所示。配送中心内部，经由作业场所的流程，可以分为若干个基本类型。按照前面介绍的流程模式，以及前项所分析的作业量和出、入库次数等资料分析，编制商品作业流程的基本计划（表 2-3）。

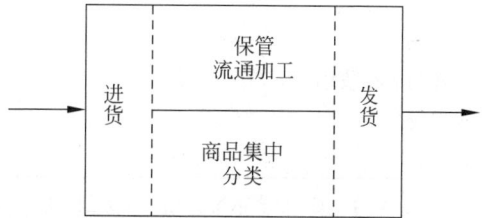

图 2-10　配送中心商品的作业流程模型

表 2-3　配送中心商品作业流程的基本计划

作业类别	商 品 类 别				
	A	B	C	D	…
入库	1	1	1	1	
验收	2	2	2	2	
分类	3	4	5		
流通加工			3		
保管		3			
特殊作业					
配送	4	5	5	4	
作业量					
比率					

注：1、2、3、4、5 表示流程顺序。

3. 设施关联分析

制订设计计划时，把作为设计对象的设施及评价项目总称为业务活动。所以，业务活动除建筑物内的收货场所、保管场所、流通加工场所及配送场所等设施外，还包括办公室、土地利用情况及道路等。这些设施中有密切关联的，要相互靠近进行配置。

关于业务活动分析的顺序如下。

1）列举必要的设施

除了正门、办公室、绿化地、杂品仓库、退货处理场所等外，还有配送中心的建筑物及其具体的各项内部设施，都要列举出来。

2）业务活动相互关系表

虽然要求列出各项设施，但对于性质相似的设施，还是以汇总分析为好，所以对上述总的各项业务活动，应做靠近性分析。靠近性分析是指不仅要研究商品的流程，还要研究票据流程、作业人员的管理范围，以及卡车的出入和货物装卸系统等，从不同角度进行合理性的判断。这里以建筑物内部为例加以说明，见表 2-4。

表 2-4　业务活动相互关系表

场　　所	验收场	分类场	流通加工场	保管场	特殊商品存放场	发送场	办公室
收货场	Aa	Aa	Ba	Ba	C	Ca	Ab
验收场		Ca	Ba	Ba	D	B	C
分类场			Ca	Ba	C	Ba	C
流通加工场				Ca	Bab	Aa	Cb
保管场					Ca	A	Cb
特殊商品存放场						C	Bb
发送场							Ab
办公室							

注：A、B、C、D 表示场所之间的接近程度，A 表示非常重要，B 表示重要，C 表示一般，D 表示不重要。a 表示对商品流程方便，b 表示对票据流程方便。

3）业务活动线路图

关于各业务活动相互位置的关系，根据前项评价的结果进行设计。图 2-11 和图 2-12 中，以粗线（代表关联程度非常重要）、细线（代表关联程度重要）表示相互关联的强度，画出设施设计的基本图形。该图形是根据"商品的流程"决定各项设施的相互位置的。如果修正图形，则要对相互关联表进行修正，经过反复研究、评价，直到得出最优设计方案。

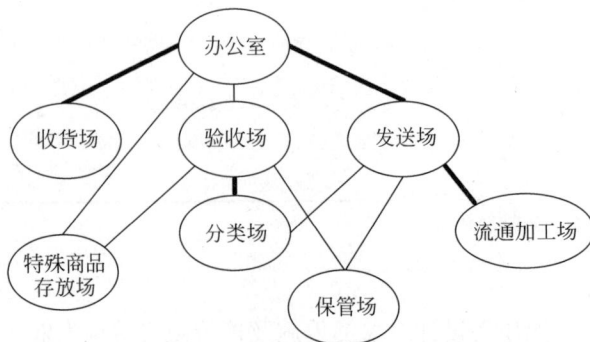

图 2-11　业务活动相互关系线路

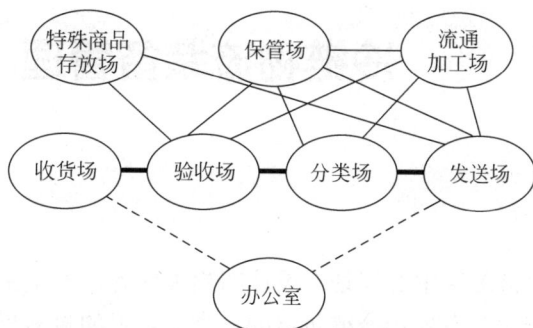

图 2-12　商品流程与设施配置相关的线路

4）设施面积的确定

按上述方法计算出设施关联方案后，再计算这些设施所需要的面积。其面积是按作业量计算的，根据经验确定的单位面积作业量如下。

保管设施：1 t/m²。

处理货物的其他设施：0.2 t/m²。

假如每日处理货物 50 t 的小规模配送中心，其面积计算见表 2-5。

表 2-5　设施面积的计算

序号	设施名称	每日作业量 /t	单位面积作业量 / (t · m⁻²)	设施面积 /m²
1	收货场	25	0.2	125
2	验收场	25	收货场兼	
3	分类场	15	0.2	75
4	保管场	35	1.0	35
5	流通加工场	2.5	0.2	12.5
6	特殊商品存放场	2.5	0.2	12.5
7	发送场	2.5	0.2	12.5
8	办公室			30
	合　　计			302.5

注：本表所列处理货物量为入库量 25 t，出库量 25 t，仓库经常储备定为 7 天的需要量（5 t/ 日）。

按上述方法计算出各项设施的面积，以及它们的相互位置加以组合，则可制订出配送中心内部结构的基本设计方案。

即测即练

第 3 章

冷链物流装备管理

第 2 章讲了有关冷链配送中心规划与设计的相关内容，本章主要介绍冷链运输的概念，冷链运输装备的产生与发展；冷链包装的分类及常见的包装机械设备；冷链物流仓储设备管理；冷链物流装卸运输设备管理等。

3.1　冷链运输装备概述

3.1.1　冷链运输的概念及冷链运输装备的产生与发展

1. 冷链运输的概念

冷链运输是指在运输全过程中，无论是装卸搬运、变更运输方式或更换包装设备等环节，都使所运输货物始终保持一定温度的运输。冷链运输是食品冷链流通的主过程，是连接生产与消费之间的桥梁、产与销的纽带，只有通过运输才能将产品从产地运到市场或储藏库内。冷链运输方式可以是公路运输、水路运输、铁路运输、航空运输，也可以是多种运输方式组成的综合运输方式。冷链运输是冷链物流的一个重要环节，冷链运输成本高，而且包含了较复杂的移动制冷技术和保温箱制造技术，冷链运输管理包含更多的风险和更大的不确定性。

2. 冷链运输装备的产生与发展

（1）20 世纪初，已经开始生产冷链运输工具。

（2）第二次世界大战前，铁路运输在易腐货物运输中占主要地位。

（3）20 世纪 50 年代冷藏保温汽车生产。

（4）20 世纪 60 年代冷藏船舶生产。

（5）20 世纪 70 年代冷藏集装箱生产。

目前，冷链运输装备主要有冷藏汽车、铁路冷藏车、冷藏集装箱、冷藏船等，为了保证装置正常工作以及运输货物的质量，冷链运输装备需满足以下条件：适应运输工具特点；箱体内温度分布均匀；制冷系统能适应较大负荷变化；箱体的气密性好；箱体有足够的强度和刚度。冷链物流的构成及主要设备如图 3-1 所示。

3.1.2　冷链运输装备的技术要求及分类

1. 冷链运输装备的技术要求

（1）具有良好的制冷、通风及必要的加热设备，以保证食品运输条件。

（2）运输冷冻、冷却食品的车、箱体应具有良好的隔热性能，以减少外界环境对运输过程条件的"干扰"。

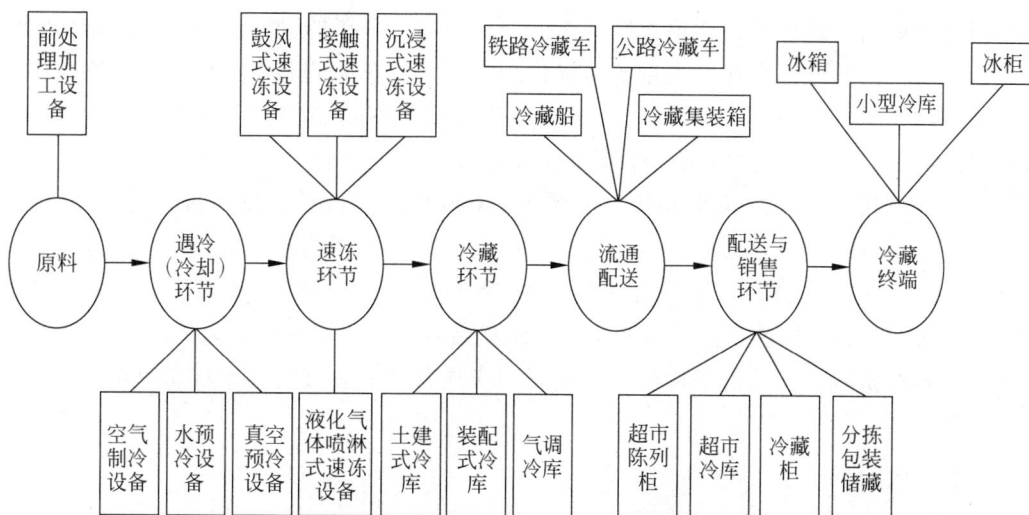

图 3-1 冷链物流的构成及主要设备

（3）冷链运输的车、船、箱等，应具有一定的通风换气设备，并配备一定的装卸器具，以实现合理装卸，保证良好的储运环境。

（4）冷链运输设备应配有可靠、准确且方便操作的检测、监视、记录设备，并能进行故障预报和事故报警。

（5）冷链运输设备应具有承重大、有效容积大、自重小的特点，以及良好的适用性。

2. 冷链运输装备的分类

1）公路运输

概念：公路运输是指使用汽车或其他车辆（包括人、畜力车）在公路上进行客货运输的一种方式。

适用领域：近距离、小批量。

优点：机动灵活，适应性强；实现"门到门"；中、短途运输中，运送速度较快；原始投资少，资金周转快；较易掌握车辆驾驶技术。

缺点：运量较小，运输成本较高；运行持续性较差；安全性较低；污染环境较大。

公路运输装备的分类如下。

（1）冷藏汽车。冷藏汽车（如图 3-2 所示）具有能保持一定低温的货厢，用于载运需要保持低温或易腐货物的专用汽车。货厢能密闭，厢壁为双层结构，以保持低温。冷藏汽车可分为非独立式和独立式，首先从命名上就可以看出，独立与非独立机组的命名是从机组的动力输出角度来讲的，冷藏车独立机组拥有单独的动力源即机组本身所独立的柴油发动机；而非独立式机组的动力输出是依靠汽车底盘的发动机来带动的。

（2）制冷拖车。拖头牵引的制冷拖车（如图 3-3 所示）是另外一种运输装备，与安装在卡车上的独立式机组相似，安装在拖车车厢上的拖

图 3-2 冷藏汽车

车机组尺寸更大，适用于需要更大制冷量的拖车厢体。拖车的制冷机组安装在箱体的前端，调节的空气通过拖车厢内顶部的风槽将冷空气送到车厢的各个部位，并最终在压差的作用下回到制冷机组。和卡车机组一样，拖车机组中的顶部送风系统通常不能对货物进行快速降温，因此承运人要确保在装货前将车厢预冷到货物所需的合适温度。

（3）冷藏集装箱。冷藏集装箱（如图3-4所示）是一种具有良好隔热、气密性能，且能维持一定低温要求，适用于各类易腐食品的运送、储存的特殊集装箱。这是专为运输要求保持一定温度的冷冻货或低温货而设计的集装箱。它分为带有冷冻机的内藏式机械冷藏集装箱和没有冷冻机的外置式机械冷藏集装箱。它适用于装载肉类、水果等货物。冷藏集装箱造价较高，营运费用较高，使用中应注意冷冻装置的技术状态及箱内货物所需的温度。

图 3-3　制冷拖车

图 3-4　冷藏集装箱

2）铁路运输

概念：铁路运输指使用铁路列车运送客货的一种运输方式。

适用领域：长距离、大批量、低价值、负担能力小。

优点：运输能力大（一列运 3 000～5 000 吨）；不受重量和容积的限制；受气候和自然条件的影响较小；车速较快，仅次于航空，能方便地实现驮背运输、集装箱运输和多式联运。

缺点：固定成本高（钢材、木材）；运输时间长（列车编组、解体和中转改编）；货损率比较高（多次装卸搬运）；不能实现"门到门"运输。

铁路运输装备的分类如下：

（1）铁路冷藏火车车厢。铁路冷藏火车车厢（如图3-5所示）一般采用集成的自带动力制冷机组。其送风系统和制冷拖车的送风系统类似，制冷系统将冷空气送到车厢的顶部，冷空气流经货物，从车厢底部返回。其与集装箱类似，只要货物的堆放合理，满足气流布局要求，一般都可以长距离运输。其通常用来运输不易腐蚀的货物，如柑橘、洋葱和胡萝卜等。其一般要求具有很好的气密性，以满足气调的要求。铁路冷藏火车车厢具有大容量的特点，一般最多可运输 113 立方米、45 吨的货物。

（2）铁路冷藏集装箱。铁路冷藏集装箱（如图3-6所示）是一种专门用于铁路运输的冷藏设备，它结合了铁路运输的高效性与冷藏技术的保鲜功能，主要用于运输需要保持低温或特定温度环境的货物，如食品、药品等。

图 3-5　铁路冷藏火车车厢

图 3-6　铁路冷藏集装箱

3）水运

概念：水运是指利用船舶和其他浮运工具在江河、湖泊、水库等天然或人工水道和海洋上运送旅客和货物的一种运输方式。

适用领域：低成本、大批量、短距离。

优点：运输能力大；运输成本低；可以运送不易运输的超重、超长、超高的物资。

缺点：航行速度慢；不够灵活，运输的连续性较差。

水路运输装备的分类如下。

（1）冷藏集装箱。冷藏集装箱（如图 3-7 所示）依靠电力驱动压缩机，其电力由船上的发电机或者便携式发电机提供。当集装箱到达码头之后，被转运到底盘上，这些底盘一般都会装有发电机组，即前文提到的发电机组。这样，装在底盘上的冷藏集装箱就可以像拖车一样，由拖头牵引，在陆路继续运输。

（2）冷藏船。冷藏船（如图 3-8 所示）是指利用低温运输易腐货物的船只。冷藏船主要用于渔业，尤其是远洋渔业。远洋渔业的作业时间很长，有时长达半年以上，必须用冷藏船将捕获物及时冷冻加工和冷藏。此外，由海路运输易腐食品必须用冷藏船。冷藏船运输是所有冷藏运输方

图 3-7　冷藏集装箱

式中成本最低的，但是在过去，由于冷藏船运输的速度最慢，而且受气候影响，运输时间长，装卸很麻烦，因而使用受到限制。现在随着冷藏船技术性能的提高，船速加快，运输批量加大，装卸集装箱化，冷藏船运输量逐年增加，从而成为国际易腐食品贸易中主要的运输工具。

冷藏船的货舱为冷藏舱，常隔成若干个舱室。每个舱室是一个独立的封闭的装货空间。舱壁、舱门均为气密，并覆盖有泡沫塑料、铝板聚合物等隔热材料，使相邻舱室互不导热，以满足不同货种对温度的不同要求。冷藏舱的上下层甲板之间或甲板和舱底之间的高度较其他货船要小，以防货物堆积过高而压坏下层货物。

4）空运

概念：空运是指利用飞机或其他航空器在空中进行货物运输的一种运输方式。

适用领域：长距离、体积小、价值高的物资，以及鲜活产品及邮件等货物的运输。

优点：运送速度快；适用于运费承担能力大的商品和需要中、长距离运输的商品；包装简单，破损少；舒适安全、机动性大。

缺点：运费偏高；受重量限制；受气候影响较大；可达性差。

航空运输装备的分类如下：

（1）冷藏集装器。采用空运时，为了适合飞机某些位置的特殊形状，需要将货品装入集装器（ULD，也称为航空集装箱）。一般的冷藏集装器采用干冰作为冷媒，但是干冰作为冷媒具有一定的局限性，如控温精度不高、没有加热功能、需要特殊的加冰基站等。

（2）新型 RKN e1 系列空运温控集装箱。Envirotainer 公司推出的新型 RKN e1 系列空运温控集装箱解决了航空快运的问题，它采用机械压缩式制冷方式，使用英格索兰公司冷王（Thermo King）品牌的 AIR100 制冷机组，如图 3-9 所示。该空运温控集装箱主要应用于一些特殊的温控运输，如疫苗以及对温度敏感的药品（蛋白质类药物）等，其温度控制范围一般在 2～8 ℃，这些货品都具有很高的附加值。

图 3-8　冷藏船

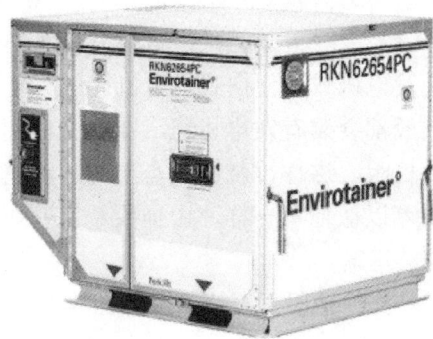

图 3-9　Envirotainer 空运温控集装箱 RKN e1

3.2　冷链运输包装设备管理

3.2.1　冷链包装的概念及分类

1. 冷链包装的概念

冷链包装是指在运输、储存和销售过程中，为了使产品保持在一定的温度范围内而采用的包装方式。包装的科学合理与否会影响商品的质量可靠性及能否以完美的状态传达到消费者手中，包装的设计和装饰水平直接影响商品本身的市场竞争力乃至品牌、企业的形象。

据了解，冷链包装与普通包装相比有一些比较特殊的要求：包装容器耐低温性能优越，很多产品要求在 -18 ℃的环境下运输储存，更有些肉制品以及药品需要在 -35 ℃的深冷库储存，普通材质无法耐受；食品级材料要求更高，因为有些包装材料直接接触或者间接接触食品与药品，所以对包装容器的材质要求也比较严格，一般要求达到食品级；部分容器为网状，以利于空气流通、生鲜品顺利进行呼吸等。近年来，我国在冷链包装方面虽然在不断改进，并取得长足的进步，但还存在不少问题：包装的破损问题有待改进，每年因此造成的产品损失巨大；一些不法商贩利用包装制假扰乱市场，造成严重的资源浪费；我国传统的商品包装式样单调，只注重保护商品，忽视了宣传美化商品的作用。

2. 冷链包装的分类

1）按包装在流通中的作用分类

（1）运输包装。运输包装是指用于安全运输、保护商品的较大单元的包装形式，又称为外包装或大包装。

（2）销售包装。销售包装的特点一般是包装件小，对包装的技术要求美观、安全、卫生、新颖，易于携带，印刷装潢要求较高。

2）按包装的材料分类

（1）纸质包装。

（2）木制包装。

（3）金属包装。

（4）塑料包装。

（5）玻璃与陶瓷包装。

（6）纤维制品包装。

（7）复合材料包装。

（8）其他材料包装。

3.2.2 冷链包装材料要求及典型包装容器

1. 冷链包装材料要求

冷冻条件下，包装材料的性能同常温下的性能有很大的不同，因而正确选用合适的包装材料就成为冷藏包装和冷冻包装取得良好包装效果的重要一环。用于冷冻食品的包装材料需耐低温、耐高温、具有气密性、耐油、能印刷等。因冷冻商品一般要经过冷却、冻结、冻藏、解冻等程序，所以包装材料必须具备以下特点。

（1）耐温性。塑料一般在 -30 ℃还能维持柔软性，但遇超低温加液氮 -196 ℃，则材料要脆化。耐高温件一般能耐 100 ℃沸水 30 分钟。

（2）透气性。商品包装有充气包装和真空包装两类。这两类包装必须采用透气性低的材料，因低透气性材料能保持特殊香气及防止干燥。包装材料经长期储藏或流通会老化，为防止老化，可在材料中加防氧化剂或紫外线吸收剂，一般仅加防氧化剂。

（3）耐水性。包装材料需能防止水分渗透。但不透水的包装材料容易由于环境温度的改变，在材料上凝结雾珠，使透明度降低，故使用这种材料时还须与环境温度相适应。

（4）耐光性。放在冷藏陈列柜内的包装食品受荧光灯照射后，材料的色彩会恶化，色彩的恶化会使商品价值下降，故包装材料及印刷颜料必须耐光。冷冻食品常用包装材料包括薄膜类、塑料类和纸类。

2. 典型包装容器

1）包装袋及其分类

包装袋属于软包装技术，其所采用的韧性材料具有较高的韧性、拉伸强度和耐磨性。包装袋能够分别适用于多种产品的运输包装、商业包装、内包装和外包装，用途较为广泛。

（1）集装袋。这是一种大容积的运输包装袋，盛装重量在1吨以上。集装袋的顶部一般装有金属吊架或吊环等，便于铲车或起重机的吊装、搬运。卸货时可打开袋底的卸货孔，即行卸货，非常方便。其适于装运颗粒状、粉状的物品。集装袋一般由聚丙烯、聚乙烯等聚酯纤维纺织而成。由于集装袋装卸物品、搬运都很方便，装卸效率明显提高，因此近年来发展很快。

（2）一般运输包装袋。这是盛装重量在0.5～100千克范围的包装袋，大部分是由植物纤维或合成树脂纤维纺织而成的织物袋，或者由几层塑性材料构成的多层材料包装袋。例如麻袋、草袋、水泥袋等，主要包装粉状、粒状和个体小的物品。

（3）小型包装袋。这是盛装重量较小的包装袋，通常由单层材料或双层材料制成。某些具有特殊要求的包装袋也有用多层不同材料复合而成的。其包装范围较广，液状、粉状、块状和异形物等都可采用这种包装。

上述几种包装袋中，集装袋适于运输包装，一般运输包装袋适于外包装及运输包装，小型包装袋适于内装、个装及商业包装。

2）包装盒、罐及其分类

包装盒、罐是介于刚性包装和柔性包装之间的包装技术，其包装材料具有一定的挠性和抗压强度。

（1）纸盒、罐。纸盒、罐结构造型多变，是纸包装容器中重要的一种。

（2）金属盒、罐。金属盒、罐类容器装量较少，刚性一般，外观多种，多用于食品、药品和香烟的包装。

（3）塑料盒、罐。塑料盒、罐类容器是指塑料材质的敞口销售包装容器，有塑料盒、杯、盘、罐等包装形式。

3）包装箱

包装箱是刚性包装技术中的重要一类，其包装材料为刚性或半刚性材料，有较高强度且不易变形。包装箱容装量较大，适合做运输包装和外包装。

（1）瓦楞纸箱。瓦楞纸箱（如图3-10所示）是用瓦楞纸板制成的刚性纸质容器，以其优越的使用性能和良好的加工性能普遍地应用于运输包装。

（2）塑料周转箱。塑料周转箱（如图3-11所示）是一种适合长期重复使用的运输包装，包括矩形、方形、梯形和其他形状，一般为散开形式，另设箱盖。根据需要，箱内可设置隔板，箱壁采用加强筋增加周转箱的强度。塑料周转箱主要用于食品、饮料、啤酒等瓶装和袋装产品或车间内半成品和零部件的短途周转运输。

（3）包装桶。包装桶是材料强度高、整体抗变能力强、容装量较大的刚性包装容器，在物流过程中常被用作运输包装或外包装。

图 3-10　瓦楞纸箱

图 3-11　塑料周转箱

3. 危险货物运输包装

危险货物运输包装不仅是为了保护产品的使用价值不受损失，而且是防止危险货物在配送过程中使环境受到损害的重要条件之一。所以，不少发达国家都对危险品的包装制定法规，要求按法律规定对危险品进行包装，以保障公共安全。

1）危险货物运输包装的作用

对于一般商品来说，其包装的作用主要表现为：一是保护商品，便于运输，这是包装最基本的功能；二是扩大销售，增加利润，这是商品市场竞争的必然要求；三是在一定程度上反映出一个国家生产力和科学技术的水平，这是国家综合国力和科技水平的外在表现。

危险货物的危险性主要取决于其自身的理化性质，同时也要受到外界条件的影响，如温度、雨雪水、机械作用以及不同性质货物之间的影响。对于危险货物运输包装来说，除了一般的经济学、市场营销学上的意义外，还具有以下重要作用。

（1）能够防止被包装的危险货物因接触雨雪、阳光、潮湿空气和杂质而变质，或发生剧烈化学反应造成事故。

（2）可以减少货物在运输过程中所受到的碰撞、振动、摩擦和挤压，使危险货物在包装的保护下保持相对稳定状态，从而保证运输过程的安全。

（3）可以防止因货物洒漏、挥发以及与性质相悖的货物直接接触而发生事故，或污染运输设备及其他货物。

（4）便于储运过程中的堆垛、搬运、保管，提高车辆生产率、运送速度和工作效率。

（5）可以防止放射性物质放出的射线对人体的内照射和外照射所造成的危害。

2）危险货物运输包装的基本分类

（1）危险货物自身的理化性质客观上就决定了包装的特殊要求，各类危险货物有的可采用通用的危险货物运输包装，有的只能或必须采用分类物品的专用包装。所以，按危险货物的物质种类，危险货物运输包装一般可分为通用包装、爆炸品专用包装、压缩气体和液化气体（气瓶）专用包装、放射性物品包装、腐蚀性物品包装、特殊物品的专用包装。

（2）按危险货物使用的包装材料，危险货物运输包装一般可分为木制包装、金属制包装、纸制包装、玻璃陶瓷制包装、棉麻制品包装、塑料制包装和编织材料包装等。

（3）按危险货物运输包装容器类型，危险货物运输包装一般可分为桶类、箱类、袋类、筐类、包类、捆类、坛瓶类以及组合包装、复合包装、集装箱等多种。在各种包装分类方法中，以包装容器类型分类是最主要的分类方法。危险货物运输包装中不允许使用包类、捆类和裸露的坛瓶类。因此，危险货物按运输包装的类型分，主要可归纳为桶、箱、袋三大类。

3.2.3 常见的包装机械设备

1. 充填机械

充填机械是将精确数量的包装品装入各种容器内的设备。按计量方式，充填机械可分为容积式充填机、连续式称量充填机、计数式充填机。

1）容积式充填机

容积式充填机是将精确容积的物料装进每一个容器，而不考虑物料密度或重量，常用于那些比重相对不变的物料，或用于那些体积要求比质量要求更重要的物料。根据计量原理不同，其可分为固定量杯式、螺杆式、计量泵式等多种。本节重点介绍固定量杯式充填机。固定量杯式充填机的定量装置如图 3-12 所示。

2）连续式称量充填机

连续式称量充填机是应用连续称量检测和自动调节技术，确保在连续运转的输送机上得到稳定的质量流率，然后进行等分截取，以得到各个相同的定量，如图 3-13 所示。

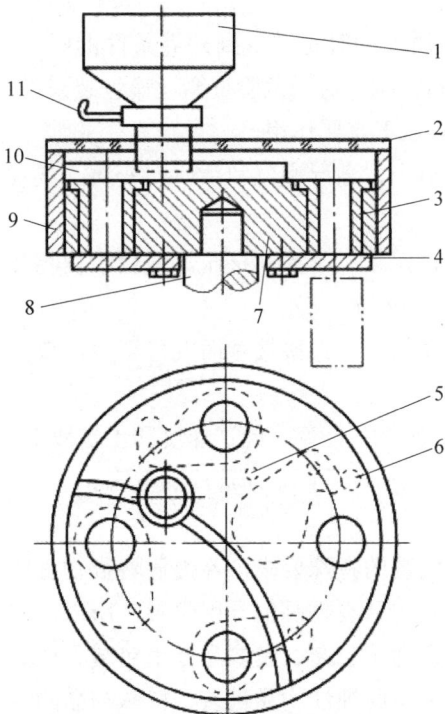

图 3-12　固定量杯式充填机的定量装置

1—料斗；2—外罩；3—量杯；4—活门底盖；
5—闭合圆销；6—开启圆销；7—圆盘；
8—转盘主轴；9—壳体；10—刮板；
11—下料闸门

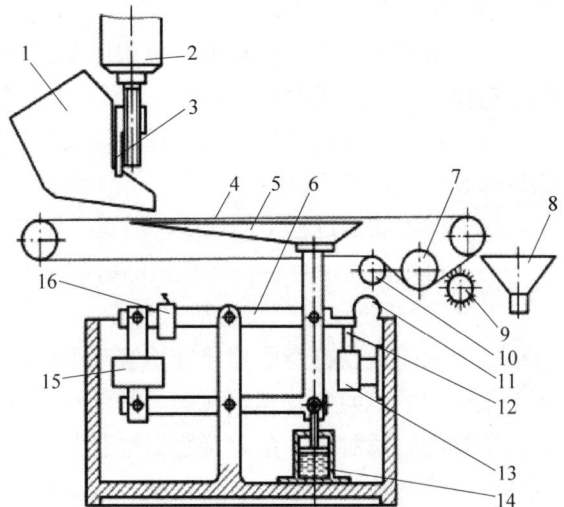

图 3-13　连续式称量充填机

1—料斗；2—电动机；3—闸门；4—输送带；5—秤盘；
6—主秤杆；7—张紧轮；8—秤斗；9—刷轮；10—导轮；
11—弹簧；12—变压器铁芯；13—传感器；14—阻尼器；
15—砝码；16—配重

3）计数式充填机

计数式充填机是把精确个数的产品装进每一个容器的计量充填机械，多用于被包装物呈规则排列的产品包装，如图 3-14 所示。

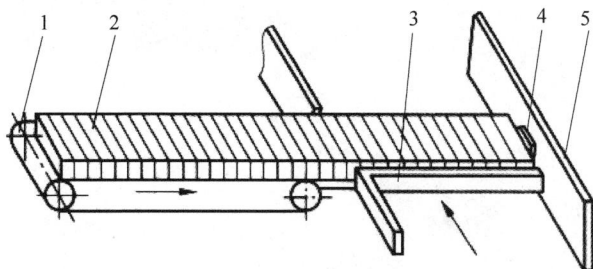

图 3-14　计数式充填机

1—输送带；2—被包装物品；3—横向推板；4—微动开关；5—挡板

2. 灌装机械

灌装机械主要用于食品领域中对啤酒、饮料、乳品、植物油和调味品的包装，还包括洗涤剂、矿物油和农药等化工类液体产品的包装。按灌装产品的工艺，灌装机械可分为常压灌装机、真空灌装机、加压灌装机等。常压灌装机如图 3-15 所示。

3. 封口机械

封口机械是指在包装容器内盛装产品后对容器进行封口的机器，如图 3-16 所示。

图 3-15　常压灌装机

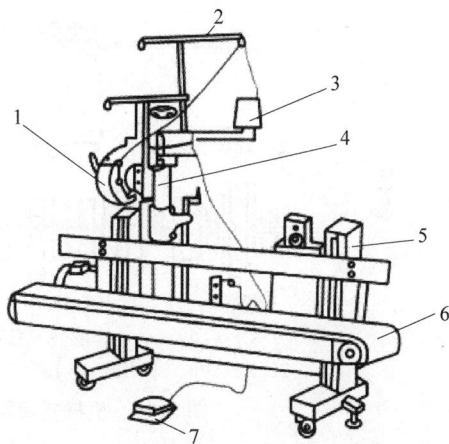

图 3-16　封口机械

1—缝纫机头；2—线挑；3—缝纫线；4—机头支架；
5—备用支架；6—输送带；7—脚路开关

4. 包裹机械

包裹机械是用薄型柔性材料（如玻璃纸、塑料膜、拉伸膜、收缩膜等）包裹产品的包装设备。按包裹方式，包裹机械可分为折叠式包裹机、接缝式包裹机、覆盖式包裹机、贴体式包裹机、拉伸式包裹机、缠绕式包裹机等。转塔折叠式包裹机工作原理如图 3-17 所示。

5. 捆扎机械

捆扎机械通常是指直接将单个或数个包装物用绳、钢带、塑料带等捆紧扎牢以便运

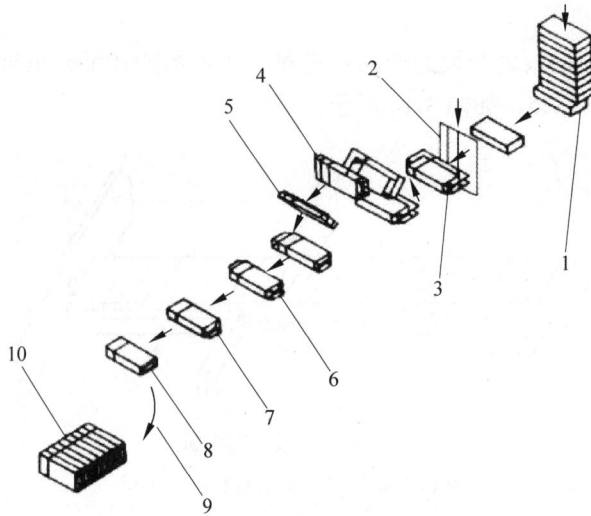

图 3-17 转塔折叠式包裹机工作原理

1—包装物被依次推出；2—包装材料切下；3—端侧面短边折叠；4—长侧边折叠加热；5—长侧边加封口；
6—端侧面折上边；7—端侧面折下边；8—端侧面热封；9—包装物回转集合；10—端侧面热封

输、保管和装卸的一种包装作业机器设备。它是包装的最后一道工序。机械式自动捆扎机工作原理如图 3-18 所示。

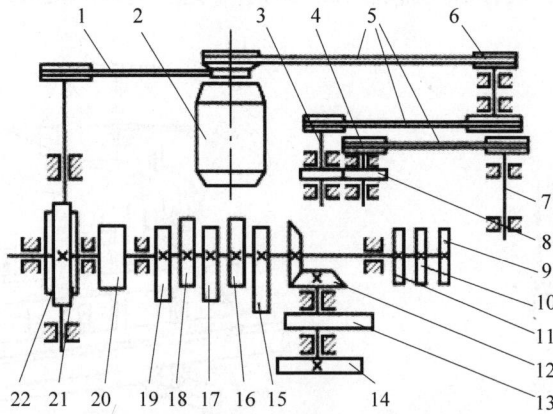

图 3-18 机械式自动捆扎机工作原理

1、5—三角带；2—电机；3—送带轮轴；4—一次收紧轮轴；6—过桥轴；7—预送带轮轴；8—齿轮；
9、10、11—电器控制凸轮；12—圆锥齿轮；13—二次收紧凸轮；14—手轮；15—舌头面板凸轮；16—压头凸轮；
17—三压头凸轮；18—二压头凸轮；19—电热板凸轮；20—离合器；21—蜗杆；22—蜗轮

3.3 冷链物流仓储设备管理

3.3.1 冷链仓储概述

1. 仓储设备的概念

仓储设备是指能够满足储藏和保管物品需要的技术装置与机具，其并非仅指以房屋、有锁之门等外在表征的设备，具体可分为装卸搬运设备和保管设备、计量设备、养护检验设备、通风照明设备、消防安全设备、劳动防护设备以及其他用途设备和工具等。

2. 冷链仓储的含义

冷链仓储一般用于生鲜农产品、保鲜食品类，通过冷藏/冻库对商品和物品储存与保管。它是产品生产、流通过程中因订单前置或市场预测前置而使产品、物品暂时存放的储藏方式。它是连接生产、供应、销售的中转站，对促进生产效率的提高起着重要的辅助作用。

3.3.2　冷链仓储设备

1. 冷链仓储设备要求

经营冷藏、冷冻货物的企业，应当配备以下设施设备。

（1）与其经营规模和品种相适应的冷库，经营疫苗的应当配备两个以上独立冷库。

（2）用于冷库温度自动监测、显示、记录、调控、报警的设备。

（3）冷库制冷设备的备用发电机组或双回路供电系统。

（4）对有特殊低温要求的药品，应当配备符合其储存要求的设施设备。

2. 冷链仓储设备组成

1）冷链仓储设备冷库制冷机组

（1）两组（一用一备）。

（2）切换（手动自动）。

2）冷链仓储设备动力系统

（1）备用发电机组。

（2）双回路供电系统。

3）冷链仓储自动温度检测设备

（1）能保证冷库的正常运行，包括温度监控和报警。

（2）输出 ≤ 80% 的设计功率。

（3）切换启动，手动自动。

（4）日常维护，定期运行。

4）冷链仓储设备冷库温度调控

（1）自动调控温度能力。制冷降温，保温防冻。

（2）监控报警。高低温报警、断电报警、故障报警；冷库现场和远程值班室同步声光报警；中央监控器屏幕报警；手机短信报警。

5）冷链仓储设备冷库温度监测

（1）温度监测。自动、连续采集、处理和记录；超温报警；数据按日保存备份；监测数据不可更改；独立、安全运行；测点终端安装合理。

（2）监测报警。就地或指定位置声光报警；短信报警；计算机报警记录。

冷库温度调控和监测如图 3-19 所示。

《药品经营质量管理规范》第四十九条 储存、运输冷藏、冷冻药品的，应当配备以下设施设备：
（二）用于冷库温度自动监测、显示、记录、调控、报警的设备

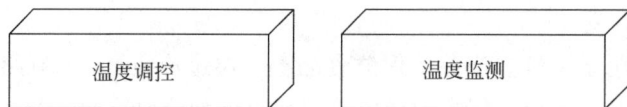

图 3-19　冷库温度调控和监测

3.3.3　冷链仓库管理制度

（1）冷库的使用，应按设计要求，充分发挥冷藏能力，确保安全生产和产品质量及公司效益，养护好冷库建筑结构。

（2）库内排管要及时扫霜，责任落实到人，每一个库门、每一件设备工具都要有人负责。

（3）冷库内严禁多水性作业。

（4）要严格管理冷库门，商品出入库时，要随时关门，库门如有损坏，要及时维修，做到开启灵活、关闭严密、防止跑冷，凡接触外界空气的门，均配备风幕，减少冷热对流。

（5）库房必须按设计规定用途使用。

（6）空库式库房应保持在零摄氏度以下温度，避免库内受潮。

（7）货物不准在地坪上摔击，以免砸坏地坪、破坏隔热层。

（8）货物推车不准超过设计负荷。

（9）冷库地下自然通风道应保持畅通，不得积水、有霜，不得堵塞。

（10）冷库必须合理利用仓容，不断总结，改进商品堆垛方法，安全、合理安排货位和堆垛高度，提高冷库利用率。堆垛要牢固整齐，便于盘点检查进出库。库内货位堆要求距顶排管下侧 0.4 米，距墙 0.2 米。

（11）库房要留有合理的走道，便于库内操作、车辆通过、设备检修，保证安全。

（12）商品进出库及库内操作要防止运输工具和商品碰撞库门，栓子、墙壁和制冷系统管道等工艺设备，在容易碰撞之处应加防护装置。

（13）库内机器线路要经常维修，防止漏电，出库房要随手关灯。

3.4　冷链物流装卸运输设备管理

3.4.1　装卸搬运设备概述

装卸搬运设备是指用来搬移、升降、装卸和短距离输送物料或货物的机械设备，是实现装卸搬运作业机械化的基础，其合理地配置和使用，以安全、优质、迅速地完成货物转移作业，是推动仓储配送现代化的一项重要内容。大力开发、使用装卸搬运设备对于加快物流进步、促进经济发展有重要意义。

为了满足各类货物装卸搬运环节中的不同要求，各种装卸搬运设备应运而生。目前，

装卸搬运设备的机型已有数千种，为了便于理解，将其按主要用途分为起重机械、连续运输机械、装卸搬运机械、专用装卸搬运机械。其中，专用装卸搬运机械是指带有专用取物装置的装卸搬运机械，如集装箱专用装卸搬运机械等。

3.4.2 起重机械

1. 概述

起重机械是做循环间歇运动的机械设备，用来垂直升降货物或兼做货物的水平移动，以满足货物的装卸、转运等作业要求。其典型的工作流程包括：取物装置从取物点把货物提起、运行、旋转，将货物移位并在指定的位置下降，接着进行反向运动，以便进行下一轮工作循环。起重机械以装卸为主要功能，搬运的功能较差，搬运距离短，并且大部分起重机械移动困难，往往是港口、车站、仓库等处的固定设备。

2. 分类

物流装卸起重机械种类繁多，按照其起重量及运动方式可分为以下几类。

1）轻小型起重设备

轻小型起重设备的特点是轻便、结构紧凑、动作简单，作业范围投影以点、线为主。轻小型起重设备一般只有一个升降机构，它只能使重物做单一的升降运动。属于这一类的有千斤顶、滑车、手（气、电）动葫芦、绞车等。电动葫芦常配有运行小车与金属构架，以扩大作业范围。

（1）手动葫芦。手动葫芦（如图 3-20 所示）是一种以焊接环链作为挠性承载件的轻小型起重工具，使用简单，携带方便，也称"链条葫芦"或"倒链"。它适用于小型设备和货物的短距离吊运，起重量一般不超过 10 吨。手动葫芦具有结构紧凑、手拉力小等特点。其构造形式一般有二级正齿轮式和行星摆线针齿轮式。

图 3-20　手动葫芦

（2）电动葫芦。电动葫芦（如图 3-21 所示）简称电葫芦，是一种将电动机、减速器、制动器及卷筒等部件集合为一体的轻小型起重设备。电动葫芦具有体积小、自重轻、操作简单、使用方便等特点，用于工矿企业、仓储码头等场所，起重量一般为 0.1～80 吨，起升高度为 3～30 米。根据承重构件不同，电动葫芦可分为钢丝绳式（应用普遍）、环链式、板链式；根据应用场合不同，电动葫芦可分为一般用途、防爆用途、防蚀用途、冶金用途；根据工作类型不同，电动葫芦可分为重型、中型；根据操纵方式不同，电动葫芦可分为地面跟随操纵、驾驶室操纵、有线操纵、无线操纵。

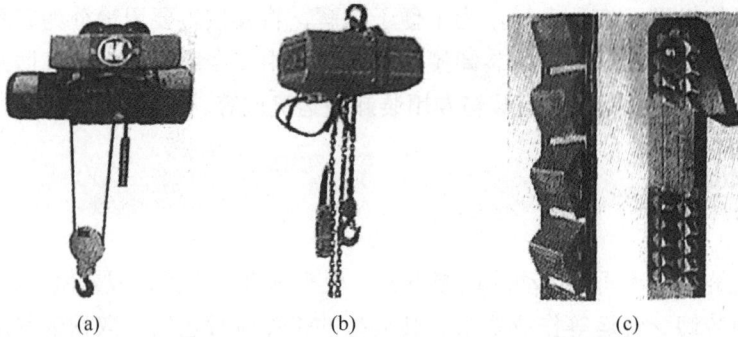

图 3-21　电动葫芦

（a）钢丝绳式提升机；（b）环链式提升机；（c）板链式提升机

2）桥式起重机

（1）桥式起重机概述。桥式起重机又称桥吊、行车，是桥架支撑在建筑物两边高架轨道上并能沿轨道行走的一种桥架型移动式起重机。其在桥架上设有可沿桥架上的轨道行走的起重小车（或电动葫芦）。它是依靠桥架沿厂房轨道的纵向移动、起重小车的横向移动以及吊钩装置的升降运动来进行工作的。它具有构造简单、操作灵活、维修方便和不占用地面作业面积等特点，常用于仓库的装卸作业和车间的起重作业。

（2）桥式起重机的结构。桥式起重机一般由桥架、大车运行机构、起重小车、驾驶室（包括操纵机构和电气设备）四大部分组成。桥式起重机有起升、小车运行和大车运行三个机构，各机构由单独的电动机进行驱动。

① 桥架。桥架（如图 3-22 所示）是桥式起重机的基本骨架，由主梁、端梁、走台和栏杆等组成。在主梁的上盖板上铺设轨道，供起重小车行走，与主梁连接的一侧走台上安装起重机的大车运行机构，另一侧走台安装小车供电的滑线。走台的外侧设有栏杆，以保障检修人员的安全。

② 大车运行机构。桥式起重机的大车运行机构驱使起重机车轮转动，并使车轮沿建筑物高架上铺设的轨道做水平方向运动。大车运行机构主要由运行驱动装置和运行支撑装置两大部分组成。

③ 起重小车。桥式起重机的起重小车包括小车架、小车运行机构和起升机构。

小车架上安装有栏杆、缓冲器和行程限位开关等安全保护装置。当小车运行到桥架主梁两端的极限位置时，行程限位开关的撞击使置于桥架上的行程开关动作，切断电源，并以缓冲器撞击桥架主梁顶端的挡桩，以吸收小车运行功能，使小车停止运行，从而起到安全保护作用。

小车运行机构是用来驱使起重小车沿主梁上的轨道运行的。通常小车的 4 个车轮都是驱动轮，由两套驱动装置分别驱动，每套驱动装置都是由电动机通过立式减速器、减速器低速轴以集中驱动的方式驱使两边两个车轮转动。

起升机构是用来升降货物并能把货物停放在空中某一高度位置的，它是由驱动装置（电动机）、传动装置（减速器、联轴器、传动器）、制动装置（制动器）、卷绕系统（卷筒、滑轮、钢丝绳）、取物装置（吊钩装置）和安全保护装置（起升高度限位器、起重量限制器）等组成的，如图 3-23 所示。

图 3-22　桥架

图 3-23　起升机构

④ 驾驶室。桥式起重机的驾驶室是操作控制的核心区域，通常悬挂于桥架主梁下方或采用地面遥控设计，配备全封闭防护结构及防撞缓冲装置，确保操作安全。其内部集成主令控制器、联动控制台和紧急制动系统，通过手柄或按钮精准操控大车运行、起重小车移动及吊钩升降，并实时显示载荷重量、高度等参数。电气系统包含 PLC 控制柜（可编程控制柜）和安全限位装置（如行程开关、超载传感器等），同步配备声光报警与应急通信设备，部分现代驾驶室还引入远程监控和物联网（IoT）技术，实现智能化操作与数据记录。设计严格遵循人机工程学，配置可调座椅、空调及防滑设施，保障长时间作业的舒适性与安全性。

3）龙门起重机和装卸桥

龙门起重机，简称龙门吊，两边支腿与桥架刚性连接，跨度一般在 35 米以内，按主梁结构形式不同，可分为单梁门式起重机和双梁门式起重机，如图 3-24、图 3-25 所示。单梁门式起重机的起重小车若采用电动葫芦，可采用单根工字钢作为电动葫芦的轨道和承载梁；若采用专制小车，则称单梁小车式龙门起重机。

图 3-24　单梁门式起重机

图 3-25　双梁门式起重机

3.4.3　叉车

叉车是广泛用于仓库和货场装卸、搬运、堆码作业的一种搬运车辆。它具有适用性强、机动灵活、效率高等优点。它不仅可以把货物叉起进行水平运输，还可以叉取货物进行垂直堆码。

1. 叉车的分类

叉车种类多，可以从不同角度分类。按构造的不同，叉车可以分为正面式叉车、侧面式叉车和转叉式叉车；按所用动力的不同，叉车可以分为内燃式叉车、蓄电池式叉车和无动力叉车。这里按其构造对叉车分别介绍。

1）正面式叉车

正面式叉车的特点是货叉朝向叉车正前方。正面式叉车根据结构的不同可分为五种：手动液压叉车、平衡重式叉车、插腿式叉车、前移式叉车和四向行走式叉车。

（1）手动液压叉车是利用人力推拉运行的简易插腿式叉车。其形式有手摇机械式、手动液压泵和电动液压式三种，用于仓库内效率要求不高，需要有一定堆垛作业、装卸高度不大且单向搬运距离在 100 米以内的场合。图 3-26 为手动液压叉车。手动液压叉车承重能力为 500～1 000 千克，起升高度为 1 000～3 000 毫米，货叉最低离地高度≤100 毫米。

（2）平衡重式叉车是使用最为广泛的叉车，这种叉车的货叉在前轮中心线以外。为了克服货物产生的倾覆力矩，在叉车的尾部装有平衡重。车轮采用的是充气轮胎或实心轮胎，运行速度比较快，而且有较好的爬坡能力。取货和卸货时，门架前倾，前倾角度一般为 30 度，便于货叉插入和抽出，取货后门架后倾，后倾角度一般在 80 度和 100 度之间，以便在行驶中保持货物的稳定，这种叉车可根据作业对象和作业方式的不同在叉车的叉架上增设叉车属具，实现"无托盘"搬运需要。

平衡重式叉车可以是内燃式的，也可以是蓄电池式的。内燃式叉车因噪声大和产生有害气体，适用于露天货场作业。蓄电池式叉车适用于室内或环境条件要求较高的场所。

平衡重式叉车主要由发动机、底盘、门架、叉架、液压系统、电气系统及平衡重等部分组成，如图 3-27 所示，主要性能参数有起重量、最大起升高度、货叉长度、最小转弯半径、最大起升速度、最大运行速度等，可根据作业对象和作业要求进行选择。

图 3-26　手动液压叉车　　　　　　图 3-27　平衡重式叉车

（3）插腿式叉车（图 3-28）的结构非常紧凑，货叉在两个支腿之间，因此无论是取货或卸货，还是在运行过程中，这种叉车一般都采用蓄电池为动力，不会污染环境。叉车的座椅采用侧向布置方式，操作人员向叉车两侧及后方的视野良好，所以工作时一般都采用倒车行走方式。由于叉取货物时，支腿和货叉都必须插入货物底部，因此要求货物底部一般高出地面 200 毫米左右。

（4）前移式叉车（图 3-29）的结构与插腿式叉车类似。但取货或卸货时，门架或货叉可由液压系统推动，移到前轮之外；运行时，门架、货叉又缩回车体内。前轮的直径大约为 300 毫米，因此，要收回货叉，必须先将货物升起一定高度。由于结构紧凑，叉车尺寸小，转弯半径也小，适于库内作业。

（5）四向行走式叉车（图 3-30）是在前移式叉车的基础上进行改造、专门用于长大件货物作业的叉车。不同之处在于它的 4 个车轮均能在 90 度范围内转动任意角度，这样，叉车既可向前、向后行驶，也可向左、向右行驶，能在原地对运行方向进行调整。因此，叉车工作时所需的货架通道宽度很小。

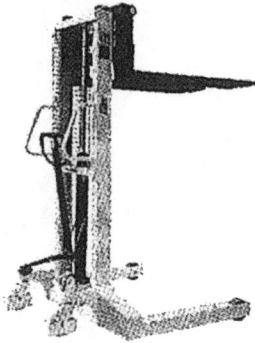

图 3-28 插腿式叉车　　　　图 3-29 前移式叉车　　　　图 3-30 四向行走式叉车

2）侧面式叉车

侧面式叉车（图 3-31）的货叉装在车身的侧面，是平板运输车和前移式叉车的结合。门架可以伸出取货，然后缩回车体内将货物放在平台上即可行走，适于装卸运输钢管、型材、木材、电线杆、水泥管等细长货物。

3）转叉式叉车

转叉式叉车（图 3-32）是专门用于仓库的无轨堆垛机的一种叉车。其货叉有一个回转机构，还有一个侧移机构。两个机构协调动作，货叉可以面向货架通道任意一侧的货架，完成存取作业，而不需要对叉车的位置做任何调整，因此所需要的货架通道最小。当货架高度较大时，需要配备自动选层装置在高度方向辅助定位，这种叉车在货架通道内行驶时，需要导轨导向或用感应线自动导向，以避免叉车与货架相碰。

图 3-31 侧面式叉车　　　　图 3-32 转叉式叉车

4）其他类型叉车

（1）转柱式叉车。转柱式叉车的特点是转弯半径小，作业所需的货架通道窄，门架可实现正反转 90 度。

（2）巷道式无轨堆垛机。巷道式无轨堆垛机是结合叉车和高架堆垛机而研制的新型高提升叉车。其行走速度可达 2.1 米/秒，在通道内可同时完成行走和提升动作，从而减少存取时间、提高作业效率。存取货物时，货叉伸入托盘中，存取高度可达 18 米。

（3）高架位拣选式叉车。高架位拣选式叉车的主要作用是高位拣货，适用于多品种、数量小的货物入库、出库的拣选式高层货架仓储。

（4）托盘搬运车。托盘搬运车又称托盘式叉车，是以搬运托盘为主的搬运车辆。托盘搬运车有两个货叉似的插腿，可插入托盘底部。插腿前端有两个小直径的行走轮，用来支撑托盘货的重量。

由于叉车结构不同，每种叉车工作所需的转弯半径和工作通道的宽度不尽相同。因此，配置叉车时必须考虑相应的资源配置。

2. 叉车的选择

选择叉车时，应根据实际需要考虑叉车的负载能力、最大提升高度、最大提升车体高度、自由升程、行走及提升速度和最小转弯半径。

（1）负载能力：这是最重要的因素，即将最重的额定负载举到特定高度的能力。它是以载荷中心距计算的。一般工业标准的载荷中心距为 0.6 米。

（2）最大提升高度：在额定负载下，叉车的最大提升高度。

（3）最大提升车体高度：在最大提升高度时的升降架顶端可达到的最高位置。升降架高度是指地面到第一段升降架顶端的高度。

（4）自由升程：第二段升降架移动之前货叉上升的高度。

（5）行走及提升速度：满载时叉车的行驶速度（以千克/小时为单位）和叉车的提升速度（以米/分钟为单位）。它直接影响叉车的作业效率。

（6）最小转弯半径：一般是指叉车转弯时车体外侧可能达到的最小转弯半径，是衡量叉车机动性的主要指标。

还有其他技术性能指标如自重、门架前后倾斜角度和车体外形尺寸等。选用叉车时，要全面考虑叉车的技术性能，使之满足作业要求和外界条件。

3.4.4　AGV

自动导引搬运车（automated guided vehicle，AGV），通常也称 AGV 小车，指装备有电磁或光学等自动导引装置，能够沿规定的导引路径行驶，具有安全保护和各种移载功能的运输车，工业应用中不需驾驶员的搬运车，以可充电的蓄电池为其动力来源，如图 3-33 所示。一般可通过电脑来控制其行进路线和行为，或利用电磁轨道来设立其行进路线，电磁轨道粘贴于地板上，无人搬运车则依循电磁轨道所带来的信息进行移动与动作。

1. AGV 的种类

AGV 从发明至今已经有 70 多年的历史，随着应用领域的扩展，其形式多种多样。AGV 通常有以下几种导引技术。

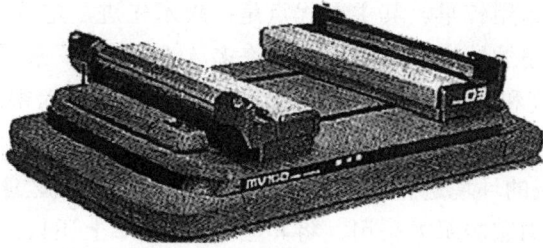

图 3-33　自动导引搬运车

1）直角坐标导引技术

用定位块将 AGV 的行驶区域分成若干坐标小区域，通过对小区域的计数实现导引，一般有光电式（将坐标小区域以两种颜色划分，通过光电器件计数）和电磁式（将坐标小区域以金属块和磁块划分，通过电磁感应器件计数）两种形式。其优点是：可以实现路径的修改，导引的可靠性好，对环境无特别要求。其缺点是：地面测量安装复杂，工作量大，导引精度和定位精度较低，且无法满足复杂路径的要求。

2）电磁导引技术

电磁导引是较为传统的导引方式之一，目前仍被许多系统采用，它是在 AGV 的行驶路径中埋设金属线，并在金属线上加载导引频率，通过对导引频率的识别来实现 AGV 的导引。其主要优点是：引线隐蔽，不易污染和破损，导引原理简单而可靠，便于控制和通信，对声光无干扰，制造成本较低。其缺点是：路径难以更改扩展，对复杂路径的局限性大。

3）磁带导引技术

磁带导引与电磁导引相近，用在路面上贴磁带替代在地面下埋设金属线，通过磁感应信号实现导引，其灵活性比较好，改变或拓展路径较容易，磁带铺设简单易行，但此导引方式易受环路周围金属物质的干扰，对磁带的机械损伤极为敏感，因此导引的可靠性受外界影响较大。

4）光学导引技术

在 AGV 的行驶路径中涂漆或粘贴色带，通过对摄像机采入的色带图像信号进行简单的处理而实现导引，其灵活性比较好，地面路线设置简单易行，但对色带的污染和机械磨损十分敏感，对环境要求过高，导引可靠性较差，且很难实现精确定位。

5）激光导引技术

激光导引是在 AGV 行驶路径的周围安装位置精确的激光反射板，AGV 发射激光束，同时采集由反射板反射的激光束，来确定其当前的位置和方向，并通过连续的三角几何运算来实现 AGV 的导引。

此项技术最大的优点是：AGV 定位精确；地面无须其他定位设施；行驶路径灵活多变，能够适合多种现场环境，它是目前国外许多 AGV 生产厂家优先采用的先进导引方式，但其核心技术还仅限于个别公司掌握，目前我国还没有此项完整的民用技术。

6）惯性导航技术

惯性导航是在 AGV 上安装陀螺仪，在行驶区域的地面安装定位块，AGV 可通过对陀螺仪偏差信号的计算及地面定位块信号的采集来确定自身的位置和方向，从而实现导引。此项技术在军方运用较早。其主要优点是：技术先进，定位准确性高，灵活性强，便于组合和兼容，适用领域广，已被国外的许多 AGV 生产厂家采用。其缺点是：制造成本较高，导引的精度和可靠性与陀螺仪的制造精度及使用寿命密切相关。

7）图像识别导引技术

对 AGV 行驶区域的环境进行图像识别，实现智能行驶。这是一项具有巨大潜力的导引技术，已被少数国家的军方采用，将其应用到 AGV 上还只停留在研究阶段，目前还未出现采用此类技术的实用型 AGV。

可以想象，图像识别技术与激光导引技术相结合将会为自动化工程提供意想不到的可能，如导引的精确性和可靠性、行驶的安全性、智能化的记忆识别等都将更加完美。

8）GPS（全球定位系统）导航技术

通过卫星对非固定路面系统中的控制对象进行跟踪和制导，目前此项技术还在发展和完善，通常用于室外远距离的跟踪和制导，其精度取决于卫星在空中的固定精度和数量，以及控制对象周围环境等因素。

2. AGV 的应用

1）仓储业

仓储业是 AGV 最早应用的场所。1954 年，世界上首台 AGV 在美国南卡罗来纳州 Mercury Motor Freight 公司的仓库内投入运营，用于实现出入库货物的自动搬运。到 2020 年，全球 AGV 年销售量已超 15 万辆。海尔集团于 2000 年投产运行的开发区立体仓库中，9 台 AGV 组成了一个柔性的库内自动搬运系统，成功地完成了每天 23 400 件的出入库货物和零部件的搬运任务。

2）制造业

AGV 在制造业的生产线中大显身手，高效、准确、灵活地完成物料的搬运任务，并且可由多台 AGV 组成柔性的物流搬运系统，搬运路线可以随着生产工艺流程的调整而及时调整，使一条生产线上能够制造出十几种产品，大大提升了生产的柔性和企业的竞争力。近年来，作为 CIMS（计算机集成制造系统）的基础搬运工具，AGV 的应用深入机械加工、家电生产、微电子制造、卷烟等多个行业，生产加工领域成为 AGV 应用最广泛的领域。

3）邮局、图书馆、港口码头和机场等场所

在邮局、图书馆、码头和机场等场所，物品的运送具有作业量变化大、动态性强、作业流程经常调整，以及搬运作业过程单一等特点，AGV 的并行作业、自动化、智能化和柔性化的特性能够很好地满足上述场所的搬运要求。

4）烟草、医药、食品、化工等行业

对于搬运作业有清洁、安全、无排放污染等特殊要求的烟草、医药、食品、化工等行业，AGV 的应用也受到重视。国内的许多卷烟企业，如颐中烟草（集团）有限公司、红塔烟草（集团）有限责任公司、红河卷烟厂、淮阴卷烟厂，应用激光引导式 AGV 完成托盘货物的搬运工作。

5）危险场所和特种行业

军事上，以 AGV 的自动驾驶为基础集成其他探测和拆卸设备，可用于战场排雷和阵地侦察，英国军方研制的 MINDER Recce 是一辆具有地雷探测、销毁及航路验证能力的自动型侦察车。在钢铁厂，AGV 用于炉料运送，减轻了工人的劳动强度。在核电站和利用核辐射进行保鲜储存的场所，AGV 用于物品的运送，避免了辐射的危害性。在胶卷和胶片仓库，AGV 可以在黑暗的环境中，准确、可靠地运送物料和半成品。

3.4.5　牵引车

牵引车是指具有牵引装置、专门用于牵引载货挂车进行水平搬运的车辆。牵引车没有取物装置和载货平台，不能装卸货物，也不能单独搬运货物，如图 3-34 所示。

牵引车根据动力大小可分为普通牵引车和集装箱牵引车。普通牵引车可以拖挂平板车，用于装卸区内的水平搬运；集装箱牵引车用于拖挂集装箱挂车，用于长距离搬运集装箱。当平板车或集装箱挂车被拖到卸货点卸货后，牵引车就会脱开这些挂车，与其他的挂车结合。

3.4.6　固定平台搬运车

固定平台搬运车是室内经常使用的短距离搬运车辆。一般情况下，其采用蓄电池组电动机进行驱动，有三轮和四轮两种，如图 3-35 所示。

图 3-34　牵引车

图 3-35　固定平台搬运车

3.4.7　手推车

手推车是一种以人力为主、在路面上水平运输物料的搬运车，具有结构轻巧灵活、易操作、回转半径小、适合短距离使用的特点。

即测即练

第 4 章

冷链物流订单管理

第 3 章对于冷链物流装备进行了介绍。本章要介绍的订单管理在整个物流配送过程中起着重要的作用。订单承载着客户的需求以及物流过程的相关信息。如何高效地进行订单管理，决定了物流流程的连贯性和高效率。本章将从订单管理概述、订单管理原则和订单管理流程这几个方面进行介绍。

4.1 订单管理概述

4.1.1 订单管理的概念

客户订单是配送企业所有业务活动的起点，做好订单管理工作是配送企业首先要解决的问题。订单管理是指由接到客户订货开始至准备着手拣货期间的作业阶段，通常包括订单资料的确认、存货查询及单据处理等内容，处理的手段主要有手工、以计算机和网络为基础的电子两种形式。订单管理过程包含客户订货周期中的诸多活动，具体而言，包括接收订单、订单录入处理、订单履行和订单状况管理四大方面。订单管理可以以人工处理或计算机化处理来完成，其中，人工处理比较具有弹性，但只适合少量的订单，一旦订单数量稍多，处理即将变得缓慢且容易出错。而计算机化处理，能提供较大速率及较低的成本，适合大量的订单。

4.1.2 订单管理的意义

配送中心的整体作业中，订单管理通常扮演着非常重要的角色。从本质上讲，整个物流过程都是为了完成订单而发生的，其作业绩效影响到配送中心的每项作业，不论是间接的还是直接的，而且，处理订单的很多环节都直接与客户打交道。因此，订单完成的水平直接决定了配送中心的服务水平，订单处理作业效率在很大程度上体现出配送中心的运作效率。

1. 订单是整个物流作业的开端

配送中心通常是在收到订单之后才会采取相应的处理措施，开展一系列的物流活动来完成订单规定的内容。也就是说，由客户端接收订货资料，将其处理、输出，然后仓库人员根据处理的订单资料开始拣货、理货、分类及配送等一连串的物流作业，最后按照订单进行装车运送。负责客户订单处理与客户关系的部门为客户服务部或业务部，负责库存控制并向供应商发出订货的部门称为存货控制部或采购部，接收客户订单后，经过订单处理，开始拣货、理货、分类、装车、配送等出货物流作业。而配送中心为继续运营、满足客户商品需求，必须不断补充库存，向供货商采购物品，因此有进货、检验、入库、储存保管等进货物流作业。配送中心的物流作业可分为进货物流及出货物流，配送中心每天的物流作业可以说都是直接或间接由订单处理作业开始的。订单处理的正确性、效率性影响到后期的作业绩效。错误的订单处理会引起错误的拣货、配送作业及事后的退货、补货，这些物品往返的处理成本不是配送中心能长期接受的，而反映在客户服务水平上也是无法接受的。

目前，物流服务、需求方都提出了无次品、快速配送的要求，而订单管理的效率提升成为一切作业效率提升的前提。因此，如何有效、正确地接单、输入订货资料，以及如何将因小批量、多品种、高频率订货所产生的大量繁杂的订货资料做最有效的分类、汇总，以便后续作业有效、正确地进行，对整个物流企业来说至关重要。

2. 订单是整个信息流的开端

信息是伴随着作业的活动而产生的，信息处理是为整个物流活动服务的。订单处理既是配送中心物流作业的开端，也是整个信息流作业的起点。在配送中心的管理信息系统中，大量原始订单经过订单处理系统处理后，生成出货指示，转入派车管理系统进行配送路径安排及车辆指派（若拣货方式是按配送路径进行拣选，则拣选单的资料可依据派车管理系统安排的配送路径生成）。同时，每天的派车资料也是运费管理及车辆行车管理系统的资料来源。另外，出货指示资料也要输入出货管理系统，进行出货资料的实际修正及出车时出货信息的确认。当配送完成，出货资料经回库处理系统确认实际送货资料后，即可进入客户应收账款系统进行账款结算。由此可见，许多子系统的资料及报表都来源于订单资料，因此订单管理系统（OMS）的绩效关系着整个信息系统的绩效，并影响着作业处理的正确性及效率。

4.2 订单管理原则

4.2.1 订单管理的基本原则

在订单管理过程中，应遵循下列基本原则。

1. 使客户产生信赖

客户订货的基础是产生信赖感。订单管理人员每次接到订单后在处理过程中都要认识到，如果这次处理不当将会影响客户的下次订货情况，尤其是重要的客户。所以要通过订单处理与客户建立良好的关系。

2. 尽量缩短订货周期，提高用户的满意程度

订货周期是指从发出订单到收到货物所需的全部时间，订货周期的长短取决于订单传递的时间、订单处理的时间及货物的运输时间。这三个方面的安排都是订单处理的内容。尽量缩短订货周期，将大大降低客户的时间成本，提高客户的让渡价值，这是保证客户满意的重要条件，同时也可以提高配送中心的运行效率，增加配送中心的效益。

3. 提供紧急订货

在目前以客户需求为中心的市场体制下，强调为客户服务，在特殊情况下提供客户的急需服务，是与客户之间建立长远的相互依赖关系极为重要的手段，可以提升企业在

客户心目中的形象。

4. 减少缺货现象

保持客户连续订货的关键之一便是减少缺货情况的发生，一旦发生缺货，则会影响到客户的整个生产安排，后果极为严重。此外，缺货现象是客户转向其他供货来源的主要原因，企业要想尽量地扩大市场，保持充足的供货是一个必要的前提条件。

5. 不忽略小客户

小客户的订货量虽少，但也是大批买卖的前驱，而且大客户也有要小批量货物的时候。对小客户的订单处理较为得当，将会提升小客户的满意度，可能带来其以后的大批量订购或持续订购。最重要的是，客户与企业建立稳定、信任的供销关系，将为以后的继续订购打下良好的基础，企业的声誉也将因为大、小客户的传播而树立起来。因此，要在成本目标允许的范围内尽量作出令小批量订货客户满意的安排。

6. 装配力求完整

企业所提供的货物应尽量做到装配完整，以便于客户使用为原则。实在做不到时，也应采取便于客户自行装配的措施，如适当的说明及图示等，或通过网上进行技术支持。

7. 提供对客户有利的包装

针对不同客户的货物应使用不同的包装，有些零售货物包装要适于在货架上摆放，有些要适于经销商及厂商开展促销活动，应以便于客户处理为原则。

8. 随时提供订单处理的情况

物流部门要使客户能够随时了解配货发运的进程，以便预计何时到货，便于安排使用或销售。这方面的信息是巩固客户关系的重要手段，也利于企业本身的工作检查。如果存在暂时缺货的情况，物流部门应主动及时地告知客户有关情况，作出适当的道歉与赔偿，以减少客户的焦虑和不安。

4.2.2　影响订单管理效率的关键因素

1. 时间

订单处理过程的时间耗用，在企业来看通常可以理解为订单处理周期，顾客则通常将之定义为订货提前期。改善的目标是在保证时间耗用的稳定性前提下，努力减少时间耗用。

2. 准确性

要求按照顾客订单的内容提供准确的种类、数量、质量的产品，并运送到正确的交货地点。当需要延期供货或分批送货时，应和顾客充分协调与沟通，以取得顾客的同意。

3. 成本

影响订单处理成本的因素包括库存设置的地点和数量、运输批量、运输路线的调控等。

4. 信息

通过完善的物流信息系统，向顾客及企业内部的仓储、运输及财务等部门提供准确、完备、快速的信息服务。

4.3 订单管理流程

订单处理的作业流程包括接收订单、订单录入处理、订单履行和订单状况管理等方面的内容。订单处理通常先收集和汇总客户的订货单，当确认无法按客户要求的时间及数量交货时，业务部门须进行协调。每日的订单处理和与客户的经常沟通是客户服务部门的主要功能。此外还需统计该时段的订货数量，确定调货、分配、出货程序及数量。退货数据也在此阶段处理。另外，业务部门须制定报价计算方式，做报价历史管理，制定客户订购最小批量、送货间隔、订货方式或订购结账截止日。一般的订单处理流程主要包括五个部分：订单准备、订单传输、订单录入、按订单供货、订单处理状态追踪，如图 4-1 所示。

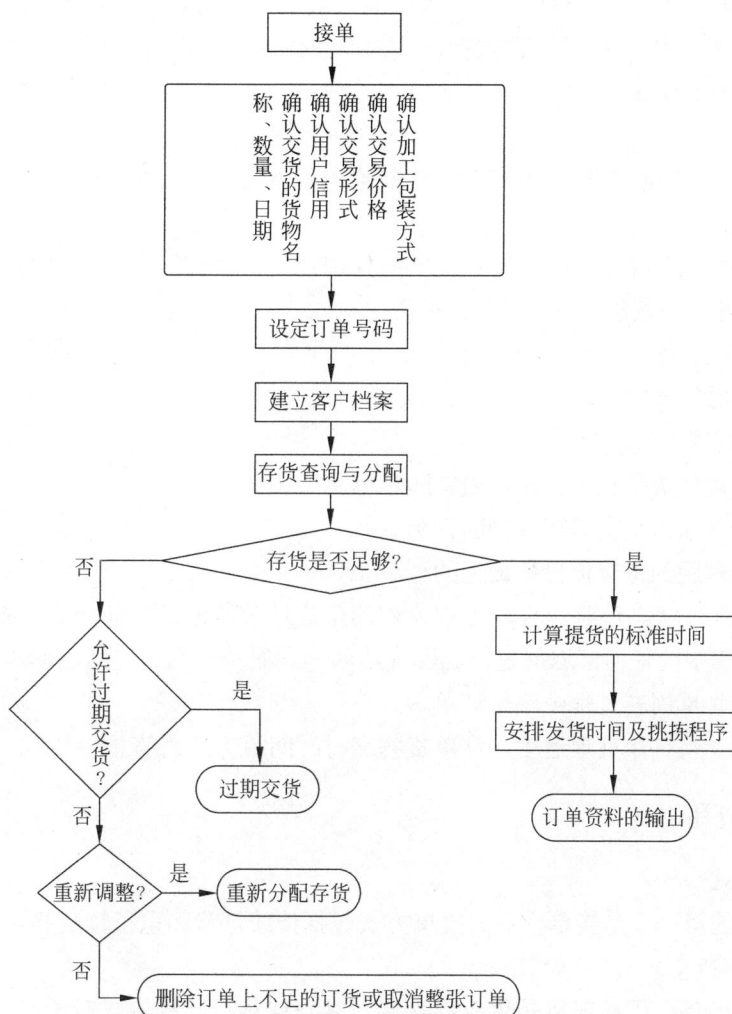

图 4-1 订单处理流程

（1）订单准备。订单准备是指收集所需产品或服务的必要信息和正式提出购买要求的各项活动。

（2）订单传输。传送订单信息涉及订货请求从发出地点到订单录入地点的传输过程。订单传输可以通过两种基本方式来完成：人工方式和电子方式。

（3）订单录入。订单录入指在订单实际履行前所进行的各项工作，主要包括以下几项。

① 核对订货信息（如商品名称与编号、数量、价格等）的准确性。

② 检查所需商品是否可得。

③ 如有必要，准备补交订单或取消订单的文件。

④ 审核客户信用。

⑤ 必要时，转录订单信息。

⑥ 开具账单。

（4）按订单供货。订单履行是由与实物有关的活动组成的，主要包括以下四方面。

① 提取存货、生产或采购员购进客户所订购的货物。

② 对货物进行运输包装。

③ 安排送货。

④ 准备运输单证。其中有些活动可能会与订单录入同时进行，以缩短订单处理时间。

订单处理的次序可能会影响所有订单的处理速度，也可能影响较重要订单的处理速度。这里可借鉴优先权法则。

① 先收到，先处理。

② 使处理时间最短。

③ 预先确定顺序号。

④ 优先处理订货量较小、相对简单的订单。

⑤ 优先处理承诺交货日期最早的订单。

⑥ 优先处理距约定交货日期最近的订单。

（5）订单处理状态追踪。订单处理流程的最后环节是通过不断向客户报告订单处理或货物交付过程中的任何延迟问题，确保优质的客户服务，具体包括以下两方面。

① 在整个订单周转过程中跟踪订单。

② 与客户交换订单处理进度、订单货物交付时间等方面的信息。

4.3.1 接收订单

1. 接单方式

物流作业的第一步是接单作业。接单方式包括传统订货和电子订货等。

1）传统订货

（1）厂商铺货。厂商铺货是供应商直接对客户送货。此种方式对于周转率较高或新上市的商品较为有效，但对于周转率较低的商品不太适用，特别对于多品种、少批量的商品不太适用。

（2）厂商巡货、隔日送货。厂商巡货、隔日送货就是供应商派巡货人员前一天先到各客户处巡查需补充的货物，隔天再予以补货。这种方法的好处是，可利用巡货人员为店铺整理货架、贴标或提供经营管理意见等机会促销新产品或将自己的产品放在最占优势的货架上，但是投入大、费用高。

（3）电话订货。电话订货是订货人员将商品名称及数量，以电话口述向厂商订货。电话订货的缺点是客户每天需订货的种类可能很多，数量也不尽相同，因此错误率较高。

（4）传真订货。传真订货就是客户将缺货资料整理成书面资料，利用传真机发给厂商。利用传真机可快速传送订货资料，缺点是传送的资料常因品质不良而增加事后的确认作业。

（5）邮寄订货。邮寄订货是指客户将订货表单或订货磁片、磁带等订货信息邮寄给供应商。随着商业的发展，此法已不能适应社会形势的发展要求。

（6）客户自行取货。客户自行取货就是客户自己到供应商处看货、补货，根据需要下单订货。此种方式多为传统杂货店因地缘近所采用，范围受到限制。客户自行取货虽可省却配送作业，但个别取货可能影响物流作业的连贯性。

（7）业务员跑单接货。业务员跑单接货即业务员到客户处推销产品，然后将订单带回公司。紧急时，业务员用电话方式先与公司联系，通知有客户订单，让公司做好发货准备。

上述的几种订货方式在订货和取货时，都需要做记录和建档工作。欲完成这些工作，需要人工反复输入信息和重复抄写资料。这样不但耽误时间、作业烦琐，而且错误率极高，特别在多品种、小批量、高频率的订货条件下，要求快速配送、准确无误。显然，传统订货方式已不能适应形势要求，为此产生了电子订货这一新的订货方式。

2）电子订货

电子订货是通过电子传递方式取代人工书写、输入和传递的订货方式，即把订货信息转变为电子信息，通过网络手段进行订货。电子订货系统（electronic order system，EOS）是利用电子信息交换方式取代传统商业下单、接单业务操作的自动化订货系统。电子订货方式主要有以下三种。

（1）订货簿与终端机配合。订货人员携带订货簿及手持终端机巡视货架，若发现缺货，则用扫描仪扫描订货簿或货架上的商品标签，再输入订货数量，当所有订货资料皆输入完毕后，再利用数据机将订货资料传给供应商或总公司。这种方式能及时地反映货物的库存情况，但对订货人员的要求高，出错率也高。

（2）利用销售时点信息系统（point of sale，POS）。利用销售时点信息系统则可在商品库存档里设定安全存量，每当销售一笔商品，计算机自动扣除该商品库存；当库存低于安全存量时，即自动产生订货资料，将此订货资料确认后即可通过电信网络传给总公司或供应商。亦有客户将每日的 POS 销售资料传给总公司，总公司将 POS 销售资料与库存资料比对后，根据采购计划向供应商下单。这种方式便捷、迅速。

（3）订货应用系统。客户利用订单处理系统，可以将应用系统产生的订货资料经转换软件转成与供应商约定的共同格式，在约定时间将订货信息传送到供应商处订货。这种方式还可预测下一阶段的销售数量，及时、准确地反映顾客的需求。

一般而言，通过计算机直接连线的方式最快也最准确，而通过邮寄、电话或销售员携回的方式较慢。由于订单传递时间是订货前置时间内的一个因素，可经由存货水准的调整来影响客户服务及存货成本，因而传递速度快、可靠性及正确性高，这样不仅可大幅提升客户服务水准，也能有效缩减存货相关的成本费用。但同时，通过计算机直接传递往往成本较高，因而究竟要选择哪一种订单传递方式，应通过比较成本与效益的差异来决定。电子订货的效益主要表现在两方面。

（1）销售方面。对于零售业来说，电子订货的优点有：下单快捷、正确和简便；商品库存适量化，只订购所需数量，可分多次下单；完全适用于多品种、少批量和高频率订货方式；缩短了交货的时间，降低了商品库存量，降低了因交货出错造成的缺货概率并减少了进货和验货作业。

（2）供货方面。对于供应商而言，电子订货的优点有：简化接单流程，缩短接单时间，减少了人工处理的错误，使接单作业更加快捷、正确和简便；减少了退货处理流程；满足用户多品种、小批量和高频率订货要求；缩短了交货的前置时间。

电子订货方式的发展经历了两个阶段：计算机信息处理阶段和电子订货方式阶段。

（1）计算机信息处理阶段。

① 离线处理（offline processing）。过去，计算机不发达时，处理信息多是离线，即计算机处理中心和信息中心分置两处。这就需要用人工、邮政或交通工具等来传递信息。信息处理结束后也用相同方法来传递信息。这种离线处理信息的缺点是需要大量时间。

② 在线处理（online processing）。在线处理是将生产的信息直接输入计算机信息处理中心进行处理，处理后的信息直接输入需要信息的地方，在产生信息和需要信息的地方设置终端。在线处理的优点是快速、准确。

③ 分散处理。随着计算机功能的增加、容量增大、计算速度快捷，能进行某些信息处理的智能终端机应运而生，即在产生信息的地方首先进行一些简单的信息处理，再把处理后的信息传到计算机中心进行处理。其优点在于快速、准确、效率高。

④ 计算机网络。众所周知，一般在线处理是用一台主计算机与相关业务的终端机连接起来，进行业务内的处理。但是，随着社会的进步，虚拟企业出现，企业之间的分工合作日益频繁，企业之间的信息共享十分重要，为此，计算机网络逐渐发展起来了。

⑤ 加值网络（value added network，VAN）。在信息社会中，企业之间的跨行业化、国际化和网络化日益兴起，使得信息范围日益扩大，要求能处理不同企业、不同计算机和不同计算机网络之间的信息。为此，一个能连接各企业的各种计算机的网络逐渐兴起。这个网络处理、传递和交换信息速度快、附加值高，因此称为加值网络。

（2）电子订货方式阶段。

① 企业的内部电子订货。订货工作是企业的重要业务。电子订货发展初期只限于企业内部订货作业在线化，即各分公司的终端与总公司的计算机在线随时可传递订货信息。总公司把分公司的订货信息整理汇总编制表单，利用人工、邮政、电话、传真机等方式传递给供应商，供应商再将其输入计算机。为了使信息直接传递到供应商的订单处理系统，各资料格式、代码、计算机的种类都要统一起来，否则不能直接传递信息。

② 企业间的电子订货。随着虚拟企业的发展，企业间的分工与合作更加重要了。为了实现企业间的信息传递、资源共享，必须实现网络化。

为了使企业间作业网络化，实现不同作业流程、不同表单格式和不同种类计算机之间互通信息，必须应用电子信息交换技术和 VAN 中心。

电子数据交换是把企业间交流的资料文件用标准化格式，利用电子信息形态，在计算机之间传递。这是一种计算机、网络技术、软件等集成的信息技术。

企业间的交易文件，如订单、送货单、退货单和对账单等，在本企业的计算机应用系统中生成后，经过共同的标准格式传递给对方计算机应用系统加以处理。这种在计算机之间的传输信息，是计算机可以直接处理的格式。应用 EDI 处理企业间的商业文件，能实现无线化和自动化。

2. 订单交易形态和处理方法

接收订单业务中，存在多种订单的交易形态，所以物流中心应对不同的订单形态采取不同的交易处理方式。

1）订单交易形态

按订单的交易方式，订单可分为以下几种。

（1）一般交易订单。一般交易订单是指接单后按正常的作业程序拣货、出货、配送、收款结算的订单。

处理方式：接单后，将资料输入订单处理系统，按正常的订单处理程序处理，资料处理完后进行拣货、出货、配送、收款结算等作业。

（2）直销式交易订单。直销式交易订单是指与客户当场直接交易、直接给货的交易订单，如业务员至客户处巡货、铺销所得的交易订单或客户直接至物流中心取货的交易订单。

处理方式：订单资料输入后，因其货品已交与客户，故订单资料不再参与拣货、出货、配送等作业，只需记录交易资料，以便收取应收款项。

（3）间接交易订单。间接交易订单是指客户向物流中心订货，但由供应商直接配送给客户的交易订单。

处理方式：接单后，将客户的出货资料传给供应商由其代配。此方式应注意客户的送货单是自行制作或委由供应商制作，以及出货资料（送货单回联）的核对确认。

（4）合约式交易订单。合约式交易订单是指与客户签订配送契约的交易订单，如约定某时间内定时配送某数量商品。

处理方式：约定的送货日来临时，将该配送资料输入系统处理以便出货配送；或一开始便输入合约内容的订货资料，并设定各批次送货时间，以便在约定日期来临时系统自动产生送货的订单资料。

（5）寄库式交易订单。寄库式交易订单是指客户因促销、降价等市场因素而先行订购某数量商品，往后再要求出货的交易订单。

处理方式：当客户要求配送寄库商品时，系统应检核客户是否确实有此项寄库商品，若有，则出此项商品，并且扣除此项商品的寄库量。注意此项商品的交易价格是依据客户当初订购时的单据计算。

（6）兑换券交易订单。兑换券交易订单是指按客户兑换券所兑换商品配送出货的订单。

处理方式：将客户兑换券所兑换的商品配送给客户时，系统应核查客户是否有此兑换券回收资料，若有，依据兑换券兑换的商品及兑换条件予以出货，并应扣除客户的兑换券回收资料。

2）订单处理方法

（1）销售部在确认客户订单之前，必须了解生产部门的生产设计能力，获得生产部门的确认。

（2）销售部在接到客户的订单样品及询价后，将样品交由设计部门设计打样。

（3）市场部根据制作完成的产品样品，与生产部门讨论制造流程及可能需要的生产日程后，拟定样品成本分析报告，呈报经理审核。

（4）销售部将制作完成的产品样品及设计图样交给客户，由其认可并商议交货期。

（5）客户同意交货期，并同意接收所制成的样品后，由销售部组织报价工作。

（6）若客户对样品不满意，则由设计部门依据客户意见再予以修改。

（7）若客户不同意交货期，则由销售部与生产部门及实际生产部门研究后，再与客户商谈。

（8）客户同意交货期和样品后，销售部根据样品成本分析报告，再加上运费、保险费、各项费用及预期利润，算出售价并列表呈递给经理。

（9）经理同意并签字后，由销售部承办人员向客户报价。

（10）若客户接受报价，销售部在接到客户正式订单后，首先检查订单各项条件是否齐全、订购内容是否清楚。

不同的订单交易形态有不同的订货处理方式，因而接单后必须再对客户订单或订单上的订货品项加以确认，以便让系统针对不同形态的订单提供不同的处理功能，如提供不同的输入画面或不同的检核、查询功能，以及不同的储存档案等。

4.3.2 订单资料内容设计

1. 订单内容设计

不同交易形态的订单内容不同，应根据实际需要设计符合作业要求的订单内容。为使订单内容简单实用、减少重复内容，把订单档分为订单表头档和订单明细档。订单表头档记录订单整体性信息，如订单号、订货日期、客户代号、客户名称、客户采购单号、送货日期和送货地点等；订单明细档记录品项的详细信息，如商品代码、商品名称、商品规格、订购单位、金额等，此外，还包括客户的送货路线、里程、配送金额等。

2. 相关档案内容设计

处理订单数据时，可能需要用到某些相关资料，即使是使用 EOS 接单，也需要考虑相关档案资料的配合，才能使整个订单处理作业一体化。用 EOS 的方式接单时，所接收到的订货资料若是简单的订货资料，则要转成内部系统的档案格式，这时会需要某些相关档案资料的支持。这里主要介绍与订单处理有关的档案资料。

1）客户资料

任何一个企业要实现利润的最大化，必定要在提高客户满意度、市场占有率和销售额方面采取合理的措施，而这些都将涉及客户信息的收集与分析，物流配送企业也是如此。要实现对客户信息准确、有效的管理与分析，建立一套实用、完整的客户档案资料不失为一条有效的途径。良好而完整的客户档案数据的建立，可以为企业对市场预测作出正确的分析、提高工作效率提供坚实的基础，同时也能使企业和客户的经营思路有关联性，对于出现的问题也能够及时地对症下药。另外，这个档案还可以增强下游客户对经销商的信任，会把经销商对他们认真负责的态度当作双方长远合作的重要保障。

物流配送中心的订单应包括以下内容，见表 4-1。

表 4-1　物流配送中心订单内容

订单表头档	订单详细档
订单号	订单号
订货日期	商品代码
客户代号	商品名称
客户名称	商品规格
客户采购单号	商品单价
送货日期	订购数量
送货地址	订购单位
配送批次	金额
付款方式	折扣
业务员号	交易类别
配送要求	订单状态
其他	

2）物品资料

（1）替代性物品。若某物品有替代性物品（不同功能、不同供货商或不同等级、不同价格等），应将其建立在数据文件中。

（2）物品价格结构。同一物品若分现销 / 赊销等不同价格，或针对不同客户形态而有不同的售价，则应将其注明标在资料文件夹中。

（3）最小订货单位。物品若因包装、储存、存取等因素，而有最小单位订货的要求，则此订货单位也应该在资料文件中标出。

（4）单位换算。物品不同包装单位间的转换资料。

（5）物品单位体积资料。

3）库存资料

（1）已采购未入库资料。

（2）入库量。

（3）出库量。

4）促销活动

促销活动是常用的营销手段，物流中心在系统的设计上也应该加以考虑。促销活动可以概括为下述三种。

（1）赠品。赠品是指买什么送什么、买多少 A 物品送多少 B 物品。这种随货附赠或随量赠送的促销方式不仅可提高销售量，也可将不畅销的物品搭配销售，因此是适用最广泛的一种促销方式。对于这些促销信息，如物品促销时间、促销条件、购赠物品等资料，都应输入系统保留。

（2）兑换券。这是将兑换券附于物品包装内的促销方式，也是日常较为常见的促销方式。关于这些兑换券的资料，如兑换有效时间、兑换条件、兑换物品等，都应建立档案。

（3）价格/数量折扣。价格/数量折扣是指购买数量越多，单位价格越低，这是鼓励客户大量采购或清仓特卖期间降价出售等非属赠品的折扣促销方式。若客户订购某金额或某数量物品享受到了价格折扣，就应该在相关资料中有所反映。

5）客户寄存资料

客户寄存资料是指客户在促销期间大量订购但先寄放在库中还未出货的资料。

6）客户应收账款资料

客户应收账款资料是指应向购货客户或接受劳务的客户收取的款项和代垫的运杂费等资料。

4.3.3　订单信息处理

1. 输入订单信息

接收订单之后，首先要把订单信息输入订货系统中建立档案。其主要有以下两种输入方法。

1）人工输入法

利用人工方法把订单、客户电话、传真等订货信息输入计算机，是多数企业使用的方法。但这种方法所需的人工成本较高，而且也不能保证效率和准确性。随着订单的多样化、订货前置时间的缩短，人工输入法暴露出越来越多的弊端。尤其像大型物流中心，每天有上百张订单，其资料需要一一输入计算机，若碰上尖峰订货时间，面对倍增的订单，现有的人力就显得分身乏术，而作业的正确率也会大打折扣。订单资料输入的正确性直接影响到整个物流作业的效率和效益，而且输入的快慢也影响整个配送的前置时间。

虽然通过电子订货的联机输入方式可解决人工输入法的正确性、速度等问题，但需要操作人员具有较高的信息化水平，限于实际条件，国内目前多数企业仍使用人工输入法输入订单资料。为了提高人工输入的正确性和效率，可以采取如下措施。

（1）增强系统的提示功能和自动核查功能。

（2）利用订货簿对商品进行分类，把商品代码做成条形码，直接用光笔扫描，从而减少人工输入错误、提高效率。

（3）订货作业平均化。物流系统的特点之一是存在多变的订货特性和峰值订货时间。实际工作中，要力求使订货作业平均化，降低峰值订货时间。为避免大量订单在某一时刻到来，要提前对各类客户设定订货截止日期，有意分散峰值订货量。另外，设定多种账款结算日，也可以分散峰值订货时间。

造成高峰常见的原因有以下几点。

（1）订货截止时间。若设定订货截止时间，在该时间的前一小时通常会出现大量的订单，为避免这种大量的订单在某一时刻涌入，可以将客户分类，为每类客户设定不同的订货截止时间。

（2）账款结算日。若设定账款结算日，则结算日的后一天也常有大量订单出现，可设定多个结算日期，以分散高峰时段的拥挤。

（3）节日或假日。节日或假日的前后时间，通常也是订货量较多的时段，不过这种因时段性或消费者需求形态引起的高峰订货量不易控制，只能由人员调用或系统功能来加以调控。

2）在线输入法

在线输入法是利用计算机和通信技术，将电子订货信息通过电信网络直接输入计算机系统的方法。电子订货方式即用的在线输入法。在此必须强调，传送的信息格式必须是双方认同的格式，否则仍需经过格式转换才能进入订单处理系统。在线输入法有供需双方的计算机直接连线的传输方法和加载网络中心的 E-mail（电子邮件）传输方法。

2. 确认订单信息

对订单进行确认，其主要内容包括以下几项。

1）确认订单项目的基本检查

（1）在订单信息输入前，应检查订单上的各项内容是否完整、符合要求，确认清楚后，再输入作业。对于电子订货系统接收的订货信息，也要进行检查确认。

（2）检查货物品名、数量和送货日期等内容是否正确。接到订单后首先要对货物数量及送货日期进行确认。这是对订货资料项目的基本检查，还要检查品名、数量、送货日期等是否有遗漏、笔误或不符合公司的情形。尤其当送货时间有问题或出货时间已延迟时，更需与客户再次确认订单内容或更正运送时间。

2）确认客户信用

不论是何种订单，接收订单后都要查核客户的财务情况，以确定其是否有能力支付该订单的账款。通常的做法是检查客户的应收账款是否已超过其信用额度，可采取以下两种方法。

（1）输入客户代码或客户名称。输入客户代码或名称资料后，系统即加以核查客户的信用状况，若客户应收账款已超过其信用额度，系统加以警示，以便输入人员决定是继续输入订货资料还是拒绝其订单。

（2）输入客户订购项目资料。输入客户订购项目资料后，如客户此次的订购金额加上以前的应收账款超过信用额度，系统应将此订单资料锁定，以便主管审核。审核通过后，此订单资料才能进入下一个处理流程。

3）确认订货的价格

不同的客户、不同的订购量，可能有不同的价格，输入价格时，系统应加以检核。若输入的价格不符（输入错误或因业务员降价强接单等），系统应加以锁定，以便主管审核。

4）确认交易条件

（1）信用证的确认。

（2）订单确认。确认订单的类型（如一般订单、现销式订单、间接式订单等），以便进行相应处理，即针对不同类型的订单，系统提供不同类型的处理功能。

（3）库存确认。当输入商品代号或商品名称时，系统将自动检查是否缺货。如果缺货，应及时补货或提供代用品。

（4）加工包装确认。客户对于订购的商品是否有特殊的包装、分装或贴标等要求，或是有关赠品的包装等资料都要有详细确认记录。

经过上述确认的订单才是最后发货的订单，以后的订单处理都以此为依据。

3. 处理订单信息

1）拣货单

拣货单是拣货的重要依据。拣货单是根据物流配送中心拣货作业方式和拣货系统来进行形式设计的。不同的拣货方法对应不同的拣货信息。拣货方式因配送中心特性而异。

按分配模式，拣货单分为单一订单拣货与批量拣货。

（1）单一订单拣货，即每次拣货只针对一张订单进行作业，又称摘果法。这种方法是拣货车巡回储存场所，按用户单位的订单拣出每一种商品，巡回结束也完成了一次配货作业，并将配齐的商品置于待发区。其具体有以下拣货方式。

① 一人拣货。这种拣货方式是每一张订单由一个人负责，直至拣货完毕。

② 分区接力拣货。这种拣货方式是把储存区或拣货区分成几个区域，按照接力方式由各区拣货人员共同完成一张拣货单的拣货作业。

③ 分区汇总拣货。这种拣货方式是把储存区或拣货区分成几个区域，把一张订单分为各区的拣货单，再把各区拣出的商品汇集起来。

一般的分区方式有按储存或拣货的单位分区和按工作分区两种方式。

第一，按储存或拣货的单位分区，即把商品储存区和拣货区按照储存单位或拣货单位分成几个区域，如托盘拣货区、料箱拣货区和单品拣货区等。这种分区方式的优点在于方便储存管理、提高拣货效率。

第二，按工作分区，即把储存区或拣货区分成几个区，由一个或一组人员负责拣货区内的商品。这种拣货方式的优点在于拣货人员熟悉商品的位置，可以缩短拣货时间、提高拣货效率。

单一订单拣货的优点是：订单处理前置时间短，作业人员责任明确，派工容易，拣货后不再进行分拣作业，适于大批量、少品种订单的处理。这种方法的缺点是对于多品种、少批量的商品，则拣货路线和时间长、效率低。

（2）批量拣货，即把多张订单整合为一批，再把各订货单中相同商品的数量汇总起来进行总的拣货，又称播种法。其分批拣货方式如下。

① 按拣货单位拣货。把同一种拣货单位的物品汇总起来集中拣货。

② 按配送区域或路线拣货。把统一配送区域或路线的订单汇总起来统一拣货和配送。

③ 按流通加工要求拣货。把需要加工处理或相同流通加工的商品订单汇总起来统一拣货。

④ 按车辆要求拣货。当配送商品需要特殊车辆（如低温车、冷冻车、冷藏车）时，这些商品可以采用统一拣货和配送。

这种方法的优点是：适用于订单数量大的多品种、小批量商品，缩短拣货距离，提高拣货效益。

累计汇总订单资料后，再一次分配库存。配送中心由于订单数量多、客户类型等级多，且多为每天固定配送次数，因此通常采用批次分配，以确保库存能作出最佳的分配。

采用批次分配时，要注意订单的分批原则，即批次的划分方法。由于作业的不同，各分配中心的分批原则也可能不同。

按参与分配的订单的范围划分。如果订单是按正常步骤进行操作的，那么整个处理过程会按照事先设定的流程进行，并准时出货。但是，现实中常常会发生一些意想不到的情况，导致一些订单处理无法按正常步骤进行，因此在分配订单时，要考虑这些因故未能按时出货的订单是否继续参与配送。

延迟交货订单。因缺货而顺延的订单，现在是否已有库存，有的话，是否参与分配，完成出货。

前次已参与分配的未出货订单。对于已经参与库存分配却因故未出货的订单，是否重新分配库存。

缺货补送订单。对于客户前张订单上的缺货物品，这次是否已有库存，这些缺货资料是否参与分配，以便补送出货。

解除锁定订单。订单资料输入后进行核查及确认处理的作业环节中，由于某些条件不符而被锁定的资料，事后经再次审核通过，解除锁定的订单资料是否参与当次库存分配。

远期订单。对于一些还未到交货期限的订单，系统应自动追踪其交货日期，以便在交货日自动将其纳入参与分配范围，做到按时交货。

如果以批次分配选定参与分配的订单后，这些订单的某商品出货量大于可以分配的库存量，可以按下列原则来决定客户订购的优越性。

具有特殊优先权者先分配。对于一些例外的订单，如缺货补货订单、延迟交货订单、紧急订单或远期订单，这些在前次就应允诺交货的订单，或客户预约或紧急要求的订单，应有优先取得存货的权利。因此当存货已补充或到交货期限时，应确定这些订单的优先分配权。

根据订单交易量或交易额来取舍（可以依据 ABC 分类法来解决）。

将对公司贡献度大的订单做优先处理。

根据客户信用状况对信用好的客户订单做优先处理。

此外，也可依上述原则在接收客户订单时就将优先顺序性键入（以 A、B、C 或 1、2、3 来表示），而后在做分配时即可依此顺序自动做取舍，也就是建立一个订单处理的优先系统。

若物品存放地点有多个仓库、多个储位或有多个批号，则在分配库存时应该考虑如何选择适当的出货仓库、出货批号、出货储位，以便达到适时（选择离客户最近的仓库出货）、适品［批号或储位的选择，做到先进先出（FIFO）］的配送。

2）送货单

物品交货配送时，通常附上送货单据供客户清点签收。送货单是给客户签收、确认的出货资料，其正确性及明确性很重要。要确保送货单上的资料与实际送货相符，除了出货前的清点外，对于出货单据的打印时间及一些订单异动情形（如缺货品项或缺货数量等）也需打印注明。

（1）单据打印时间。最能保证送货单上的资料与实出货资料一样的方法是：出车前，一切清点动作皆完毕，而且不符合的资料也在计算机上修改完毕，再打印出货单。但此时打印出货单，常因单据数量多而耗费许多时间，影响出车时间。若提早打印，则对于因为拣货、分类作业后发现实存货不足，或是客户临时更改订单等原因造成原出货单上的资料与实存货不符，须重新打印送货单。

（2）送货单资料。送货单据上的资料除了基本的出货资料外，对于一些订单异动情形如缺货品项或缺货数量等，亦须打印注明。

3）缺货资料

库存分配后，对于缺货的商品或缺货的订单资料，系统应提供查询或报表打印功能，以便工作人员处理。库存缺货产品，应提供依商品或供应商类别查询的缺货商品资料，以便采购人员紧急采购；缺货订单应根据客户类别或外务员类别查询缺货订单资料，以便外务员查询。

4.3.4　订单状况管理

通过接单作业使订单进入物流配送中心进行输入、查实、确认和库存分配等处理，最后生成发货指示书。根据发货指示书可以进行拣货、发货、配送、用户验收签字、结账，具体如图4-2所示。

订单在物流过程中的执行情况如何，必须实时跟踪。

1. 订单状态追踪

1）订单状态

随着物流过程的进展，订单状态也相应发生变化。变化状态如下。

（1）已输入订单。把客户订单输入系统中，其内容有品项、数量、单价和交易配送条件等。此订单也是发货依据。

（2）已分配订单。经过输入确认的订单可进行库存分配作业，并进一步确认订单是否如数拣货。一旦发生缺货，应及时处理。

（3）已拣货订单。经过库存分配产生的发货指示书是实际的拣货基础。

（4）已发货订单。已拣货订单经过分类、装车、发货后，变成已发货订单。

（5）已收款订单。已发货订单经过客户的确认验收后，便是实际发货的资料。这种资料便是收款的依据。根据这种资料制作发票，便于客户申请款项。得到款项的发货订单就是已收款订单。

（6）已结案订单。已收款订单经过内部确认后变成已结案订单。这种已结案订单表示和用户的交易活动已经结束。已结案订单就成为历史交易档案。

2）订单相关档案记录

（1）预计销售信息及不合格信息。客户的原始订单信息或通过电子订货接收的电子订货信息进入订单处理系统经过确认核实后，将正确的订单信息记录为预计销售信息文件；而不合格的订单信息则记录为不合格信息文件。

订单状态	作业	订单信息档案	相关档案信息

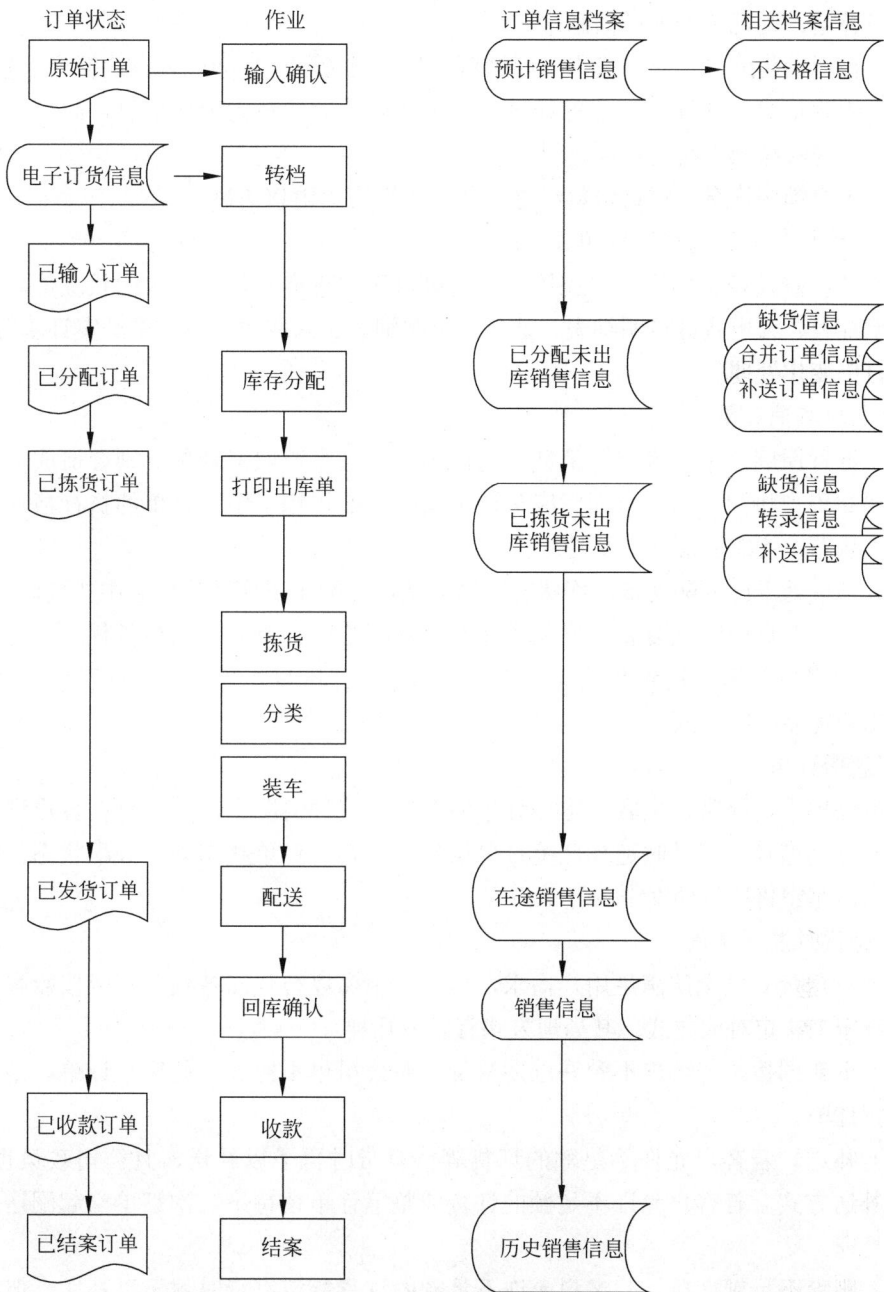

图 4-2　订单状况管理

（2）已分配未出库销售信息，包括缺货信息、合并订单信息、补送订单信息。预计销售信息经过库存分配后，转为已分配未出库销售信息。而分配后缺货的信息记录为缺货信息文件，缺货的订单若要合并到下一张订单，则记录为合并订单信息，若有库存予以补送，则记录为补送订单信息。

（3）已拣货未出库销售信息，包括缺货信息、转录信息、补送信息等。已分配未出库销售信息经过打印拣货单后转为已拣货未出库销售信息，如果拣货后发现缺货的物品资料，记录为缺货信息；缺货的订单若要合并到下一张订单，则记录为转录信息，若有库存予以补送，则记录为补送信息。

（4）在途销售信息。已拣货未出库销售信息，出货配送后即转为在途销售信息。

（5）销售信息。在途销售信息经过回库确认修改后即转为销售信息，此为实际的销售信息，为应收账款系统的收款资料来源。

（6）历史销售信息。销售资料经过结账后即为历史销售信息。

3）订单状态信息的查询打印

订单的状态及相关档案记录完毕后，就可以随时查询并打印订单的状况信息，如订单状态明细表、未出货订单明细表、缺货订单明细表、未取款订单、未结案订单等。

2. 订单变化处理

1）客户取消订单

由于各种原因，常有客户取消订单的情况。一旦客户取消订单，则会造成损失，一方面，要和用户协商；另一方面，应从订单系统内部跟踪了解该订单的执行情况，详细掌握订单状态，才能取消订单交易。

若此订单处于已分配而未出库状态，则应从已分配未出库销售信息中找到此笔订单，将其删除。与此同时，恢复相关商品的库存信息。若此订单处于已拣货状态，则应从已拣货未出库销售信息中找到此笔订单，将其删除，并恢复相关品项的库存信息。之后，把已拣出的物品回库上架。

2）新增订单

物流过程中，经常发生客户增加订单的情况。这种情况下，首先查询客户订单进行状态，若接受增订，应及时追加此笔订单信息；若客户订单状态处于分配状态，应修改已分配未出库销售信息档案中的订单内容。

3）拣货时发现缺货

若现有存货数量无法满足用户需求，客户又不愿以替代品替代，则应按照客户意愿与公司政策来决定对应方式。其处理方式有以下几种。

（1）重新调拨。若客户不允许过期交货，而公司也不愿失去此客户订单，则有必要重新调拨订单。

（2）补送。若客户允许不足额的订货等待有货时再予以补送，且公司政策也允许，则采用补送方式。若客户允许不足额的订货或整笔订单留待下一次订单一起配送，则采用补送处理。

（3）删除不足额订单。若客户允许不足额的订货等待有货时再予以补送，但公司政策并不希望分批出货，则只好删除不足额的订单。

（4）若客户不允许过期交货，而公司也无法重新调货，则可考虑删除不足额的订单。

（5）延迟交货。延迟交货分为两种：一是有时限延迟交货，即客户允许一段时间的过期交货，且希望所有订单一起配送。二是无时限延迟交货，即不论需要等多久，客户都允许过期交货，且希望所有订货一起送达，则等待所有订货到达再出货。对于这种将整张订单延后配送的，也应将这些顺延的订单记录成档。

4）配送时发现缺货

物流配送过程中，装车点货时发现缺货，应从缺货未出库销售信息中找到这笔缺货订单，加以修改，并重新打印清单。

5）拒收

用户对物品和数量等有异议而拒收时，应从在途销售信息中找到此用户订单，并加以修改。

3. 订单资料分析

通过建立订单档案资料，并进行整理、分析，物流中心可以获得大量的商业信息。这些信息对客户而言也是极其重要的。例如，物品销售量，每种物品的市场销售情况，客户等级，每位客户的订货特点，订单处理过程中的库存情况，每种物品的库存情况，物流中心的作业效率。

即测即练

第 4 章详细介绍了冷链订单管理，第 5 章主要介绍冷链配送的相关内容，主要包括冷链配送概述、冷链配送的基本要素及流程、冷链配送方法与技术、冷链配送合理化这四个部分。其中，冷链配送概述主要包括冷链配送的含义、冷链配送的分类、冷链配送模式的分类以及冷链物流发展现状等内容；冷链配送的基本要素及流程详细讲述了拣货、补货、配送加工、装配以及送货的基本要素和相对应的具体流程；冷链配送方法与技术详细讲述了各个流程的方法与技术；冷链配送合理化主要就配送加工以及拣货这两部分进行阐述。

5.1 冷链配送概述

1. 配送的含义

配送的概念最早广泛使用于日本，它是英语"delivery"的意译，是交货、送货的意思。日本日通综合研究所编写的较有影响的《物流手册》认为，"面向城市内和区域范围内，对需要者进行的运输称为配送"。

从物流角度来讲，配送几乎包括所有的物流功能要素，是物流的一个缩影，或在某个小范围中物流全部活动的体现。一般的配送集装卸、包装、保管、运输于一身，通过这一系列活动实现将货物送达客户的目标。特殊的配送还要以加工活动为支撑，所以包括的范围更广。但是，配送的主题活动与一般物流却有不同，一般物流是运输及保管，而配送则是运输及分拣配货，分拣配货是配送的独特要求，也是配送中有特点的活动，以送货为目的的运输则是最后实现配送的主要手段，从这一主要手段出发，常常将配送简化地看成运输的一种。

2. 冷链配送的含义

冷链配送是在经济合理范围内，根据客户要求，在适宜温度环境中对保鲜、冷冻等冷链商品进行拣货、补货、配送加工、配装、送货等作业，并按时送达指定地点的物流活动。

3. 冷链配送的分类

冷链配送涵盖多种冷链产品，不同的冷链产品要求不同。

（1）按照产品冷链配送服务的技术特性要求，冷链配送可分为三类，即食品冷链配送、药品冷链配送和其他产品冷链配送。

（2）按照冷链配送的运营主体和服务范围标准，冷链配送可分为三类，一是自营冷链配送，二是第三方冷链配送，三是共享冷链配送。

（3）按照食品相对应的物流运作温度要求，冷链配送可分为五类：一是超低温配送，它的适用温度范围在 $-50\ ℃$ 以下，这类配送的代表食品是金枪鱼；二是冷冻物流配送，它的适用温度范围在 $-18\ ℃$ 以下，这类配送的食品包括速冻食品、冷却肉畜、水产品等；三是低温物流配送，它的适用温度范围在 $-2\sim2\ ℃$，这类配送的食品包括畜肉品、禽肉品、鲜鱼、贝类等；四是冷藏配送，它的适用温度范围在 $0\sim10\ ℃$，这类配送的食品包括生鲜蔬菜、果汁、禽蛋类等；五是控制常温配送，它的适用温度范围在 $10\sim25\ ℃$，这类配送的食品包括酸奶、巧克力等。

4. 冷链配送模式的分类

1）冷藏车制冷低温配送

冷藏车的制冷原理，是利用压缩机的工作提供冷源，这种供冷模式决定了采用冷藏车进行低温配送的过程中要消耗大量的能源（燃油），每百公里油耗能够达到 $2\sim4$ 升。同时，采用冷藏车制冷的模式对环境也造成了巨大的污染。据分析，带制冷机组的冷藏车比普通货车尾气排放增加 30% 以上。油价不断上涨的今天，这种配送模式无疑是既不经济也不环保的，这也使国内很多冷藏配送公司对冷链配送的期待成为一种泡影，大量冷藏车被限制的情况成为这个行业的一个较为普遍的怪现象。

2）以干冰作为冷源的低温配送模式

干冰由于其在密闭容器中升华，产生大量二氧化碳气体，导致容器内气压急剧升高，超过容器承受能力而引发爆炸，存在较大的安全隐患。另外，大量二氧化碳气体的排放对环境会造成较大的污染，致使温室效应不断加剧。然而，没有合适的替代产品来保证特定货物的低温配送，造成了航空公司虽然明令禁止，但是又不得不偶然为之的尴尬局面。

干冰除了对环境造成污染和存在较大的安全隐患外，其采购、储存与使用都十分不方便，买回来的干冰必须马上使用掉，否则很快就会挥发掉，造成干冰使用成本的上升。这些特性也决定了干冰作为货运制冷剂退出物流配送市场的必然性。

3）相变蓄冷材料的低温配送模式

该种蓄冷材料在业内又有一种新的叫法，叫作干冰型冰袋，顾名思义，以干冰型冰袋为冷源的配送模式从一开始就定位在与干冰一决高下的市场策略上。另外，干冰型冰袋存在多个温度区域可供选择，$-55\ ℃$、$-33\ ℃$、$-18\ ℃$、$-12\ ℃$、$-6\ ℃$、$2\sim8\ ℃$ 的系列干冰型冰袋，最大限度地满足了货物对温度的不同要求，持续 120 小时长时间保温性能（$-55\sim-18\ ℃$）确保生物制剂与食品的配送安全。

5. 冷链物流发展现状

1）国际冷链物流发展趋势

随着制冷工艺技术的进步和人们饮食结构的调整，冷链物流已在发达国家得到广泛应用。美国、日本等发达国家的冷链流通率（冷链物流各环节实行全程低温控制的商品流通量占需要冷链服务商品总量的比率）达到 85%，东欧国家达到 50% 左右。国际冷链物流发展主要呈现以下趋势。

（1）冷链物流向一体化、系统化发展。为满足用户不断提高的物流服务需求，国外冷链物流企业已经完成由单环节的低温运输、仓储向一体化冷链物流企业的转型，通过构建跨部门、跨行业、跨地域的综合冷链服务网络，为客户提供采购、运输、仓储、管理、信息和流通加工等一体化物流服务。

（2）冷链物流由企业自营向社会第三方转型。从原来供应商或销售商单独建立冷链物流中心，逐步转变为由独立投资者建立社会化的第三方冷链物流中心，实施共同配送、集约化经营，降低了物流费用，提高了社会化程度，促进了生产要素的优化配置。

（3）行业集中度不断提高。据国际冷藏库协会公布的数据，美、日两国冷库总量占到世界冷库总量的近 40%。美国冷链物流运营前五强企业冷库容量占到美国的 63.4%，仅美国冷库公司（AmeriCold）自有的冷库总量，就与我国冷库总量相当。

（4）冷链物流的现代化程度较高。目前发达国家冷链物流企业广泛应用仓库管理系统、运输管理系统（TMS）、电子数据交换、全球定位和全程温度监控、质量安全可追溯系统，普遍实行（冷）柜车（头）分离，建设新型节能冷库，使冷链物流运行质量与效率大幅提高，产品安全得到了强有力的保证。

2）国内冷链物流发展趋势

我国低温储藏、保鲜技术起步于 20 世纪 60 年代，此后低温控制技术在生鲜农产品产后加工、储藏及运输等环节逐步得到应用。进入 21 世纪以来，我国冷链物流呈现快速发展势头，逐渐成为现代物流业中增长最快的领域之一，但与发达国家相比，还有较大的差距。

（1）冷库、冷藏汽车等冷链物流资源相对缺乏。截至 2025 年，全国冷库总容量已达 8 200 万吨，较 2010 年的 880 万吨增长超 8 倍。但区域分布仍不均衡：华东地区占比 41%（约 3 362 万吨），长三角城市群单城市冷库密度达 50 万吨 / 万平方千米；中西部地区作为农产品主产区，冷库容量占比仅 18%（1 476 万吨），人均冷库容量 0.23 立方米，仅为华东地区的 1/345。2025 年全国冷藏车保有量较 2010 年的 5 万辆增长超 10 倍，但占货运车辆比例仍仅 1.1%，远低于发达国家 3%～5% 的水平。

（2）冷链流通率相对较低。根据 2024 年数据，果蔬、肉类、水产品冷链流通率分别为 35%、57%、69%，仍低于发达国家 90% 的平均水平。冷藏运输率分别为 30%、50%、65%，较 2018 年分别提升 15、20、25 个百分点。产品腐损率较高，仅水果、蔬菜等农产品在采摘、运输、储存等物流环节上损失率就达 18%～25%（较 2010 年下降 10 个百分点），每年损失超 8 000 万吨，相当于 2 亿人口年消费量。

（3）冷链物流的市场化、社会化程度较低。我国冷链物流业尚处于初级阶段，第三方物流（TPL）比重不高。大多数第三方冷链物流企业的基础设施、节点网络、信息系统、服务质量还不能满足工商企业的要求，工商企业外包冷链物流业务的比例较低，大部分冷链产品的物流配送仍由生产商和经销商来完成。

（4）冷链物流市场潜力大，冷链物流企业快速发展。中外运、中粮等社会化第三方物流企业通过强化和上下游企业的战略合作与资源整合，积极拓展冷链物流业务；双汇、众品、光明乳业等食品生产企业，加快物流业务发展与资产重组，组建独立核算的冷链物流公司，积极完善冷链网络，逐步成为冷链物流业的主力军。

5.2 冷链配送的基本要素及流程

5.2.1 冷链配送的基本要素

冷链配送基本要素主要包括拣货、补货、配送加工、装配、送货。

1. 拣货

拣货作业是配送作业的中心环节。拣货是依据顾客的订货要求或配送中心的作业计划，尽可能迅速、准确地将商品从其仓位或其他区域拣取出来的作业过程。拣货作业系统的重要组成元素包括拣货单位、拣货方式、拣货策略、拣货信息及拣货设备等。

2. 补货

补货作业是将货物从仓库保管区域搬运到拣货区的工作，其目的是确保商品保质保量按时送到指定的拣货区。补货作业的目的是保证拣货区有货可拣。补货作业主要包括：确定所需补充的货物，领取商品，做好上架前的各种打理、准备工作，补货上架。

3. 配送加工

配送加工是企业在配送系统内，按照用户的要求，在加工场所内对产品进行分割、分装、包装、贴标、清洗等作业的流通加工活动。配送加工是流通加工的一种形式，但配送加工与一般的流通加工相比，有自己的特性。它只取决于用户的需求，其加工目的单一，但社会效益和经济效益明显，不仅可以提高物流运输效率，降低消耗和企业的成本，也可以满足用户需求，利于销售，提高商品附加值和配送质量，增加配送效益等。

4. 装配

在单个客户配送数量不能达到车辆的有效载运负荷时，就存在如何集中不同客户的配送货物进行搭配装载以充分利用运能、运力的问题，这就需要装配。和一般货运的不同之处在于，装配送货可以提高送货水平、降低送货成本，所以装配也是配送系统中有现代特点的功能要素，是现代配送不同于传统送货的地方。

5. 送货

送货作业是利用配送车辆把用户订购的物品从制造厂、生产基地、批发商、经销商或配送中心送到用户手中的过程。送货通常是一种短距离、小批量、高频率的运输形式。它以服务为目标、以尽可能满足客户需求为宗旨。

5.2.2 冷链配送流程

1. 拣货作业流程

拣货作业在配送作业环节中不仅工作量大、工艺复杂，而且要求作业时间短、准确度高、服务质量好。拣货作业流程如下：发货计划—确定拣货方式—输出拣货清单—确定拣货路线—分派拣货人员—拣取商品—分类集中，具体如图 5-1 所示。

整个拣货作业所消耗的时间主要包括以下四大部分：①订单或送货单经过信息处理，形成拣货指令的时间；②行走或搬运货物的时间；③准确找到货物的储位并确认所拣货物及数量的时间；④拣取完毕，将货物分类集中的时间。

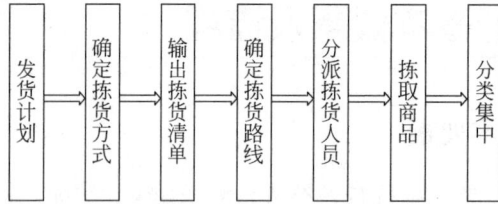

图 5-1 拣货作业基本流程

1）发货计划

发货计划是根据顾客的订单编制而成的。订单是指顾客根据其用货需要向配送中心发出的订货信息。配送中心接到订货信息后需要对订单的资料进行确认、存货查询和单据处理，根据顾客的送货要求制定发货日程，最后编制发货计划。

2）确定拣货方式

拣货通常有订单拣取、批量拣取及复合拣取三种方式。订单拣取是按每份订单来拣货；批量拣取是多张订单累计成一批，汇总数量后形成拣货单，然后根据拣货单的指示一次拣取商品，再进行分类；复合拣取是充分利用以上两种方式的特点，并综合运用于拣货作业中。详细内容在分拣配货作业方法中介绍。

3）输出拣货清单

拣货清单是配送中心将客户订单资料进行计算机处理，生成并打印出拣货单。拣货单上标明储位，并按储位顺序来排列货物编号，作业人员据此拣货可以缩短拣货路径、提高拣货作业效率。"拣货单"格式如图 5-2 所示。

拣 货 单

拣货单号码：					拣货时间：			
客户名称：					拣货人员：			
审核员：					出货日期：年 月 日			
序号	储位号码	商品名称	商品编号	包装单位			拣取数量	备注
				整托盘	箱	单件		
1								
2								
3								

图 5-2 "拣货单"格式

4）确定拣货路线及分派拣货人员

配送中心根据拣货单所指示的商品编号、储位号码等信息，能够明确商品所处的位置，确定合理的拣货路线，安排拣货人员进行拣货作业。

5）拣取商品

拣取商品的过程可以由人工或自动化设备完成。通常小体积、少批量、搬运重量在人力范围内且出货频率不是特别高的货物，可以采取手工方式拣取；对于体积大、重量重的货物，可以利用升降叉车等搬运机械辅助作业；对于出货频率很高的货物，可以采取自动拣货系统。

6）分类集中

经过拣取的商品根据不同的客户或送货路线分类集中，有些需要进行流通加工的商品还需根据加工方法进行分类，加工完毕再按一定方式分类出货。多品种分货的工艺过程较复杂，难度也大，容易发生错误，必须在统筹安排形成规模效应的基础上，提高作业的精确性。在物品体积小、重量轻的情况下，可以采取人力分拣，也可以采取机械辅助作业，或利用自动分拣机将拣取出来的货物进行分类与集中。

2. 补货作业流程

一般补货作业流程如图 5-3 所示（以托盘为例）。

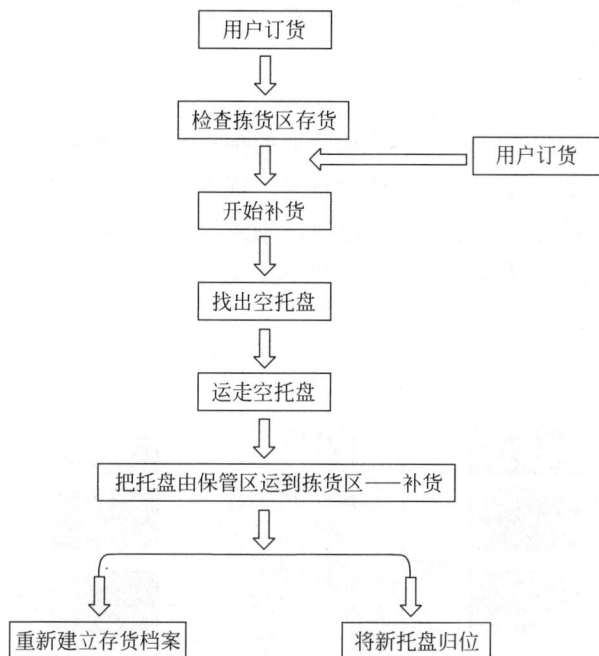

```
              用户订货
                 ↓
          检查拣货区存货  ←───────  用户订货
                 ↓
              开始补货
                 ↓
             找出空托盘
                 ↓
             运走空托盘
                 ↓
      把托盘由保管区运到拣货区——补货
                 ↓
        ┌────────┴────────┐
        ↓                 ↓
   重新建立存货档案      将新托盘归位
```

图 5-3　一般补货作业流程

5.3　冷链配送方法与技术

5.3.1　拣货方法

1. 货架合理摆放

摆放商品的货架应按重量排列，拣货时由重的开始，以避免下面的商品受损。在拣货场所，除以记号记录位置外，可考虑以货架颜色的不同来达到区别的目的。

2. 协力拣货

有时拣货单的设计不够清楚明了，不仅会导致拣取错误，也容易因一看一拣的交替动作而影响拣货效率。对此，拣货人员若能采用协力的方式，一人唱名，一人拣货，则会比各人自行边看边拣的效率及正确性高。

3. 对拣货单进行标示

由于拣货单是拣货人员的重要凭据，若不能妥善设计拣货单，对拣货的过程将产生很大的影响。因而拣货单的设计应该清晰，如拣货单两行间用特殊线条清楚划分；拣货单相邻两行可印制不同颜色来明显区分拣货品种，以避免因视觉混淆造成重复拣取或疏漏某品种的拣取。

5.3.2 补货方法

与拣货作业息息相关的是补货作业。补货作业的策划必须满足两个前提，即"有货可配"和"将待配商品放置在存取都方便的位置"。补货作业一定要合理计划，不仅为了确保存量，也为将其安置于方便存取的位置。下面针对一般拣货安排提出一些可能的补货方式。

1. 整箱补货

整箱补货是由货架保管区补货到流动货架的拣货区。这种补货方式的保管区为料架储放区，动管区为两面开放式的流动棚拣货区。拣货员拣货之后把货物放入输送机并运到发货区，当动管区的存货低于设定标准时，则进行补货作业。这种补货方式由作业员到货架保管区取货箱，用手推车载箱至拣货区，较适合体积小且少量多样出货的品种，如图 5-4 所示。

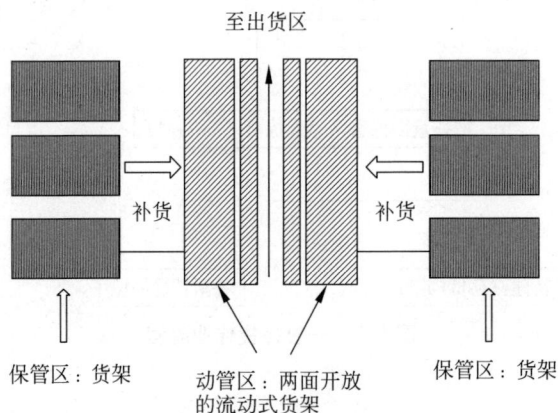

图 5-4 整箱补货

2. 托盘补货

托盘补货是以托盘为单位进行补货。托盘由地板堆放保管区运到地板堆放动管区，拣货时把托盘上的货箱置于中央输送机送到发货区。当存货量低于设定标准时，立即补货，使用堆垛机把托盘由保管区运到动管区，也可把托盘运到货架动管区进行补货，如图 5-5 所示。其特点是货物流动快、便于拣取操作、库存水平相对较低、存储方式灵活。

拣货员于拣取区拣取托盘上的货箱，放至中央输送机出货，或者使用叉车将托盘整个送至出货区（当拣取最大品项时），而当拣取后发觉拣取动管区的存货低于水准时，则要进行补货作业。

其补货方式为作业员以叉车由托盘平置堆叠的保管区搬运托盘至同样是托盘平置堆叠的动管区。

此保管区、动管区存放形态的补货方式较适合体积大或出货量多的物品。

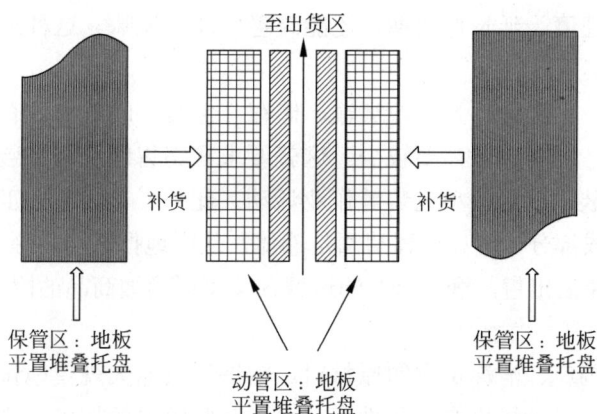

图 5-5　托盘补货

3. 货架上层—货架下层的补货

此种补货方式的保管区与动管区属于同一货架，也就是将同一货架上的中下层作为动管区、上层作为保管区，而进货时则将动管区放不下的多余货箱放到上层保管区。当动管区的存货低于设定标准时，利用堆垛机将上层保管区的货物搬至下层动管区，如图 5-6 所示。此保管动管区存放形态的补货方式较适合体积不大、每品项存货量不高且出货多属中小量（以箱为单位）的物品。

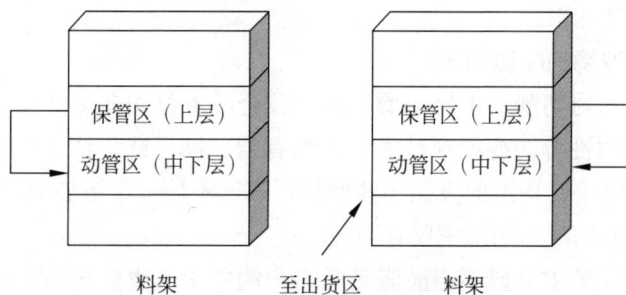

图 5-6　货架上层—货架下层的补货

5.3.3　配送加工方法与技术

1. 食品的配送加工

常见的食品配送加工方式有以下几种。

（1）冷冻加工。鲜鱼、鲜肉、奶制品、速冻食品及医用生物制剂等商品在常温下极易变质，且不方便装卸运输，常采用低温冻结技术对这类商品进行加工。

（2）分选加工。分选加工是为了提高物流效率和产品的附加值而对蔬菜水果进行的加工，如去除多余的根叶。这种方式广泛应用于果类、瓜类与谷物等。

（3）精制加工。精制加工能够提升品质口感：以谷物为例，在初级脱壳、去杂质后，精制加工会进行多次研磨、筛选。像将小麦加工成高精度面粉，通过精细研磨去除麸皮等杂质，使面粉质地更细腻，能制作出品质更高、口感更细腻的面食。除此之外，精制加工还可以延长保质期：通过精制加工去除易导致食品变质的成分。比如食用油，经过脱胶、脱酸、脱色、脱臭等精制工序，去除其中的磷脂、游离脂肪酸、色素、异味物质等，减慢油脂氧化速度，延长保质期，还能改善色泽和风味。这种加工方式不但方便消费者，还可以物尽其用。

（4）分装加工。生鲜食品为方便运输、储存，包装一般较大，有的甚至采用集装箱运输。而在销售时，顾客一般需要较少。这就要求在销售地进行分装作业，如切割、分组、大包装改小包装、散装改小包装等作业活动。此外，半成品加工、快餐食品加工也成为配送加工的组成部分。例如，葡萄酒是液体，从产地批量地将原液运至消费地配制、装瓶、贴商标，包装后出售，既可以节约运费，又可以增加商品的附加值。

2. 钢材的配送加工

钢材是使用范围广、消耗量大的原材料。钢铁厂只能大规模地按规格生产，以使产品有较强的通用性。在批量生产的条件下，由于某些钢材的加工深度有限，在生产领域内，不能切割或剪裁成多种规格、尺寸，因此，在使用之前一般都要根据具体情况进行延伸性加工。汽车、冰箱、冰柜、洗衣机等生产制造企业每天需要大量的钢板，除了大型汽车制造企业外，一般规模生产企业若自己单独剪切，会因用料时间不均衡而引起设备和人员浪费问题。专业钢材剪切加工需要利用专业设备，按照用户设计的规格尺寸和形状进行套裁加工。配送加工企业不仅提供剪切加工服务，还提供配送服务，让用户省心、省力、省钱。配送加工大体上有以下几项内容：圆钢、角钢、扁钢及方钢等小型钢和部分管材的切割，线材的冷拉加工；薄钢板的剪切加工和带钢的平展、剪切加工；专用钢管的涂油和油漆加工。

3. 木材、平板玻璃的配送加工

木材加工包括木材切削、木材干燥、木材胶合、木材表面装饰等基本加工技术，以及木材保护、木材改性等功能处理技术。切削有锯、刨、铣、钻、砂磨等方法。由于木材组织、纹理等的影响，切削的方法与其他材料有所不同。平板玻璃的运输货损率较高，运输难度较大。它们的配送加工主要有两种。

（1）集中下料。集中下料不但能满足各用户的需求，也能提高木材利用率。在配送加工中心将原木制成各种规格的木材、木方，凿孔、开槽、刨平，再送到用户手中，用户根据自己的需要制成各种家具、建筑单元。这样既可以免去低效率剪裁和对边角料的浪费，还可以将碎木、刨花、锯末集中制成预制板或作为造纸原料，提高利用率。据统计，原始分散加工模式下，木材利用率不足 50%（两次加工后）。实行配送加工集中下料之后，木材利用率可以提高到 95%，出材率提高到 72%。平板玻璃也是如此，在消费地比较集中的区域建玻璃配送加工中心，按照用户的需要对玻璃进行套裁和开片，可使玻璃的利用率从 62%～65% 提高到 90% 以上，大大降低玻璃的破损率和物流成本。

（2）制材。制材是与锯截原木作业紧密衔接的一种加工作业，它是将碎木、木屑压制成各种规格板材的一种操作模式。原来这种加工作业是在生产领域内由生产企业完成的，近年来开始延伸到流通流域。

4. 水泥的配送加工

水泥的配送加工主要集中在以下两项作业。

（1）水泥熟料的配送加工。在需要长途运入水泥的地区，变运入成品水泥为运进熟料这种半成品，即在该地区的流通加工（磨细工厂）环节磨细，并根据当地资源和实际情况掺入混合材料及外加剂，制成不同品种及标号的水泥供应给当地用户，这是水泥流通加工的一种重要形式。如果在使用地区对熟料进行粉碎，可以根据当地的资源条件选择混合材料的种类，这样就节约了消耗在混合材料上的运力、节省了运费。如果采用输送熟料的配送加工形式，既可以充分利用站、场、仓库等地现有的装卸设备，又可以利用普通车皮装运，比散装水泥方式具有更好的技术经济效果，更适合我国的国情。同时输送熟料水泥也可以大大降低水泥的输送损失。

（2）集中搅拌。混凝土是在搅拌站（配送加工中心）按照一定的比例把粉状水泥和砂、石等材料搅和在一起制成的，然后供应给各个建筑工地或预制件生产厂使用。改变以粉状水泥供给用户、由用户在建筑工地现场拌制混凝土的习惯方法，而将粉状水泥输送到使用地区的配送加工点，搅拌成混凝土后再供给用户使用，这是水泥流通加工的另一种重要加工方法。这种加工作业，一方面能更好地衔接产需，方便用户；另一方面减少对环境的污染，节约资源，还可以使物流更加合理。

5. 煤炭的配送加工

煤炭的配送加工有多种形式：除矸加工、煤浆加工、配煤加工等。煤炭消耗量非常大，进行煤炭流通加工潜力也很大，可以大大节约运输能源，降低运输费用，具有很好的技术价值和经济价值。

（1）除矸加工。其是以提高煤炭纯度为目的的加工形式。一般地，煤炭中混入的矸石有一定发热量，混入一些矸石是被允许的，也是较经济的。但是，有时则不允许在煤炭中混入矸石，在运力十分紧张的地区要求充分利用运力、降低成本，多运"纯物质"，少运矸石。这种情况下，可以采用除矸的流通加工方法排除矸石。除矸加工可提高煤炭运输效益和经济效益，减少运输能力浪费。

（2）煤浆加工。用运输工具载运煤炭，运输中损失浪费比较大，又容易发生火灾。采用管道运输是近代兴起的一种先进技术。管道运输方式运输煤炭，减少煤炭消耗、提高煤炭利用率。目前，某些发达国家已经开始投入运行，有些企业内部也采用这一方法进行燃料输送。将煤炭制成煤浆采用管道输送，这种方式不与现有运输系统争夺运力，输送连续、稳定、快速，是一种经济的运输方法。

（3）配煤加工。在使用地区设置集中加工点，将各种煤及其他一些发热物质，按不同配方进行掺配加工，生产出各种不同发热量的燃料，称为配煤加工。配煤加工可以按需要发热量生产和供应燃料，防止热能浪费和"大材小用"，也防止发热量过小，不能满足使用要求。工业用煤经过配煤加工还可以起到便于计量控制、稳定生产过程的作用，具有很好的经济价值和技术价值。

6. 机电产品的配送加工

有些机电产品如自行车，采用整装、整运的办法流转和储备，困难较大。这些机电产品不易包装、包装成本不高、运输装载困难且效率低、产品破损严重。但这些机电产品装配比较简单，装配技术要求也不高，装配成零件或半成品以后，不需要进行复杂的测试或检验，即可进入消费领域。为了方便运输，降低储运费用，采用生产半成品（零配件）高容量包装出厂、在消费地拆箱进行配送组装、组装之后随即销售的方式来组织部分机电产品的配送。这种组装加工是机电产品配送加工的主要形式。近几年，随着生产和物流的不断发展，这种加工方式已在我国广泛采用。

7. 服装、书籍的配送加工

服装的配送加工主要是指在批发商的仓库或配送中心进行缝商标、挂价签、改换包装等简单的加工作业。随着消费需求的多样化和消费者的苛刻要求，退货大量增加，从商场退回的衣服一般在仓库或配送中心重新分类、整理、改换价签和包装。国外书籍的配送加工作业主要有简单的装帧、套书壳、换书签，以及退书的重新整理、复原等。

8. 酒类、化妆品的配送加工

啤酒、葡萄酒等酒类及香水等化妆品，都是液体，从产地批量地将原液运至消费地配装、装瓶、贴商标、包装后出售，既方便运输、节约运费，又安全保险，附加值大大提高。

5.3.4 提高车辆装载率的主要方法

1. 改进装载技术

为了充分利用车辆的载重量和容积，应在车厢内合理配置货物，实施紧密装载和定型装载等。合理配置货物，根据车厢的长、宽、高和货物的长、宽、高进行多方案配置，最后确定装载件数最多、剩余空间最小的方案为最优方案。

（1）紧密装载。轻浮货物装车时，要尽量利用车辆的有效空间，缩小货物之间的空隙。对体轻而又可以压紧的货物，可以采取机械打包的方法，增加每件货物的重量。对于体积庞大、外形不规则的机械设备，可拆卸装车。

（2）汽车爬装。汽车体积大、自重轻，可采取爬装的方法，让最后一辆车的前轮压在前一辆汽车的车底板上，依次排序。

（3）木材的对装。对于两端直径不等的原木、毛竹等，可按大小头对装，充分利用车容积。

（4）起脊装。对于轻体货物，装载高度可超出车厢的高度，在车厢两侧安装立柱，在车辆上部起脊。

2. 轻重装载

重体货物能充分利用车辆载重量，不能充分利用车辆容积；而轻体货物虽然能充分利用车辆的容积，但无法充分利用车辆的载重量。若采用轻体货物与重体货物配装的方法，可以最大限度地利用车辆的载重量和容积。

5.4 冷链配送合理化

5.4.1 配送加工

1. 不合理配送加工的形式

实践中常见的不合理配送加工的形式有下述几种。

（1）配送加工地点设置得不合理。配送加工地点设置及布局状况是决定整个配送加工是否有效的重要因素，通常根据实际情况，设置在消费地和原产地，以消费需求地居多。一般来说，为衔接单品种、大批量生产与多样化需求的流通加工，配送加工地点设置在需求地区，才能实现大批量的干线运输与多品种末端配送的物流优势。即便在产地或需求地设置流通加工是正确的选择，也需要考虑在小地域范围内如何正确选址进行配送加工。如果处理不善，仍然会出现不合理。例如，交通不便，配送加工与生产企业或用户之间距离较远，加工点周围的社会环境条件不好等。

（2）配送加工方式选择不当。配送加工方式的选择也十分重要，内容涵盖加工对象、工艺、技术和价格程度等。配送加工方式的选择主要是实现与生产加工的合理分工。分工不合理，把本来应由生产加工完成的作业错误地交给流通加工来完成，或者把本来应由流通加工完成的作业错误地交给生产过程去完成，都会造成不合理。流通加工不是生产加工的替代，而是一种补充和完善。如果工艺复杂、技术要求较高或者加工由现有的生产条件容易满足，则没必要设置配送加工；否则会出现配送加工不合理的负面效应。

（3）配送加工形成多余环节。有的配送加工过于简单，或者对生产和消费的作用都不大，甚至有时由于流通加工的盲目性，同样未能解决品种、规格、包装等问题，相反却增加了作业环节，这也是配送加工不合理的重要表现形式。

2. 配送加工合理化的措施

国内在对合理化配送加工的实践中积累了一些经验、取得了一定的成果。企业除了避免上述配送加工不合理常见的现象之外，也可以从以下几方面来考虑和改进配送加工作业。

（1）加工与配送相结合。配送加工的本质是在配送环节进行的加工作业，最好设置在配送地点（配送中心），这样既可以按照配送的需要及时进行加工，又可以使加工成为配送活动流程中与分货、拣货、配货密切相连的一环，保证经过加工的产品直接投入配货作业。加工与配送的有机结合，将有利于提升配送环节的服务水平。这种配送加工的合理化方式，已广泛应用于煤炭、水泥等产品的流通活动中。

（2）加工与配套相结合。有些产品配套要求较高，而在生产环节加工深度不够，这就需要流通企业（配送企业）完成最后的产品配套工作。但是，完全配套有时无法全部依靠现有的生产单位，进行适当的流通加工，可以有效促成配套，从而提升流通环节所扮演的桥梁和纽带作用。

（3）加工与运输相结合。加工与运输相结合是指利用配送加工，实现干线运输与支线运输的有效衔接。根据运输环节合理的要求，通过适当的配送加工，减少或避免干线运输转支线运输，或支线运输转干线运输过程中的停顿，可以大大提高运输及运输转载的水平。

（4）加工与商流相结合。加工与商流相结合是指从客户需要的角度出发，通过适当的流通加工（如钢板裁剪、原木开裁、改变包装量等），促进商品的销售。利用加工手段，形成新的购买量，促使商流合理化，已成为流通加工合理化的重要思考方向之一。

（5）加工与节约相结合。加工与节约相结合是指在进行配送加工时，要充分考虑节约因素，做到尽可能地节约能源、节约设备、节省人力、减少费用等，从而有效提高流通加工的综合效益。特别是在目前我国坚持实施科学发展观的环境下，物流企业要充分考虑各种节约因素，合理进行配送加工设置。

5.4.2 拣货

拣货优化的基本思路是，进行拣货作业时，操作人员应尽可能缩短以下两方面的时间，从而提高拣货的效率，当然必须是在保证准确性的前提下。第一，行走时间。在行走时间优化方面，可应用智能路径规划算法（如 S 形路径或中线迁回法）动态计算最短动线，减少无效折返；结合自动化设备如 AGV、重力式货架及传送带系统，实现"货到人"模式，将传统拣货中 45% 的行走时间占比降至 18% 以下。第二，寻找货物时间。针对寻找货物时间压缩，需构建数字化标识体系：通过二维码与 LED（发光二极管）电子标签联动，目标货位自动闪烁并显示需拣数量，结合 AR（增强现实）眼镜三维导航系统提供"左转第 3 通道，上层第 2 货架"的语音指引，DHL 试点表明该方法使寻找时间从 25 秒 / 件降至 8 秒 / 件。

即测即练

第 6 章

冷链配送中心库存管理

在第 5 章详细介绍冷链配送的基本要素及流程的基础上，本章深入探讨了冷链配送中心的库存管理，涵盖了制订冷链进货计划、冷链库存的作用与特性、经济订购批量模型、订货点技术以及冷链库存管理五个关键方面。我们将学习如何制订有效的冷链进货计划，了解冷链库存的独特性质，探讨库存成本和经济订购批量模型，以及如何使用订货点技术来确保库存水平的控制。通过结合实际案例，我们将运用这些概念和策略，深入了解库存管理在冷链配送中心中的实际运用，以确保供应链的安全性、效率和可追溯性。本章的学习将为读者提供坚实的库存管理知识，为成功管理冷链库存提供关键的工具和洞察力。

6.1 制订冷链进货计划

在冷链领域，配送中心的一项关键职能是协调适宜的货源，以满足下游客户的具体需求。然而，考虑到下游客户的需求在时间、季节和数量上存在较大的随机性，配送中心必须提前了解采购需求，并制订智能的采购计划，以应对这种变动性。

6.1.1 进货需求的确定

1. 订单需求

若客户向配送中心提供自己的需求预测，则配送中心只需根据客户的订单需求预测来准备进货。此种情况要求客户所需的物品比较稳定。

如个人预订牛奶业务。一家冷链配送中心为多个客户提供冷藏牛奶的分发服务。客户每月初会根据自己的需求定制牛奶订单，时间跨度为一个月，数量固定。下面是四位客户的订单需求：

客户 1：牛奶 A 30 包，牛奶 B 20 包。

客户 2：牛奶 A 40 包，牛奶 C 30 包。

客户 3：牛奶 B 50 包。

客户 4：牛奶 A 60 包，牛奶 C 40 包。

配送中心订单需求汇总表见表 6-1。

表 6-1　配送中心订单需求汇总表　　　　　　　　　　　　　　　包

项目	客户 1	客户 2	客户 3	客户 4	汇总
牛奶 A	30	40		60	130
牛奶 B	20		50		70
牛奶 C		30		40	70
汇总	50	70	50	100	270

解决方案：

（1）订单收集：配送中心收集客户订单，记录每位客户的需求。

（2）需求汇总：配送中心将相同类型的牛奶订单汇总，以计算每种牛奶的总需求。

牛奶 A　需求总数：$30+40+60=130$（包）

牛奶 B　需求总数：$20+50=70$（包）

牛奶 C　需求总数：$30+40=70$（包）

（3）进货计划：配送中心基于需求汇总，制订下个月的进货计划。在这个例子中，配送中心需要进货：

牛奶 A　130 包

牛奶 B　70 包

牛奶 C　70 包

通过这种方式，配送中心可以根据客户的订单需求准确地制订进货计划，确保每种牛奶在每个月初都能按时送达客户，满足他们的需求，同时也避免了库存积压和不必要的资金占用。这种基于订单需求的进货计划适用于所需商品相对稳定、数量固定的情况，提高了供应链的效率和客户满意度。

这种方式也适用于客户能够对需求事先预测的情况，有些时候，当客户能够对所需的商品进行预测，且预测的数量比较准确，不存在较大波动，此时，配送中心可以接收客户的预测数据，并依据此数据提前进货。但需要注意的是，如果客户的预测波动很大，或者预测数据通常与实际需求相背离，应谨慎使用此种需求分析方法。

2. 预测需求

冷链业务中，一些客户往往无法提供准确的商品需求数据，此时需要借助预测方法来估计需求信息。然而，许多情况下，即使客户尝试进行商品需求的预测，仍然存在一定的误差。这一现象在季节性需求变化较大的蔬菜、水果等商品中更加明显，因为这些商品的需求对于任何人来说都很难进行精确的预测。为了尽量减小需求预测的误差，冷链配送中心采用商品需求汇总的预测方法，以确定某种商品的总需求数量。

需求预测按性质不同，可以分为定性预测、定量预测和因果关系预测，分别介绍如下。

1）定性预测

定性预测多用于没有详细的数据作为决策依据时，其主要原则是依靠人的主观判断，然后集成各种主观判断，作出决策。定性预测主要有以下几种方法。

（1）小组共识法。小组共识法指由不同层次的人员在会上自由讨论，达成小组共识的方法。这种方法的缺点在于底层人员往往易受当前市场营销的左右，不敢与领导相悖。对于重要决策，由高层人员讨论。

（2）历史类比法。预测某些新产品的需求时，如果有同类型产品可用来作为类比模型，那是最理想的情况。历史类比法可用于很多产品类型，如互补产品、替代产品等竞争性产品。

（3）德尔菲法。德尔菲法又名专家意见法，是一种系统性的专家意见征询技术，旨在收集和整合来自不同领域专家的观点和见解，采用匿名发表意见的方式，即团队成员之间不得相互讨论，不发生横向联系，只能与调查人员发生关系，通过反复地填写问卷，以集结问卷填写人的共识及搜集各方意见，可用来构造团队沟通流程，应对复杂任务难题的管理技术。此方法用于解决具有不确定性和复杂性的问题、制定决策或预测未来趋势。该方法通常通过一系列迭代的轮次来进行，以达成一致性和共识。德尔菲法的具体实施步骤如下。

① 组成专家小组，按照课题所需要的知识范围，确定专家。专家人数的多少，可根据预测课题的大小和涉及面的宽窄而定，一般不超过 20 人。

② 向所有专家提出所要预测的问题及有关要求，并附上有关这个问题的所有背景材料，同时请专家提出还需要什么材料。然后，由专家做书面答复。

③ 各个专家根据他们所收到的材料，提出自己的预测意见，说明自己是怎样利用这些材料并提出预测值的。

④ 将各位专家第一次判断意见进行汇总，列成图表，进行对比，再分发给各位专家，让专家比较自己同他人的不同意见，修改自己的意见和判断。也可以把各位专家的意见加以整理，或请身份更高的其他专家加以评论，然后把这些意见再分送给各位专家，以便他们参考后修改自己的意见。

⑤ 将所有专家的修改意见搜集起来，汇总，再次分发给各位专家，以便做第二次修改。逐轮搜集意见并为专家反馈信息是德尔菲法的主要环节，搜集意见和信息反馈一般要经过 2~4 轮。在向专家进行反馈的时候，只给出各种意见，但并不说明发表各种意见的专家的具体姓名，这一过程重复进行，直到每一个专家不再改变自己的意见。

⑥ 对专家的意见进行综合处理。

例如，某配送中心需要对某种商品进行进货需求预测。由于市场上没有历史数据可以借鉴，需要对可能的需求量作出预测，以决定进货量。于是该配送中心成立专家小组，并聘请业务经理、市场专家等 8 位专家，预测全年可能的销售量。8 位专家提出个人判断，经过三次反馈得到结果见表 6-2。

表 6-2　德尔菲法专家打分结果

专家编号	第一次预测			第二次预测			第三次预测		
	最低销售量	最可能销售量	最高销售量	最低销售量	最可能销售量	最高销售量	最低销售量	最可能销售量	最高销售量
1	1 500	750	900	600	750	900	550	750	900
2	200	450	600	300	500	650	400	500	650
3	400	600	800	500	700	800	500	700	800
4	750	900	1 500	600	750	1 500	500	600	1 250
5	100	200	350	220	400	500	300	500	600
6	300	500	750	300	500	750	300	600	750
7	250	300	400	250	400	500	400	500	600
8	260	300	500	350	400	600	370	410	610
平均数	345	500	725	390	550	775	415	570	770

平均值预测：预测时，最后一次判断是综合前几次的反馈作出的，因此一般以最后一次判断为主。如果按照 8 位专家第三次判断的平均值计算，则预测的平均销售量为

$$\frac{415+570+770}{3}=585。$$

加权平均预测：将最可能销售量、最低销售量和最高销售量分别按 0.50、0.20 和 0.30 的概率加权平均，则预测平均销售量为 $570 \times 0.5 + 415 \times 0.2 + 770 \times 0.3 = 599$。

中位数预测：用中位数计算，可将第三次判断按预测值高低排列如下。

最低销售量：300，370，400，500，550。

最可能销售量：410，500，600，700，750。

最高销售量：600，610，650，750，800，900，1 250。

最高销售量的中位数为第四项的数字，即 750。

将最可能销售量、最低销售量和最高销售量分别按 0.50、0.20 和 0.30 的概率加权平均，则预测平均销售量为 $600 \times 0.5 + 400 \times 0.2 + 750 \times 0.3 = 605$。

2）定量预测

定量预测是使用一些历史数据或因素变量来预测需求的数学模型，是根据已掌握得比较完备的历史统计数据，运用一定的数学方法进行科学的加工整理，借以揭示有关变量之间的规律性联系，用于预测和推测未来发展变化情况的一类预测方法。定量预测方法也称统计预测法，其主要特点是利用统计资料和数学模型来进行预测。定量预测主要有以下几种方法。

（1）简单移动平均法。简单移动平均法是指用分段逐点推移的平均方法对时间序列数据进行处理，找出预测对象的历史变动规律，并据此建立预测模型的一种时间序列预测方法。

采用简单移动平均法的具体做法是：每次取一定数量的时间序列数据加以平均，按照时间序列由前向后递推，每推进一个单位时间，就舍去对应于最前面一个单位时间的数据，再进行平均，直至全部数据处理完毕，最后得到一个移动平均值，组成新的时间序列。根据需要，这种移动平均处理过程可多次进行。

（2）加权移动平均法。加权移动平均法就是根据同一个移动段内不同时间的数据对预测值的影响程度，分别给予不同的权数，然后再进行平均移动，以预测未来值的一种预测方法。

加权移动平均法不像简单移动平均法那样，后者在计算平均值时对移动期内的数据同等看待，而前者则根据越是近期数据对预测值影响越大这一特点，不同地对待移动期内的各个数据。对近期数据给予较大的权数，对较远的数据给予较小的权数，这样来弥补简单移动平均法的不足。

（3）指数平滑法。前两种预测方法（简单移动平均法和加权移动平均法）中，主要点在于根据大量连续的历史数据预测未来，即随着模型中新数据的增添及过期数据的剔除，新的预测结果就可以预测出来。有的情况下，最近期的数据远比较早期的数据更能预测未来。如果越远的数据，其重要性就越低，则指数平滑法就是逻辑性最强且最为简单的方法。

指数平滑法是生产预测中常用的一种方法。所有预测方法中，简单移动平均法是对时间数列的过去数据一个不漏地全部加以同等利用；加权移动平均法不考虑较远期的数据，并给予近期资料更大的权重；而指数平滑法则兼容了全期平均和移动平均所长，不舍弃过去的数据，但是仅给予其逐渐减弱的影响程度，即随着数据的远离，赋予逐渐收敛直至为零的权数。

3）因果关系预测

因果关系分析法是基于市场活动中存在各种变量之间的因果联系而提出的。它包括一元线性回归、多元回归、一元非线性回归等多种模型。

一元线性回归法是指只有一个自变量对因变量产生影响，而且两者之间的关系可用回归直线来表示：

$$Y = a + bx$$

式中，Y 为因变量，即预测对象；x 为自变量，即影响因素；a，b 为回归系数，是两个待定参数。a 与 b 的数值可用最小二乘法求解。求解公式为

$$a = \frac{1}{n} \left(\sum Y - b \sum x \right) \tag{6-1}$$

$$b = \frac{n \sum xY - \sum x \sum Y}{n \sum x^2 - \left(\sum x \right)^2} \tag{6-2}$$

例 6-1 根据数据用一元线性回归法预测其第 17 个月的需求量。

解：Y 表示需求量，x 表示月份，建立一元线性回归预测模型，经过计算得

$$Y = 0.903\ 6x + 6.438\ 1 \tag{6-3}$$

当 $x = 17$ 时，有

$$Y = 0.903\ 6 \times 17 + 6.438\ 1 = 21.799\ 3 \tag{6-4}$$

6.1.2 配送需求计划概述

1. 配送需求计划

在冷链物流领域，配送需求计划（distribution requirement planning，DRP）是一种方法，它借鉴了 MRP（物料需求计划）原理与方法在冷链物流中的应用。DRP 是物流技术的一种，是 MRP 在分销和冷链领域的直接应用。它的主要目标是解决分销物资的供应计划和高效配送的问题，在确保满足市场需求的同时降低资源配置成本。

DRP 主要应用于两类企业：第一类是物流和分销企业，包括储运公司、配送中心、物流中心、流通中心等；第二类是那些在其业务中承担分销职责的企业，它们具备流通部门职能，用于管理和执行分销业务。这两类企业的共同特点是将满足社会需求视为其主要使命，依赖各种物流能力，如储存、运输、包装、搬运等，以满足社会需求，并从制造企业或物资资源市场有效地组织和调配物资资源。

2. DRP 的输入文件

（1）需求数据。这主要来自销售部门或客户的需求数据，通常包括产品的需求数量、交货日期、交货地点等信息。这是 DRP 的主要输入，用于确定物资的分配和库存管理。

（2）库存数据。这包括当前库存水平、在途库存（正在运输途中的货物）、安全库

存水平等。库存数据是 DRP 中非常重要的输入，因为它影响到需求满足的可行性。

（3）产品信息。这包括产品的标识、描述、计量单位、包装规格等。这些信息有助于明确哪些产品需要配送以满足需求。

（4）供应商信息。如果产品需要从供应商处进货，供应商信息包括供应商名称、联系信息、供货周期等，以确保及时供货。

（5）物流信息。这包括物流网络和配送中心的位置、运输方式、运输时间等信息，有助于确定如何分配产品以满足需求。

（6）销售预测。这是对未来销售趋势的预测，通常由销售部门和市场部门提供。销售预测有助于调整 DRP，以适应未来的市场需求。

（7）服务水平目标。这包括企业对于满足客户需求的目标，如在特定时间内交付的百分比。这有助于确定库存和分配策略。

（8）采购订单。如果有计划的采购订单，这些订单的详细信息也应包括在 DRP 输入文件中，以确保它们被纳入计划中。

这些输入文件是 DRP 的基础，通过分析和整合这些信息，DRP 系统能够生成供应链的计划，包括库存水平、订单分配和配送安排，以满足市场需求并优化资源利用。

3. DRP 的输出文件

（1）分配计划。这是 DRP 的核心输出之一。分配计划指明了每种物资或产品需要分配到哪个地点、仓库或销售点，以满足市场需求。它确定了在供应链中的物资流动路径，以确保产品准时送达客户。

（2）库存计划。DRP 输出包括对各个地点或仓库的库存水平的计划。这包括期初库存、期末预计库存以及在规定时间内的库存变化。库存计划有助于确保适当的库存水平，以满足未来需求。

（3）订单计划。如果需要，DRP 还会生成订单计划，包括采购订单和生产订单。这些订单根据需求和库存水平来决定，以确保供应链的平稳运作。

（4）运输计划。如果涉及产品的物流和运输，DRP 可以生成运输计划，包括运输路线、运输方式、交货日期等信息，以确保产品按时送达客户。

（5）报告和分析。DRP 系统通常还会生成各种报告和分析，用于监测和评估供应链的性能。这些报告和分析可以包括实际执行与计划之间的差异、库存水平、服务水平、成本分析等。

（6）更新需求预测。DRP 的输出还可以包括对未来需求的更新预测。这是基于实际执行和市场变化的反馈，用于不断优化计划。

（7）异常处理。如果计划中出现了异常情况或问题，DRP 系统通常会生成异常处理报告，以便供应链管理者采取适当的措施来解决问题。

4. DRP 的应用

DRP 最基本的工具是产品的明细表。这些明细表表述了离顾客尽可能近的产品环节的存货情况，是整个产品数据库的一部分，不断更新的关于存货和需求的信息在配送中心与顾客之间周期性地或者即时传递。

表 6-3 是某配送中心的 DRP 明细表，从中可以看出 DRP 明细表的一般结构。第一

行是预测的时间周期，最常见的是以每天为增量，当然可以使用每日或者每年。第二行是预测的需求量，它反映了来自客户的需求。第三行是该配送中心已定时接收货物数，这里，订货周期以及装卸所需的时间已经被考虑在内，该批货物在指定的时间已经可以被使用了。第四行是预计现有库存数，它表明了预测时间周期末的库存货数量。表 6-3 中预测开始之前的存货数量为 45，这一数据是需要计算得出的，公式为

$$预计现有库存数 = 上一时间周期末的存货数 + 已定时接收货物数 -$$
$$本周起的预测需求$$

最后一行是计划订货数，这是为避免存货数量低于安全储备而向供给源提出的补给需求数。这里必须考虑订货周期的影响因素。实际上，计划订货和已定时接收货物在时间上相差一个订货周期。此外，DRP 明细表还给出了安全储备、订货周期和订货批量，作为 DRP 中的参考数据。

表 6-3　某配送中心的 DRP 明细表

指　　标				数　　据			
预测的时间周期 / 天	1	2	3	4	5	6	7
预测的需求量	20	20	20	10	30	30	20
已定时接收货物数		60			60		60
预计现有库存数	45	25	65	45	35	65	35	75
计划订货数			60		60		

注：安全储备：20 个；订货批量：60 个；订货周期：2 天。

所有客户的所有物资均可以用表 6-3 进行计算。对所有种类物资计划订货数进行统计，就能得出配送中心每天需要进货的数量。

6.1.3　进货计划

进货计划，也称采购计划，是指企业管理人员在了解市场供求情况、预测未来需求、考虑现有库存和制定采购策略的基础上，制订的一种详细的计划，旨在确保企业按时获得所需的原材料、零部件或产品，以满足生产和销售的需求。它包括两部分内容：采购计划的制订和采购订单的制订。

广义的采购计划是指为保证供应各项生产经营活动的物料需求量而编制的各种采购计划。狭义的采购计划是指年度采购计划，即对企业计划年度内生产经营活动所需采购的各种物料的数量和时间等所做的安排与部署。

采购计划从以下不同角度进行分类。

（1）按计划期长短，其可分为年度物料采购计划、季度物料采购计划、月度物料采购计划等。

（2）按物料使用方向，其可分为生产产品用物料采购计划、维修用物料采购计划、基本建设用物料采购计划、技术改造措施用物料采购计划、科研用物料采购计划、企业管理用物料采购计划等。

（3）按物料自然属性，其可分为金属物料采购计划、机电产品物料采购计划、非金属物料采购计划等。

6.2 冷链库存的作用与特性

冷链库存是指处于冷藏或冷冻状态的货物。广义的冷链库存还包括在冷链运输中的货物。冷链库存对于冷链业务有双重的影响：一是影响企业的成本，即影响冷链物流的效率；二是影响企业的生产和销售服务水平，尤其是与冷链物流相关的温度控制和货物保鲜要求。

库存在冷链物流中扮演关键的角色，它是物流成本的重要组成部分。随着库存水平的提高，相关成本也会相应上升。然而，库存水平的提高也意味着更高的供应保障水平，有助于增强生产和销售的连续性。随着供应链管理理念和库存管理技术的不断进步，这一挑战将得到更为有效的解决，许多企业都在追求实现"零库存"的物流管理目标。

6.2.1 持有库存的原因

我们来讨论为什么在流通的各个层面都需要库存，企业为什么又希望将库存保持在最低水平。

库存的持有与客户服务或由此间接带来的成本节约有关。我们简单考察以下几个保有库存的原因。

（1）供应不确定性管理。一些冷链物流业务面临供应链中不稳定因素，如季节性需求波动、天气影响、供应商交付延误等。维持一定水平的库存可以确保及时满足客户需求，减小了潜在的供应不确定性带来的服务中断风险。

（2）经济批量采购。冷链产品可能涉及季节性或生鲜商品，采购时的成本波动较大。通过大批量采购并储存，企业可以获得更有竞争力的采购价格，并将这一成本优势传递给客户。

（3）订单平滑。一些客户可能需要不规律的订单，库存的保持可以帮助企业平滑生产和物流流程，降低了生产线和配送链上的波动性，提高了整体效率。

（4）应急处理。库存还可以用于应对突发情况，如突然增加的需求或供应链中断。有一定库存可以帮助企业更快地应对这些情况，保持对客户的服务连续性。

（5）成本节约。虽然库存持有会带来存储成本，但与之相关的物流成本和供应链风险成本可能更高。适度的库存可以减少频繁的订购、运输和采购成本，从而在长期内节约成本。

案例：XYZ 冷链物流公司的库存管理

案例背景：XYZ 冷链物流公司（以下简称"XYZ 公司"）是一家专注于冷链食品分销的企业。它面临季节性供应不确定性、价格波动以及客户需求波动等挑战。下面是它的库存管理实例。

（1）供应不确定性管理。在夏季，XYZ 公司采购大量的冷冻蔬菜和水果，然后储存在它的冷库中。这有助于它应对冬季和其他供应不足时的需求，确保始终有足够的库存可供应给客户。这种库存管理方式有助于降低供应不确定性带来的风险。

（2）经济批量采购。夏季是冷冻蔬菜和水果价格低谷期。XYZ 公司充分利用这个时机，采购大批量商品，以获得更有竞争力的价格。这使它能够在冬季以更低的价格销售产品，吸引更多客户，同时降低了采购成本。

（3）订单平滑。通过库存的保持，XYZ 公司可以更好地平滑订单。无论客户需求如何波动，它都可以满足要求，确保连续供应，提升了客户满意度。这也有助于减小生产和物流流程中的波动性。

（4）应急处理。冷链运输中可能发生问题，如冷链设备故障或天气突变。XYZ 公司的库存充足，可以用来应对这些紧急情况，确保产品的质量和新鲜度，同时降低了与应急处理相关的成本。

（5）成本节约。尽管库存管理需要支付存储成本，但通过采购策略和供应链管理的优化，XYZ 公司能够降低采购、运输和库存管理的总成本。这使它能够提供竞争力更强的价格，吸引更多客户，同时提高了利润率。

案例总结：通过这个实例，可以看到在冷链物流业务中，库存管理是一项关键的策略，可以帮助企业应对供应不确定性问题、降低成本、满足客户需求，以及应对紧急情况。合理的库存管理是冷链物流成功的重要组成部分，需要综合考虑多种因素，以找到最佳平衡点。

6.2.2 冷链的特性和库存分类

冷链是一种专门用于运输和储存温度敏感产品（如食品、药品、生物制品等）的物流系统。《食品冷链物流追溯管理要求》（GB/T 28843—2024）中定义食品冷链物流是"以温度控制为主要手段，使食品从出厂后到销售前始终处于所需温湿度范围内的物流工程"。冷链物流主要运作流程如图 6-1 所示。

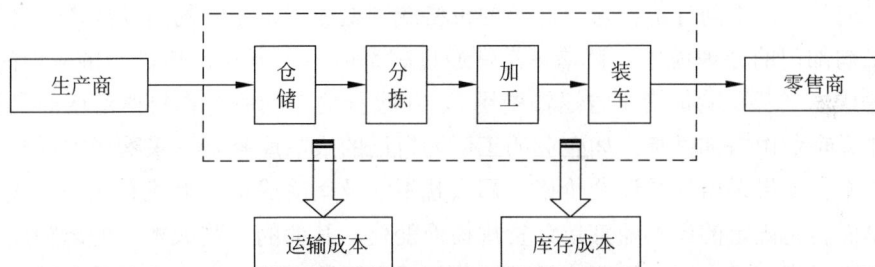

图 6-1 冷链物流主要运作流程

冷链库存可以从物资的用途、存放地点、来源、所处状态等几个方面来进行分类。了解库存的分类有利于更好地理解库存的内涵。最常见的是从企业经营过程的角度将库存分为以下七种类型。

（1）经常库存。经常库存指在正常的经营环境下，企业为满足日常需要而建立的库存。这种库存随着每日的需要不断减少，当库存降低到某一水平（如订货点）时，就要按一定的规则反复进行订货来补充库存。

（2）安全库存。安全库存指为了防止不确定因素而准备的缓冲库存。安全库存由于不确定性因素的存在，在进行决策时要比经常库存更难。

（3）季节性库存。季节性库存指为了满足特定季节出现的特定需要而建立的库存，或指对季节性出产的原材料在出产的季节大量收购所建立的库存。

（4）促销库存。促销库存指为了解决企业促销活动引起的预期销售增加而建立的库存。

（5）投机库存。投机库存指为了避免因物资价格上涨造成损失或为了从物资价格上涨中获利而建立的库存。

（6）积压库存。积压库存指因物资品质变坏不再有效用的库存或因没有市场销路而卖不出去的产品库存。

（7）生产加工和运输过程的库存。生产加工过程的库存指处于加工状态以及为了生产的需要暂时处于储存状态的零部件、半成品或成品。运输过程的库存指处于运输状态或为了运输的目的而暂时处于储存状态的物资。

6.3 经济订购批量模型

6.3.1 库存成本

有三大类库存成本对库存决策起到重要作用，即采购成本、库存持有成本和缺货成本。这些成本互相冲突或存在悖反关系。要确定订购量，补足某种产品的库存，就需对其相关成本进行全面的权衡。

1. 采购成本

补货时采购商品的相关成本往往是决定再订购数量的重要经济因素。发出补货订单后，就会产生一系列与订单处理、准备、传输、操作、购买相关的成本。确切地说，采购成本可能包括：不同订货批量下产品的价格或制造成本，生产的启动成本，订单经过财务、采购部门的处理成本，订单（常常通过邮寄或电子方式）传输到供应地的成本，货物运输成本（若采购价格不含运输费用），在收货地点的所有物料搬运或商品加工成本等。如果企业由内部供货，如企业的工厂为自己的成品库补货，采购成本就要反映生产启动成本。如果采用的是运费价格，那么就不涉及运输成本。上述有些采购成本相对每个订单而言是固定的，不随订单订货规模而变化。其他的一些成本，如运输成本、生产成本和物料搬运成本则不同程度地随订货规模而变化。分析时，需要对各种情况稍加区别对待。

2. 库存持有成本

库存持有成本是因一段时期内存储或持有商品而导致的，大致与所持有的平均库存量成正比。该成本可分为四种：空间成本、资金成本、库存服务成本和库存风险成本。

1）空间成本

空间成本是指因占用存储建筑内立体空间所支付的费用。如果是租借的空间，存储费用一般按一定时间内存储产品的重量或体积来计算，如元（立方米·月）。如果是自有仓库或合同仓库，则空间成本取决于分组的运营成本，这些运营成本都是与存储空间相关的（如供暖和照明），同时，还取决于存储量相联系的固定成本，如建筑和存储设施成本。计算在途库存的持有成本时，不必考虑空间成本。

2）资金成本

资金成本是指库存占用资金的成本。该项成本可占到总库存成本的80%，同时也是各项库存持有成本中最难确定的一项。其原因有两个：第一，库存是短期资产和长期资产的混合，有些库存仅为满足季节性需求服务，而另一些则为迎合长期需求而持有；第二，企业资金成本的计算方式存在差异，如使用资本成本［如加权平均资本成本（WACC）］还是借贷利率，不同融资渠道（如自有资金、银行贷款、债券等）的成本不同，导致难以统一确定库存占用的资金成本。

3）库存服务成本

库存服务成本是企业为维持库存存储环境及管理所必需的间接费用，不直接与库存物品价值相关，但构成库存持有成本的重要组成部分。其核心费用如下：保险与税费，为库存资产投保财产险以应对火灾、水灾等意外风险，同时需缴纳仓储相关的房产税、城镇土地使用税等；技术设施投入，涵盖仓库管理软件（WMS）的采购与维护费用，以及自动化设备［如RFID（radio frequency identification，射频识别）扫描仪、温控系统］的硬件投资；合规性支出，包括消防设施升级、环保处理设备等满足监管要求的必要开支。以某中型制造企业为例，其年度库存服务成本中，WMS费用占比达28%，保险支出占19%，硬件维护占15%，三者合计超过总服务成本的60%。通过引入智能化管理系统，企业可将服务成本占比从总库存价值的8%压缩至5%以下。

4）库存风险成本

库存风险成本源于库存物品在存储期间可能发生的价值损失或失效风险，直接影响企业流动性和资产质量。其主要风险类型如下：物理损耗，因搬运不当、温湿度失控导致的商品损坏，如食品变质、电子产品受潮，某生鲜企业因冷库故障导致3%的库存报废；价值缩水，时尚品、电子产品等因市场迭代或技术过时而贬值，如某手机配件商因新型号发布导致旧款库存价值下跌40%；非预期损失，包括盗窃、盘亏（记录误差）等，零售行业平均库存缩水率约为1.5%～2%。为降低风险成本，企业可采取动态监控（如IoT传感器实时追踪库存状态）、实施先进先出策略，并通过数据预测优化库存周转。例如，某服装企业通过AI（人工智能）销量预测将过季库存比例从25%降至9%，风险成本减少62%。

3. 缺货成本

缺货成本是指企业因库存不足无法满足客户需求而产生的各类经济损失，包含直接损失与间接损失两个维度。直接损失体现在：销售机会丧失（如商品断货导致收入减少，某零售企业测算单次缺货平均损失订单金额的35%）、应急采购支出（紧急调货产生的加急运费或高价采购，成本通常比正常采购高20%～50%）、生产中断损失（原材料短缺引发生产线停工，某制造企业因缺料导致单日停工损失达80万元）。间接损失则更为隐蔽且影响深远：客户忠诚度下降（频繁缺货使30%的消费者转向竞品，且挽回成本是维护老客户的5倍）、商誉折损（如餐饮供应链企业因食材缺货被餐厅列入黑名单，品牌价值缩水15%）、管理成本攀升（处理客诉、协调补货等额外人力投入，约占缺货总成本的12%）。此外，特殊场景下可能触发法律风险（如医疗物资缺货导致合同违约赔偿）或市场占有率下滑（电子产品缺货期间竞品销量提升18%）。

6.3.2 经济批量模型

经济订购批量（EOQ）为相关总成本最低时的订购量，冷链业务中的经济订购批量计算旨在调和采购成本与库存持有成本之间的平衡，以实现总库存成本的最小化。经济订购批量即指在这一平衡点下的最佳采购批量。经济订购批量模型如图6-2所示。

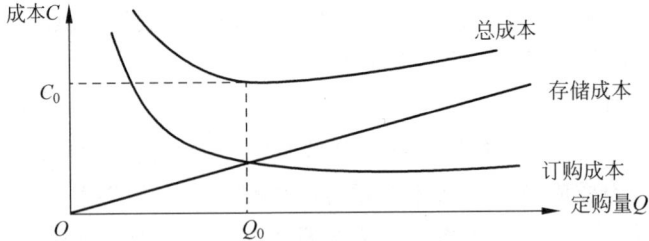

图6-2 经济订购批量模型

设全年需求订购量为 D，每次订购量为 Q，每次订购成本为 C_1，单位年储存成本为 C_2，并假定该种物资的消耗是均衡的，则年均库存量为 $\dfrac{Q}{2}$，年库存成本为 $\dfrac{C_2 Q}{2}$，W 为库存总成本，N 为最优订购次数。

$$库存总成本 = 订购成本 + 库存成本 = C_1 \frac{D}{Q} + C_2 \frac{Q}{2} \tag{6-5}$$

为了最小化 W，可以对上述公式进行微分，并找到其极值：

$$\frac{\mathrm{d}W}{\mathrm{d}Q} = -C_1 \frac{D}{Q^2} + \frac{1}{2} C_2 = 0 \tag{6-6}$$

得到

$$Q_0 = \frac{D}{Q} = \sqrt{\frac{DC_2}{2C_1}} \tag{6-7}$$

由于在实际生活中，D（需求量）、Q（订货批量）、C_1（订货成本）、C_2（库存持有成本）都是正值，所以 $\dfrac{\mathrm{d}^2 W}{\mathrm{d}Q^2} > 0$ 是必然的，那么当 $Q_0 = \sqrt{\dfrac{2DC_1}{C_2}}$ 时即为经济订购批量点，此时是总成本最低的订购量。

在冷链物流的经济订购批量管理中，库存水平受到严格监控。每当库存接近最低水平，即将触及再订货点（ROP）时，就会触发新一轮的货物订购。尤其是在产品需求量增加的时期，会发生连续的库存消耗。这时，及时的货物订购成为确保产品生产连续性的重要保障。

例6-2 A公司以单价10元每年购入某种产品8 000件。每次订货费用为30元，资金年利息率为12%，单位维持库存费按所库存货物价值的18%计算。若每次订货的提前期为两周，试求经济订购批量、最低年总成本、年订购次数和订货点。

已知单价 $p=10$ 元，年订货量 D 为8 000件，单位订货费即调整准备费 S 为30元/次，单位维持库存费 H 由两部分组成：一是资金利息，二是仓储费用，即 $H=10$ 元 × 12% + 10 元 × 18% = 3 元/（件·年），订货提前期 LT 为两周，求经济订购批量 EOQ 和订货点 RL。

$$经济订购批量 = \sqrt{\frac{2DS}{H}} = \sqrt{\frac{2 \times 8\,000 \times 30}{3}} = 400（件） \tag{6-8}$$

$$最低年总成本 = P \times D + \left(\frac{D}{\text{EOQ}}\right) \times 30 + \left(\frac{\text{EOQ}}{2}\right) \times H$$

$$= 8\,000 \times 10 + \left(\frac{8\,000}{400}\right) \times 30 + \left(\frac{400}{2}\right) \times 3 = 81\,200（元） \tag{6-9}$$

$$年订购次数：n = \frac{D}{\text{EOQ}} = \frac{8\,000}{400} = 20（次） \tag{6-10}$$

$$订货点\ \text{RL} = D/52 \times \text{LT} = \frac{8\,000}{52} \times 2 = 308（件） \tag{6-11}$$

6.4 订货点技术

6.4.1 定量订货法

1. 定量订货法的基本原理

定量订货法是一种库存控制方法，它的原理是：在库存量降至事先设定的最低库存水平（通常称为订货点）时，根据事先确定的固定数量（通常以 EOQ 为标准）进行订货和补充库存。销售过程中，库存不断地受到监测，一旦库存降至订货点以下，就会触发订货批量（通常采用 EOQ）。

冷链物流中，定量订货法同样适用，但它的关注点更加集中在温度敏感产品的库存控制和管理上。它的基本原理是：在冷链物流过程中，设定一个特定的库存水平，通常被称为订货点，以确保温度敏感产品在运输和储存过程中不会受到不良影响。当库存水平降至订货点以下，即产品接近售空状态时，就会触发订货批量的采购或生产。

2. 定量订货法控制参数的确定

冷链物流中，订货点和订货批量的确定至关重要，但需要特别关注温度敏感产品的特性和需求。以下是关于冷链物流中订货点和订货批量的描述。

1）订货点的确定

冷链物流中，订货点仍然是控制库存水平的关键参数。它表示在仓库中温度敏感产品的实际库存量。确定订货点时，需要考虑产品的特性，包括温度要求、保质期等。如果需求量和订货提前期都已确定，可以直接计算订货点。其计算公式如下：

订货点 = 订货提前期的平均需求量 = 每个订货提前期的需求量

= 每天的需求量 × 订货提前期（天）

如果需求和订货提前期都不确定，则安全库存的设置就变得至关重要。考虑产品的温度敏感性，安全库存的计算公式如下：

订货点 = 订货提前期的平均需求量 + 安全库存

=（单位时间的平均需求量 × 最大订货提前期）+ 安全库存

2）订货批量的确定

冷链物流中的订货批量直接影响库存水平和产品供应的满足程度。与一般物流不同，冷链物流需要更加关注产品的温度控制和保质期，因此订货批量的确定需要考虑产品的特性和运输要求。通常，每个具体的温度敏感产品都有相同的订货批量，以经济批量为依据。

3. 定量订货法的优缺点

1）优点

（1）控制参数一经确定，实际操作就变得非常简单了。实际中经常采用"双堆法"来处理。所谓双堆法，就是将某商品库存分为两堆：一堆为经常库存，另一堆为订货点库存，当消耗完就开始订货，平时用经常库存，不断重复操作。这样可减少经常盘点库存的次数，方便、可靠。

（2）当订货量确定后，商品的验收、入库、保管和出库业务可以利用现有规格化器具和计算方式，有效地节约搬运、包装等方面的作业量。

（3）充分发挥了经济批量的作用，可降低库存成本、节约费用、提高经济效益。

2）缺点

（1）要随时掌握库存动态，严格控制安全库存和订货点库存，占用了一定的人力和物力。

（2）订货模式过于机械，不具有灵活性。

（3）订货时间不能预先确定，对于人员、资金、工作业务的计划安排不利。

（4）受单一订货的限制，对于实行多品种联合订货，采用此方法时还需要灵活掌握处理。

6.4.2　定期订货法

1. 定期订货法的基本原理

定期订货法是一种按照预定的时间间隔进行订货补充的库存管理方法。它的基本原理是：在预先设定的订货周期 T 和最大库存量 $Q_{\max}$ 的条件下，定期检查库存水平，然后根据最大库存量、实际库存、在途订货量以及待出库商品数量来计算每次订货的批量，最后发出订货指令并组织订货过程。实施定期订货法需要考虑三个关键控制参数：订货周期、最大库存量以及订货批量。在定期订货法中，订货点实际上等于订货周期，这个周期的间隔是固定的，它直接影响最大库存量的设定，从而决定了库存水平的高低，进而影响库存成本的多寡。为了最小化总费用，可以采用经济订货周期的方法来确定这些参数。

2. 最大库存量 $Q_{\max}$ 的确定

在定期订货法中，最大库存量的确定是为了满足 $(T+T_k)$ 期间的库存需求，其中 T 代表订货周期，T_k 则代表平均订货提前期。这个库存量的计算基于 $(T+T_k)$ 期间的库存需求的平均值，同时考虑了随机发生的不确定库存需求，并添加了一定数量的安全库存，以确保库存充分满足需求。下面详细解释这个库存量的计算公式：$Q_{\max}=R(T+T_k)+Q_S$。

$Q_{\max}$（最大库存量）：代表所需的最大库存水平，用于应对 $(T+T_k)$ 期间的需求。

R（库存需求平均值）：表示（$T+T_k$）期间的库存需求的平均值，这个值是过去一段时间内需求数据的平均值，它反映了产品的典型需求情况。

T（订货周期）：订货周期的长度，表示两次订货的时间间隔。它是根据企业的运营策略和需求模式来确定的。

T_k（平均订货提前期）：从发出订货指令到货物实际到达的平均时间。这个值是考虑供应链的时效性而确定的。

Q_S（安全库存量）：为了应对不确定因素而额外设置的库存。它的大小取决于对供应链不确定性的估计和风险承受能力。

综合考虑以上参数，Q_{max} 的计算公式帮助企业确保库存水平能够满足预期的需求，同时考虑到不确定性因素，以增强库存的安全性和可靠性。这有助于平衡库存成本与服务水平之间的关系，使企业能够更有效地管理库存。

例 6-3 ××公司某存货单元的控制策略为连续检查的（Q，R）策略，有关订货提前期的历史资料见表 6-4。另据上半年的逐日统计，日平均需求量 $d=40$ 单位，方差为 $\mathrm{Var}(d)=40$（单位 / 日）^{2}。

表 6-4　订货提前期历史资料

指　标	数　据					
订单发出日期 /（月 / 日）	1/7	2/3	3/16	4/6	5/2	6/2
订货收到日期 /（月 / 日）	1/16	2/17	4/15	4/25	5/19	6/20
提前期（扣除假日）	7	12	25	16	14	15

求当期的服务水平分别为 95% 和 99% 时的订货点和安全存货水平。

$$\overline{L}=\frac{7+12+25+16+14+15}{6}=14.83 \tag{6-12}$$

$$\mathrm{Var}(L)=\frac{(7-14.83)^2+(12-14.83)^2+\cdots+(15-14.83)^2}{6-1}=34.97 \tag{6-13}$$

$$\overline{U}=\overline{d}\cdot\overline{L}=40\times14.83=593.3 \tag{6-14}$$

$$\mathrm{Var}(U)=\mathrm{Var}(d)L+\mathrm{Var}(L)d^2=40\times14.83+34.97\times40^2=56\,545.2 \tag{6-15}$$

$$\sigma_u=\sqrt{\mathrm{Var}(U)}=\sqrt{56\,545.2}=237.8 \tag{6-16}$$

查标准正态分布表可知，当服务水平为 95% 时，$Z=1.65$，因此（其中 SS 表示安全库存）

$$\mathrm{SS}=Z\sigma n=1.65\times237.8=392.4 \tag{6-17}$$

相应地，有

$$R=\overline{U}+Z\sigma n=593.3+392.4=985.7 \tag{6-18}$$

当服务水平为 99% 时，查表可知 $Z=2.58$，则

$$\mathrm{SS}=Z\sigma n=2.58\times237.8=613.5 \tag{6-19}$$

相应地，有

$$R=\overline{U}+Z\sigma n=593.3+613.5=1\,206.8 \tag{6-20}$$

由例 6-3 也可看出，需求和订货提前期的变异性越大，期望的用户服务水平越高，订货点和安全存货水平就越高。

6.5 冷链库存管理

6.5.1 冷链库存管理的定义

库存管理在不同学科领域有各自的定义。例如，在物流管理领域中，库存管理被定义为管理当前闲置但具有经济价值的资源，以确保其有效利用。在企业管理领域中，库存管理是指企业在生产过程中对原材料、中间产品和产成品进行仓储和管理的实践，旨在应对市场需求和供给的矛盾，特别是短期内供需波动所导致的原材料、中间产品和产成品的闲置资源管理。

在冷链物流领域中，库存管理具有特殊的定义和重要性。库存管理在这个领域中涉及管理温度敏感产品（如食品、药品和生物制品）的存储和分配，以确保产品的质量和安全性。

6.5.2 冷链库存管理的内容

冷链库存管理主要包括以下内容。

（1）温度控制。在冷链物流中，最重要的是确保库存中的产品在适当的温度条件下储存和运输。这包括使用专业的冷藏和冷冻设备，监控温度，并采取措施来防止温度波动和温度异常。

（2）需求预测。需求预测是库存管理的基础。冷链中，准确地预测产品需求是至关重要的，因为产品的新鲜度和安全性直接取决于供应的及时性。

（3）订货策略。冷链库存管理涉及确定何时以及多少数量的产品订货。这需要考虑供应商的交货时间、产品保质期、需求变化等因素。

（4）再订货点管理。再订货点是一个库存水平的触发点，当库存下降到此点以下时，需要重新订货。ROP 的设置需要考虑供应链的可靠性和需求的波动性。

（5）库存优化。库存优化旨在确保在满足需求的同时最小化库存水平和库存持有成本。这包括确定经济订购批量，避免过多库存，以及定期清理过期或损坏的产品。

（6）供应链可追溯性。冷链库存必须具备高度的可追溯性，以便在产品出现质量问题或召回情况下能够快速追踪到源头，确保消费者的安全和产品的质量。

（7）应急计划。库存管理还需要建立应急计划，以应对不可预测的情况，如设备故障、自然灾害或供应链中断。

（8）合规性和法规遵循。冷链库存管理需要遵守食品安全法规、药品质量管理标准等相关法规和标准，以确保产品的安全性和合规性。

（9）技术和数据分析。库存管理通常借助高级技术，如温度监测传感器、物联网设备和数据分析工具，以实现更精确的库存控制和监管，如射频识别技术。

（10）培训和管理员工。冷链库存管理需要培训和管理员工，确保他们了解温度控制、库存监管和应急处理等方面的最佳实践。

综合来说，冷链库存管理是一项复杂的任务，旨在确保温度敏感产品的质量和安全性，同时最大限度地降低库存成本和减少浪费。有效的冷链库存管理对于冷链物流业务的成功至关重要。

6.5.3　库存管理的模式

库存管理不仅仅是简单的需求预测和补给，更是通过有效的库存管理模式来实现用户服务水平的优化和利润的最大化。为了实现这一目标，库存管理需要采用先进的商业建模技术来评估和优化库存策略，以确保供应链的高效运作和企业的竞争力，主要存在传统库存管理模式、供应商管理库存（VMI）模式、联合库存管理（JMI）模式以及多级库存一体化模式。

1. 传统库存管理模式

传统库存管理模式指的是最初的企业库存管理方法，主要根据企业自身的经营情况，对原材料、中间产品、成品以及产成品进行存储和管理。这种库存管理方法使企业、客户和供应商之间形成了相对隔离的状态，导致在整个供应链中，各方之间缺乏紧密的联系，相对封闭和独立，物流、资金流和信息流不够流畅，更多地采用静态管理模式。传统的库存控制方法通常可以分为两种类型，即确定型库存模型和随机型库存模型。在确定型库存模型中，又可以细分为周期检查型和连续检查型两种，这两种模型的主要区别在于后者需要明确订货点和订货量。

2. 供应商管理库存模式

1985 年，宝洁公司和沃尔玛率先引入供应商管理库存策略，并在库存管理方面取得了显著的成功。随后，壳牌、戴尔等知名企业也纷纷采用 VMI 策略，以优化其库存管理体系，从而降低成本、提高效益。供应商管理库存模式是一种基于合作伙伴之间的库存决策模式，旨在建立一个系统化的库存管理框架。该模式确保了上下游企业在供应链中具有一致的库存策略，使得彼此的库存管理更多地基于这一共同的框架进行。这有助于降低总体库存水平，并在整个库存管理模式下及时实施动态改进，以适应不断变化的外部市场需求。

3. 联合库存管理模式

在深入应用 VMI 的基础上，为了实现上下游企业的责任平衡和风险共担，联合库存管理模式应运而生，推动各节点企业共同参与并联合制订库存计划。JMI 与 VMI 不同，它不再过于依赖供应商的实施，也不再让供应商独自承担繁重的库存管理和规划工作，而是通过在供应链核心成员之间建立更加紧密的合作关系，强调核心企业在库存管理中的关键作用。供应链管理过程中，关键生产节点的企业被视为整个库存管理体系的核心。这种模式下，供应链中的各个节点，包括上游企业和下游企业，需要建立密切的联系，共同制订生产和库存计划，以确保在生产过程中需求的一致性，从而减少资源的浪费。

4. 多级库存一体化模式

多级库存一体化是指从全供应链的整体成本最小化或最大化利润的角度出发，协同制定库存策略，覆盖供应链上的各个节点企业。VMI 模式和 JMI 模式要求供应链上的部分或全部节点企业共同参与，尽管这两种管理模式在一定程度上可以减轻因"牛鞭效应"而导致的库存负担，但从核心竞争力的角度来看，这两种库存管理模式仍然存在企业资源浪费和核心能力削弱的问题。与之不同的是，多级库存一体化模式将供应链的库存管理完全交由有专业能力和资源优势的第三方物流公司来负责。第三方物流公司不仅负责库存管理，还统一掌握供应链的决策权。这样既满足了一体化控制的理念，还集中了生产企业和零售企业的资源以发展各自的核心竞争力。同时，这也有助于减少供应链层级过多所带来的管理决策难题。

即测即练

冷链物流退货管理

本章基于退货作业的管理工作以及退货作业流程，阐述了冷链物流退货管理相关内容。其中，退货管理工作主要从退货产生的原因以及做好退货管理工作的意义来阐述。退货作业流程部分给出了退货作业流程的大致框架。冷链商品退货的会计流程部分主要从会计的视角来阐述如何处理冷链商品退货问题。最后，经销商的理赔退返管理主要讲述了理赔的条件和理赔的程序这两部分内容。

7.1 退货管理工作

7.1.1 退货产生的原因

退货产生的原因有以下几种。

1. 瑕疵品的回收

生产厂商在设计、制造过程中生产的有质量问题的商品，往往会在销售后才由消费者或厂商自行发现其重大缺失，此时必须立即部分或全部回收。这种情形不常发生，但却是不可避免的。从物流企业的角度来说，必须立即将消息传达给所有客户，而且要采取最快速的方法将商品收回，集中处理。在此类事件中，物流中心不会有直接的成本损失，且快速地配合，可使损失降低，增进与厂商及客户的关系，这也是物流中心处理意外事件的能力展现。

2. 搬运中损坏

包装不良或搬运中剧烈振动造成商品破损或包装污损时，必须重新研究包装材料的材质、包装方式和搬运过程中各项上货动作，找出真正原因，并加以改善。

3. 商品送错退回

物流中心本身处理不当所产生的问题，如拣货不确切或条码、出货单等处理错误，使客户收到的商品种类或数量与订单不符，需要换货或退回，这时必须立即处理，以减少客户抱怨。但更重要的是，资讯交流的过程中所出现的问题。其可能的原因有：订单接收时产生错误，或是拣货错误、出货单贴错、上错车等，找出原因后，配送中心应立即采取有效的措施，如在常出错的地方增加控制点，以提高正确率。

4. 商品过期退回

一般的商品都有有效期限，为了保证消费者的利益，要从货架上卸下过期的货品，不可再卖，更不可更改到期日。但在环保法令的限制下，过期商品必须找合格的丢弃物处理商处理，由回收到销毁，均需投入许多成本，所以要事前准确分析商品的需求，或采取多次少量配送方式，以减少过期商品的产生。而认真地分析过期商品产生的原因，提前提醒进货商或零售商，或要求客户分担部分处理费用，是根本的解决之道。

7.1.2　做好退货管理工作的意义

随着竞争的日益激烈，厂商开始采取更为自由的退货政策，因此导致退货大量堆积。对配送中心来说也是如此，只有把配送中心商品退货管理工作做好，才能使用户对配送中心有信任感和依赖感，才会使用户对配送中心产生忠诚感。做好配送中心商品退货管理工作具有重要意义。物流配送管理与退货事务在同一个物流系统中，相对于进货和送货，退货速度总是不尽如人意。即使在美国，也有约一半的退货需要一周到两周才能处理，而另有 25% 左右的退货则需要经过一个多月的漫长等待。合理的退货管理（包括外包）可以大幅度提高退货处理的效率。相对来说，物流配送与其他零售渠道相比，有更高的退货率，必须加强退货过程的管理，降低配送中心的退货率，做好配送中心商品退货管理工作。退货管理不论采取何种形式，其前提都是尽可能避免退货。退货管理的作用是显而易见的，通过良好的退货政策，公司对退货成本和客户服务水平进行平衡。另外，在良好的退货检验控制下，公司对客户的退货授权进行检验，避免错误的、超越权限的退货，这样可以大大降低退货的数量和处理成本。对退货进行集中管理，针对不同的货物采取不同的处理方式可以获取最高的价值，同时，集中管理的方式也为退货处理提供了批量的优势，在价格上更有决定权。在实行退货管理的情况下，企业在退货中暴露出的产品质量问题，通过退货管理信息系统及时地传递到有关管理阶层，使得厂商更快地发现和解决问题，不断改进产品质量和服务质量，这样也可使分销商更早地发现有问题的厂商，减少退货的隐患。

7.2　退货作业流程

退货作业基本流程如下。

（1）受理顾客的商品、凭证，审核顾客是否有本物流配送中心的收银小票或发票，核实购买时间，以及所购商品是否属于家电商品或不可退换商品。

（2）听取顾客的陈述。细心平静地听取顾客陈述有关的抱怨和要求，判断是否属于商品的质量问题。

（3）判断是否符合退换货标准。结合公司政策、国家的法律及顾客服务的准则灵活处理，说服顾客达成一致的看法，如不能满足顾客的要求而顾客坚持自己的意见，应请上一级管理层处理。

（4）和顾客商量处理方案。提出解决方法，尽量让顾客选择换货。

（5）决定退货。双方同意退货。

（6）判断权限。退货的金额是否在处理的权限范围内。

（7）填"退货单"，复印票证。填写"退货单"，复印顾客的收银小票或发票。

（8）退款结算。在收银机现场完成退现金或其他结算程序，并将交易号码填写在"退货单"上，其中一联与收银小票或发票的复印件订在一起备查。

（9）退货商品的处理。将退货商品放在退货商品区，并将"退货单"的一联贴在商品上。注意"退货单"共两联：一联退换处留底，营业结束后经收银经理或保安检查后上缴现金室；另一联附在商品上，营业结束后随商品返回。

7.3 冷链商品退货的会计流程

关于冷链退货的相关会计准则与法律法规如下。

1. 会计准则

根据《企业会计准则第 14 号——收入》的规定，对于附有销售退回条款的销售，企业应当在客户取得相关商品控制权时，按照因向客户转让商品而预期有权收取的对价金额（即，不包含预期因销售退回将退还的金额）确认收入，按照预期因销售退回将退还的金额确认负债；同时，按照预期将退回商品转让时的账面价值，扣除收回该商品预计发生的成本（包括退回商品的价值减损）后的余额，确认一项资产，按照所转让商品转让时的账面价值，扣除上述资产成本的净额结转成本。每一资产负债表日，企业应当重新估计未来销售退回情况，并对上述资产和负债进行重新计量。如有变化，应当作为会计估计变更进行会计处理。

2. 法律法规

《中华人民共和国消费者权益保护法》：规定食品有质量问题可退货并要求赔偿。冷链食品若存在变质、过期等质量问题，消费者可直接要求退货并赔偿损失；若商家有特别质量保证承诺，也可依据承诺要求退货。

《网络交易监督管理办法》：2021 年 5 月 1 日生效，2025 年 3 月修正，将无理由退货适用范围扩展至几乎所有网络商品，退货时限延长至收货后 15 天，退款时效压缩到 7 个工作日内。生鲜冷链产品设置"冷静期"机制，新规转向事中事后全链条监管，要求平台建立"一键退货""极速退款"等技术系统。

退货若非资产负债表日后事项，直接冲减当期收入即可，同时冲回成本。其会计处理如下。

借：应收账款（红字）
    贷：主营业务收入（红字）
        应缴税金（红字）
借：主营业务成本（红字）
    贷：库存商品（红字）

例 7-1 乙公司 2022 年度的财务报告于 2023 年 3 月 20 日经董事会批准对外报出，2022 年度的所得税汇算清缴于 2023 年 2 月 28 日完成。2023 年 4 月 5 日，乙公司发生 2022 年度销售的商品退回，收到价款 93 600 元（含增值税），该商品已入库，成本为 50 000 元，增值税税率为 13%。假定乙公司 2022 年盈利，所得税税率为 25%，采用纳税影响会计法核算所得税，不考虑城市维护建设税及教育费附加等因素。以下为会计处理流程。

（1）销售退回的会计处理。

退回商品的销售收入 = 93 600 / (1 + 13%) = 82 831.86（元）

退回商品的增值税 = 82 831.86 × 13% = 10 768.14（元）

退回商品的成本 = 50 000（元）

会计分录如下。

借：主营业务收入   82 831.86

  应交税费——应交增值税（销项税额） 10 768.14

   贷：银行存款   93 600.00

借：库存商品   50 000.00

   贷：主营业务成本   50 000.00

（2）所得税调整。

退回商品的利润影响 = 82 831.86 - 50 000 = 32 831.86（元）

退回商品的所得税影响 = 32 831.86 × 25% = 8 207.97（元）

会计分录如下。

借：所得税费用   8 207.97

   贷：应交税费——应交所得税 8 207.97

（3）结转损益。

退回商品的净利润影响 = 32 831.86 - 8 207.97 = 24 623.89（元）

会计分录如下。

借：本年利润   24 623.89

   贷：利润分配——未分配利润 24 623.89

依据案例分析得出小结如下。

（1）销售退回对当期利润的影响需要调整当期所得税费用，并相应调整应交所得税。

（2）在发生销售退回时，冲减当期销售收入和销项税额，同时增加库存商品并冲减主营业务成本。

（3）由于销售退回发生在财务报告批准报出之后，不属于资产负债表日后事项，因此不需要调整 2022 年度的所得税费用。

（4）将销售退回对净利润的影响结转至未分配利润，调整当期留存收益。

7.4 经销商的理赔退返管理

7.4.1 理赔的条件

索赔与理赔是两个相对应的概念，是指客户或经销商行使权利和配送供货方履行义务的具体表现。索赔是指在配送商品存在缺陷并要求赔偿后，根据有关条款的规定，请求配送供货方履行赔偿义务的行为。理赔是指配送供货方接到客户或经销商的请求，依据有关条款的规定，对合理退货的商品及造成的物质损失或人身伤害进行一系列调查审核并予以赔偿的行为。对于物流配送中心来讲，对客户一般发生的是理赔，对供货者一般发生的是索赔。理赔的条件如下。

（1）理赔对象必须是物流配送中心的客户，其他不列入理赔范围。

（2）由客户提出理赔要求并举证，客户必须提供索赔商品的有关凭证。举证发生的费用由客户垫付（举证不成立，费用由客户支付）。

（3）当理赔双方对商品质量等问题认识不一致发生异议时，可以委托权威机构进行检测鉴定，根据检测鉴定报告，理赔双方协商赔偿金额。

（4）当协商不成时，由协会调解确定理赔金额。在进出口贸易中，发生争议、索赔的事例很多，特别在市场情况发生变化时，一些商人觉得履约对他们不利，往往寻找各种借口拒不履约或拖延履约，甚至弄虚作假或提出无理要求。因此，如何正确处理好对外的索赔和理赔是一个十分重要的问题，它既关系到维护国家和企业的权益和声誉，又涉及比较复杂的业务技术问题。索赔、理赔是一项政策性、技术性很强的工作，必须严肃对待。

7.4.2　理赔的程序

理赔的程序如下。

（1）立案检查。立案检查主要是指对退货商品的有关凭证的核查及对退货商品的查验。

（2）责任审核。根据立案检查所获得的有关资料，确定是否承担赔偿责任。

（3）核算给付金额。在核算实际损失时，应分清：哪些是应承担的损失，哪些不是应承担的损失；哪些是直接损失，哪些是间接损失。对于不属于赔付金额范围内的损失，应予剔除。

（4）给付赔偿金。经核算确定给付金额后，应按约定或法律规定的时间及时予以给付。退货情况发生后，对于客户提出的索赔请求，要遵守诚实守信原则，要求客户提供有关凭证和证据，采取积极措施、协助客户做好理赔工作。本着"重合同、守信用"的服务理念，理赔工作应坚持"主动、迅速、准确、合理"的原则。其中，主动是指配送中心应主动深入现场开展理赔；迅速是指配送中心按法律规定的时间，及时支付，不拖拉；准确是指计算赔偿金额应力求准确，该赔多少就赔多少，不催赔，也不滥赔；合理是指赔付要合情合理，树立实事求是的作风，具体情况具体分析，既符合合同条款的规定，又符合实际情况。

▰▰**即测即练**▱

第 7 章基于退货作业的管理工作以及作业流程来阐述冷链物流退货管理的主要内容。本章在第 7 章基础上进一步详细介绍冷链配送计划及其配送管理方面的内容，第一，配送计划的制订部分包括配送计划的种类、配送计划制订的步骤及内容；第二，配送计划的实施部分主要包括下达配送计划、配送点配货、下达配送任务、搬运作业、配达等环节；第三，库存控制与理货配送管理部分主要介绍了库存控制方法、影响库存的因素，以及理货配送管理系统；第四，冷链物流配送路线规划及配送模式部分介绍了路线规划的含义及原则，同时结合实际案例分别介绍了国内外主要的冷链配送模式。

8.1 配送计划的制订

冷链配送计划的制订与实施是整个配送过程的核心部分，也是最重要的部分。配送计划是对商家的采购进货单或销售发货单确认后直接生成待分配计划，通过对销售订单或采购订单的匹配，将商家的进货和发货联系起来，完成对配送计划的分配。

8.1.1 配送计划的种类

配送计划包括配送主计划、每日配送计划和特殊配送计划。配送主计划是指针对未来一定时期内，对已知客户需求进行前期的配送规划，便于对车辆、人员、支出等做统筹安排，以满足客户的需要。每日配送计划，是针对配送主计划，逐日进行实际配送作业的调度计划。特殊配送计划，是指针对突发事件或者不在主计划规划范围内的配送业务，或者不影响正常性每日配送业务所做的计划。

8.1.2 配送计划制订的步骤

制订一份完整的配送计划，包括以下步骤。

（1）确定配送计划的目的。

（2）收集相关数据资料。

（3）整理配送的七要素，包括货物、客户、车辆、人员、路线、地点、时间，也称作配送的功能要素。

（4）制订初步配送计划。

（5）与客户协调沟通。

（6）确定配送计划。

8.1.3 配送计划的内容

一般来讲，配送计划包括的内容如图 8-1 所示。

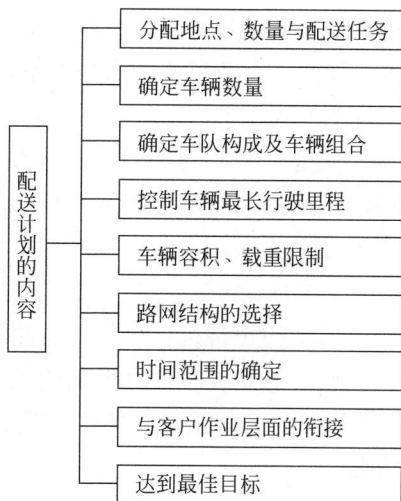

配送计划的内容
- 分配地点、数量与配送任务
- 确定车辆数量
- 确定车队构成及车辆组合
- 控制车辆最长行驶里程
- 车辆容积、载重限制
- 路网结构的选择
- 时间范围的确定
- 与客户作业层面的衔接
- 达到最佳目标

图 8-1　配送计划的内容

8.2　配送计划的实施

配送计划的实施主要包括下达配送计划、配送点配货、下达配送任务、搬运作业、配达等环节。

（1）下达配送计划。此即通知用户和配送点，以使用户按计划准备接货，配送点按计划组织送货。

（2）配送点配货。各配送点按配送计划落实货物和运力，对数量、种类不符合要求的货物，组织进货。

（3）下达配送任务。此即配送点向运输、仓库、分货包装及财务部门下达配送任务，各部门组织落实任务。

（4）搬运作业。理货部门按要求将各用户所需的各种货物，进行分货、配货、配装，并将送货交接单交给驾驶员或随车送货人。

（5）配达。车辆按规定路线将货物送达用户，用户点接后在回执上签章。配送任务完成后，财务部门进行结算。

8.3　库存控制与理货配送管理

8.3.1　库存控制的目标

1. 零库存

"零库存"在 20 世纪 80 年代成为一个流行的术语。如果供应部门能够紧随需求的变化，在数量上和品种上都及时供应所需物资，即实现供需同步，那么，库存就可以取消，即达到“零库存”。

有一项统计反映，美国拥有的存货价值超过 6 500 亿美元，这些存货由于各种原因存放在仓库里，如果能将其中的一半解放出来用于投资，按比较保守的 10% 的收益率计算，将有 325 亿美元的年收入。因此，企业经营者将减少库存作为一种潜在的资本来源、将“零库存”作为一种追求，就不足为怪了。

但由于需求的变化往往随机发生，难以预测，故完全实现供需同步是不易做到的，而且由于供应部门、运输部门的工作也会不时出现某些故障，完全的“零库存”只能是一种理想的境界。

2. 保障供应

库存的基本功能是保证生产活动的正常进行，保证企业维持适度的库存，避免因供应不足而出现非计划性的生产间断。这是传统库存控制的主要目标之一。现代库存控制理论虽然对此提出了一些不同的看法，但保障生产供应仍然是库存控制的主要任务。

3. 控制企业运作的工作状态

一个精心设计的企业作业系统，均保持一个正常的工作状态。此时，系统作业按部就班地进行。作业系统中的库存情况，特别是在制品的数量，与该系统所设定的在制品定额相近。相反，如果一个作业系统的库存失控，该系统也很难处于正常的工作状态。因此，现代库存管理理论将库存控制与生产控制结合，可通过对库存情况的监控，达到对作业系统整体目标的控制。

4. 降低成本

控制作业成本是生产管理的重要任务之一。无论是作业过程中的物资消耗，还是作业过程中的流动资金占用，均与作业系统的库存控制有关。必须通过有效的库存控制方法，使企业在保障供应的同时，减少库存量，提高库存物资的周转率。

8.3.2 库存控制方法

1. ABC 库存管理法

企业的库存物资种类繁多，对企业的全部库存物资进行管理是一项复杂而繁重的工作。如果管理者对所有库存物资均匀地使用精力，必然会使其有限的精力过于分散，只能进行粗放式的库存管理，使管理的效率低下。因此，在库存控制中，应突出重点管理的原则，把管理的重心放在重点物资上，以提高管理的效率。ABC 库存管理法便是库存控制中常用的一种重点控制法。

ABC 库存管理法又称 ABC 分析法、重点管理法，它是“关键的少数和次要的多数”的帕累托原理在仓储管理中的应用。ABC 库存管理法就是强调对物资进行分类管理，根据库存物资的不同价值而采取不同的管理方法。

ABC 库存管理法的基本原理是：由于各种库存品的需求量和单价各不相同，其年耗用金额也各不相同。那些年耗用金额大的库存品，由于其占压企业的资金较大，对企业经营的影响也较大，因此需要进行特别的重视和管理。ABC 库存管理法就是根据库存品的年耗用金额的大小，把库存品划分为 A、B、C 三类。A 类库存品：其年耗用金额占总库存金额的 75%～80%，其品种数却只占总库存品种数的 15%～20%；B 类库存品：其年耗用金额占总库存金额的 10%～15%，其品种数占总库存品种数的 20%～25%；C 类库存品：其年耗用金额占总库存金额的 5%～10%，其品种数占总库存品种数的 60%～65%。

2. ABC 分析

1）ABC 分析的一般步骤

（1）收集数据。按分析对象和分析内容，收集有关数据。例如，打算分析产品成本，则应收集产品成本因素、产品成本构成等方面的数据；打算分析针对某一系统做价值工程，则应收集系统中各局部功能、各局部成本等数据。

（2）处理数据。利用收集到的年需求量、单价，计算出各种库存品的年耗用金额。

（3）编制 ABC 分析表。根据已计算出的各种库存品的年耗用金额，把库存品按照年耗用金额从大到小进行排列，并计算累计百分比。ABC 分析表见表 8-1。

表 8-1　ABC 分析表

产品序号	数量	单价 / 元	占用资金 / 元	资金占用百分比 /%	资金累计占用百分比 /%	产品项目累计占用百分比 /%	分类
1	10	680	6 800	68.0	68.0	10	A
2	12	100	1 200	12.0	80.0	20	A
3	25	20	500	5.0	85.0	30	B
4	20	20	400	4.0	89.0	40	B
5	20	10	200	2.0	91.0	50	C
6	20	10	200	2.0	93.0	60	C
7	10	20	200	2.0	95.0	70	C
8	20	10	200	2.0	97.0	80	C
9	15	10	150	1.5	98.5	90	C
10	30	5	150	1.5	100	100	C
合计			10 000	100			

（4）根据 ABC 分析表确定分类。根据已计算的年耗用金额的累计百分比，按照 ABC 分类的基本原理，对库存品进行分类。

（5）绘制 ABC 分析图。以产品项目累计占用百分比为横坐标，以资金累计占用百分比为纵坐标，分别将各产品按资金占用百分比从高到低排列后，计算出资金累计占用百分比，并在坐标轴上取点，逐点连接成线，形成如图 8-2 所示的 ABC 分析曲线。根据资金累计占用百分比的分布，按照 ABC 分类的界限，在图上标明 A、B、C 三类的分界点，形成完整的 ABC 分析图。

2）ABC 分析在库存控制中的应用

ABC 分析的结果，只是理顺了复杂事务、弄清了各局部的地位、明确了重点。但是，ABC 分析的主要目的在于解决困难，它是一种解决困难的技巧。因此，在分析的基础上必须提出解决的办法，才真正达到 ABC 分析的目的。目前，许多企业为了应付验收检查，形式上做了 ABC 分析，虽对了解家底有一些作用，但并未真正掌握这种方法的用意，未能将分析转化为效益，这是应力求避免的。按 ABC 分析结果，再权衡管理力量与经济效果，对三类库存物品进行有区别的管理，具体方法见表 8-2。

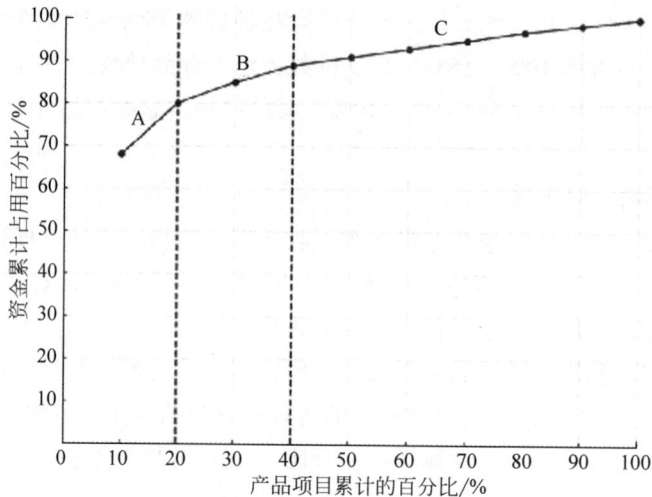

图 8-2　ABC 分析图

表 8-2　不同库存物品的管理策略

库存类型	特点（按货币量占用）	管理方法
A	品种数占总库存品种数的15%～20%，年耗用金额占总库存金额的75%～80%	进行重点管理。应严格控制其库存储备量、订货数量、订货时间，在保证需求的前提下，尽可能减少库存，节约流动资金；现场管理要更加严格，应放在更安全的地方；为了保持库存记录的准确性，要经常进行检查和盘点；预测时要更加精细
B	品种数占总库存品种数的20%～25%，年耗用金额占总库存金额的10%～15%	进行次重点管理。现场管理不必投入比 A 类更多的精力；库存检查和盘点的周期可以比 A 类长一些
C	品种数占总库存品种数的60%～65%，年耗用金额占总库存金额的5%～10%	只进行一般管理。现场管理可以更粗放一些；但是由于品种多，差错出现的可能性比较大，因此也必须定期进行库存检查和盘点，周期可以比 B 类长一些

3. JIT 库存管理方法

1）传统库存管理的缺陷

传统的库存管理思想是以生产不间断为核心，库存管理是为生产服务的。库存管理系统所做的只是发出订单和催货，或用订货点法确定何时进行订货，或用经济批量法确定每次订货的最佳批量。订货点法是一种按过去的经验预测未来的物料需求的方法，这种方法的实质在于遵循"库存补充"的原则，保证在任何时候仓库里都有一定数量的存货，以便生产需要时随时取用。经济批量法是用经济批量公式计算出订货费用和库存费用总和最低的订货批量。这些方法貌似科学，用这些方法建立的库存模型曾被称为科学的"库存模型"，然而，在实际应用中并非如此。这些方法建立在一些经不起实践考验的假设前提之上，热衷于寻求解决库存优化问题的数学模型，而没有认识到库存管理实质上是一个大信息的处理问题。传统库存管理方法不考虑物料项目之间的联系，各项物料的订货点是分别加以确定的，但是，在实际的生产中，各项物料的数量须进行合理的配置，才能制造装配成产品。由于传统库存订货方法是面向单个零件，对各项物料独立地进行订货，因而在生产装配时不可避免地就会出现物料数量不匹配的状况。传统库存管理模型假定对物料的需求相对稳定，因此每次物料的需求量都是小于订货总数。在传统的生产方式下，企业按计划生产，生产数量一般不会有大的波动，因而对物料的需求是均匀的。而现代制造业中，企业面向市场，对物料的需求是不均匀、不稳定的，对库存的需求是间断发生的。实际上，采用传统订货法的库存管理系统下达的订货时间常常偏早，从而造成物料积压，既导致资金的大量无效占用，又引起库存费用的增加。另外，生产需求的不均衡，会造成库存短缺，从而对生产造成严重损失。传统库存管理中，库存一旦低于订货点或消耗，就立即发出订货，以保证一定的存货，这种不依需求而定的做法没有必要，也很不合理，在需求间断的条件下，必然造成大量的库存积压，资金周转周期长。

2）JIT 的定义

JIT——"在需要的时候，按需要量生产所需的产品"，即准时制生产方式，是一种有效利用各种资源、降低成本的准则。其中心思想是寻求、消除在生产过程中形成浪费的一切根源和任何不产生附加价值的活动。实现这一思想的控制方法和原则是：将必要的材料，以正确的数量和完美的质量，在必要的时间，送往必要的地点。生产系统如果真正运行在准时制生产方式的状态下，它的库存就被降至最小的程度，因此，JIT 又被简而言之成"零库存"管理。通过这个定义，我们知道 JIT 的核心是追求一种无库存的生产系统，或是使库存最小化的生产系统，即消除一切只增加成本，而不向产品中增加价值的过程。JIT 的最终目标是利润最大化、基本目标是努力降低成本。

3）零库存形式

（1）委托保管方式。委托保管方式即受托方接受用户的委托，代存代管所有权属于用户的物资，使用户不再保有库存，甚至可不再保有保险储备库存，从而实现零库存。受托方收取一定数量的代管费用。这种零库存形式的优势在于：受托方利用其专业的优势，可以实现较高水平和较低费用的库存管理，用户不再设库，同时减少了仓库及库存管理的大量事务，集中力量于生产经营。但是，这种零库存方式主要是靠库存转移实现的，并不能使库存总量降低。

（2）协作分包方式。协作分包方式即美国的"SUB-CON"方式和日本的"下请"方式。其主要是制造企业的一种产业结构形式，这种结构形式可以以若干企业的柔性生产准时供应，使主企业的供应库存为零。同时主企业的集中销售库存使若干分包劳务及销售企业的销售库存为零。

许多发达国家的制造企业都是由一家规模很大的主企业和数以千百计的小型分包企业组成一个金字塔形结构。主企业主要负责装配和产品市场开拓的指导，分包企业分包劳务、零部件制造、供应和销售。例如，分包零部件制造的企业，可采取各种生产和库存调节的手段，以保证按主企业的生产速率、指定时间送货到主企业，从而使主企业不再设一级库存，而对于推销人员或商店的销售环节，则可以通过配额、随时供应等形式，由主企业集中管理产品库存，来满足各分包方的销售需求，从而使分包方实现零库存。

（3）轮动方式。轮动方式也称同步方式，是在对系统进行周密设计的前提下，使各环节速率完全协调，从而消除工位间的暂时停滞（甚至实现零停滞），最终形成的一种零库存、零储备形式。这种方式是在传送带式生产基础上，进行更大规模延伸形成的一种使生产与材料供应同步进行，通过传送系统供应，从而实现零库存的形式。

（4）准时方式。在生产工位之间或供应商之间完全做到物料的同步轮动，这不仅是一项难度很大的系统工程，而且需要很大的投资。同时，有一些产业也不适合采用轮动方式。因而，广泛采用比轮动方式更加灵活、较易实现的准时方式。准时方式不是采用类似传送带的轮动系统，而是依靠有效的衔接和计划达到工位之间、供应与生产之间的协调，从而实现零库存。如果说轮动方式主要靠"硬件"的话，那么准时方式则在很大程度上依靠"软件"。

（5）看板方式。看板方式是准时方式中一种简单、有效的方式，也称"传票卡"制度或"卡片"制度，是日本丰田公司首先采用的。在企业的各工序之间，或在企业之间，或在生产企业与供应者之间，以固定格式的卡片为凭证，由下一环节根据自己的节奏，逆生产流程方向，向上一环节指定供应，从而协调关系，做到准时同步。采用看板方式，有可能使供应库存实现零库存。

（6）水龙头方式。水龙头方式是一种像拧开自来水管的水龙头就可以取水而无须自己保有库存的零库存形式。这是日本索尼公司首先采用的。这种方式经过一定时间的演进，已发展成即时供应制度，用户可以随时提出购入要求，采取需要多少就购入多少的方式，供货者以自己的库存和有效供应系统承担即时供应的责任，从而使用户实现零库存。适于这种供应形式实现零库存的物资主要是工具及标准件。

（7）无库存储备。国家战略储备的物资，往往是重要物资，战略储备在关键时刻可以发挥巨大作用，所以几乎所有国家都要有各种名义的战略储备。由于战略储备的重要性，一般这种储备都保存在条件良好的仓库中，以防止其损失，延长其保存年限，因而，实现零库存几乎是不可想象的事。无库存储备，是仍然保持储备，但不采取库存形式，以达到零库存。有些国家将不易损失的铝这种战略物资作为隔音墙、路障等储备起来，以防万一，在仓库中不再保有库存，就是一例。

4. JIT 库存管理的实施

1）准时化采购

准时化采购是进行零库存管理的有效手段，可以从以下方面入手。

（1）创建准时化采购班组。世界一流企业的专业采购人员有三个责任：寻找货源，商定价格，发展与供应商的协作关系并不断改进。因此，专业化的高素质采购队伍对实施准时化采购至关重要。首先应成立两个班组：一个是专门处理供应商事务的班组，该班组的任务是认定和评估供应商的信誉、能力，或与供应商谈判签订准时化订货合同，向供应商发放免检证书等，同时要负责供应商的培训与教育。另一个是专门从事消除采购过程中浪费因素的班组。这些班组人员对准时化采购的方法应有充分的了解和认识，必要时要进行培训，如果这些人员自己对准时化采购的认识和了解都不彻底，就不可能指望供应商的合作了。

（2）制订计划，确保准时化采购策略有计划、有步骤地实施。要制定采购策略，改进当前的采购方式，减少供应商的数量，正确评价供应商，向供应商发放免检证书等。在这个过程中，要与供应商商定准时化采购的目标和有关措施，保持经常性的信息沟通。

（3）精选少数供应商，建立伙伴关系。选择供应商应从这几个方面考虑：产品质量、供货情况、应变能力、地理位置、企业规模、财务状况、技术能力、价格、供应商的可替代性等。

（4）进行试点工作。先从某种产品或某条生产线开始，进行零部件或原材料的准时化供应试点工作。在试点过程中，取得企业各个部门的支持是很重要的，特别是生产部门的支持。通过试点，总结经验，为正式实施准时化采购打下基础。

（5）做好供应商的培训，确定共同目标。准时化采购是供需双方共同的业务活动，单靠采购部门的努力是不够的，还需要供应商的配合。供应商只有对准时化采购的策略和运作方法有了认识和理解，才能支持和配合，因此需要对供应商进行培训。通过培训，大家取得一致的目标，就能够很好地协调，做好采购的准时化工作。

（6）向供应商颁发产品免检合格证书。准时化采购和传统采购方式的不同之处在于买方不需要对采购产品履行比较多的检验手续。要做到这一点，需要供应商提供 100%的合格产品，即发给免检手续的免检证书。

（7）实现配合准时制生产的交货方式。准时化采购的最终目标是实现企业的生产准时化。为此，要实现从预测的交货方式向准时化实时交货方式转变。

（8）继续改进，扩大成果。准时化采购是一个不断完善和改进的过程，需要在实施过程中不断总结经验教训，从降低运输成本、提高交货的准确性和产品的质量、降低供应商库存等各个方面进行改进，不断提高准时化采购的运作绩效。

2）零库存配送

零库存是微观领域内企业库存状况的理论抽象，是在有保障供应的条件下实现的。从某种意义上说，零库存现象是实行物流配送的必然结果。零库存是配送的伴随物，是一种全新的库存状态和库存结构，需要建立起有较强供货能力的社会库存保障体系，去承担企业外部和企业内部两个层次的供货任务，以保证经营实体生产正常运转。零库存的实现必须以强大的、完善的信息系统作为支撑，在物流信息系统健全的情况下，实现零库存有下述途径和方式。

（1）企业内部实行"看板供货"制度。"看板供货"就是在企业内部各工序或者建立供求关系的企业之间，采用固定格式的卡片，由下一个环节根据自己的生产节奏逆方向向上一个环节提出供货要求，上一个环节则根据卡片上指定的供应数量、品种等即时组织送货。很明显，实行这样的供货办法，可以做到准时、同步向需求者供应货物。

（2）推行配套生产和分包销售的经营制度。采用配套生产和分包销售的方式去从事生产活动与经营活动，也可以在一定范围内实现零库存。主导企业主要负责完成产品装配和市场开发等任务，协作企业承担零部件制造和供应任务，按照主导企业的生产速度和进度来安排与调整自己的生产活动，并且能在指定的时间内送货到位。由于供货有保障，因此主导企业不再另设一级库存，从而其库存呈现出零库存状态。

（3）委托营业仓库存储和保管货物。专业化、社会化程度比较高的物流集团或集团公司，其服务对象并不仅限于集团内部各成员企业，而是面向社会开展经营活动，为客户存储、保管货物而赚取一定的利润，以此维持其生存和发展。委托这样的物流组织存储货物，把所有权属于用户的货物存放在专业化的仓库中，一般情况下，用户（委托方）都不必再过多地储备商品，甚至不必再单独设立仓库从事货物的维护、保管等活动。这样，在一定范围内便可以实现零库存和进行无库存式生产。

（4）以"多批次、少批量"的方式向用户配送货物。配送企业通过集中各个用户的需求，统筹规划运输路线与车辆装载方案，实现满载配送作业，提高运输效率，做到增加送货的次数，大幅度地降低每个用户、每个批次的送货量。配送企业也可以直接将货物运送到车间和生产线，从而呈现出零库存状态。

（5）用集中库存和增强调节功能的办法，有保障地向用户配送货物。配送企业适当集中库存，增加库存商品的品种和数量，以此形成强大的调节能力和服务功能。在形成这种优势的基础上，去开展配送活动，将会大大提高配送服务的保险系数，同时，也自然能打消用户的顾虑。在这种有保障的配送服务体系的支持下，用户的库存也会自然日趋弱化。

（6）采用"即时配送"和"准时配送"的方式向用户供货。为了满足用户的特殊需要，配送企业常常以"即时配送"和"准时配送"的方式进行供货和送货。"即时配送"和"准时配送"具有供货时间灵活、稳定，供货弹性系数大等特点，客观上能够紧密衔接供求及保障需要。在这种情况下，作为用户的生产者和经营者，因其库存压力大大减轻，必然会自动缩减自己的库存，甚至取消自己的库存。

8.3.3　影响冷链配送存货控制管理决策的主要因素

在目前实际的冷链物流运作中，影响存货控制的主要因素有产品保质期和生产批号、市场的促销计划、季节、仓储储位容量的限制、产品的包装等。

1. 产品保质期和生产批号

产品保质期直接影响产品订购量的多少，存货按照保质期实行"先进先出"管理。存货控制的管理人员将记录所入库货品的保质期、生产批号，以保证货品的可追溯性，加强产品的质量安全管理。

2. 市场的促销计划

当市场人员制订促销计划时，库存控制人员应该对促销计划的内容有一个清晰的认识，具体包括促销货品的种类、促销的方式、促销的时间周期、促销的区域范围等，从而在促销活动过程中，充分考量货品的销售量变化趋势、相关货品受到促销货品的影响程度，进而做好货品的库存控制。

3. 季节

冷链物流中的存货控制应考虑季节因素的影响，比如，在酷热的夏天，雪糕是一种消暑的食物，受到广大消费者的喜爱，从而销售量猛增。但在严寒的冬季，雪糕却是卖不出去的。因此，这类商品的销量会随着季节的变动而有很大的变动。所以，在进行库存管理及订单规划时，必须充分考虑到季节性因素的影响。

4. 仓储储位容量的限制

储位管理是在把将来要使用或者要出货的商品保管好的前提下，经常对库存进行检查、控制和管理。储位容量的限制因素主要由货品的特性、储位的空间、人员、搬运与输送设备以及储放设备等组成。

（1）货品的特性。货品的特性包括货品的体积、重量、单位、包装、周转快慢、季节性分布、温度要求，以及货品的数量、品种、储位单位等。

（2）储位的空间。在冷链物流配送中心，储位空间的管理就是为了方便分拣和补充货物，而对仓储空间进行布局。在制订储存位置计划时，要先决定储存位置的空间，然后考虑到空间大小、柱子排列、梁下高度、走道、机器回旋半径等基础要素，并与其他外部要素相结合，对存货进行合理的排列。

（3）人员。人员的作业能力、熟练程度以及作业人数会直接影响储位容量的利用效率。作业人员若不熟悉储位布局，或操作不熟练，可能导致储位使用不合理、货物摆放混乱，进而造成空间浪费。此外，人员作业时的安全间距和活动空间也会占用一定储位面积，从而成为储位容量的实际限制因素。

（4）搬运与输送设备。选择搬运与输送设备时，需要考虑货品的特性、货品的单位、容器、托盘，以及作业流程与状况、储位空间的配置等因素。

（5）储放设备。选择储放设备同选择搬运与输送设备考虑的基本内容一样，都包括货品的特性、货品的单位、容器、托盘等基本因素，然后再选择适当的设备配合使用。

5. 产品的包装

冷链物流中，包装会对成本产生影响。库存管理主要依赖与商品包装紧密相连的人工或自动确认体系的精度。包装具有三大作用：保护商品，提高效率，传递信息。包装设计要综合考虑冷链物流的需求，以及加工制造、市场营销和产品设计的需求。不同产品的包装单元对订单编号产生影响，同时，也存在货物损坏的风险，贯穿冷链物流的全过程。包装损坏通常源于运输、存储和所使用的管理制度。所以，在进行库存控制管理时，包装也是一个很重要的方面。

8.3.4　理货配送管理

1. 理货系统概述

在物流配送中，理货是一个非常具有特色的过程，也是物流配送成功与否的一项关键支撑工作，更是物流配送与普通送货不同的一个重要标志。

一般情况下，理货包括货物分类、拣选、加工、包装、配货、粘贴货运标识、出库、补货等一系列工作，理货是商家之间竞争、增加自己经济效益的一项重要措施，商家可以在这个过程中对货物进行分类并储存，这样既便于货物吐纳，又能节约存货空间，还能为下一步的货物深加工打下基础。

2. 理货配送管理系统作业内容

1）理货作业管理

理货作业是配货作业最主要的前置工作，即冷链物流配送中心接到配送指示后，及时组织理货作业人员，按照出货优先顺序、储位区域、配送车辆级别、门店号、先进先出等方法和原则，把配货商品整理出来，经复核人员确认无误后，放置到暂存区，准备装货上车。

理货作业主要有两种方式：一是播种方式，二是摘果方式。

所谓播种方式，就是把所要配送的同一品种货物集中搬运到理货场所，然后按每一货位（按门店区分）所需的数量分别放置，直到配送完毕。在保管的货物较易移动、门店数量多且需要量较大时，可采用此种方法。

所谓摘果方式（又称挑选方式），就是搬运车辆巡回至保管场所，按理货要求取出货物，然后将配好的货物放置到配货场所指定的位置，或直接发货。在保管的商品不易移动、门店数量较少且要货比较分散的情况下，常采用此种方法。

在实际工作中，可根据具体情况来确定采用哪一种方法，有时两种方法亦可同时运用。

2）配送作业管理

配送作业管理包括制订配送计划、实施配送计划和评价配送计划三个阶段。

（1）制订配送计划。配送计划指的是按照配送的需要，提前做好总体规划，并对相关职能部门的工作进行合理的安排。总体规划主要包含以下内容：制订配送中心规划、对配送区域进行规划、确定配送服务水平等。制订具体的配送计划时，应该考虑到下列因素：连锁企业各个店铺之间的距离和订单需求，如品种、规格、数量以及发货时间和地点等；分销的本质与特征及其所确定的运输方式、运输工具的类型、现存的存货的保障容量、目前的交通状况。在此基础上，确定配送时间，选择配送车辆，确定装载比例，并确定最优的配送路线和配送次数。

（2）实施配送计划。配送计划制订后，需要进一步管理落实，完成配送任务。

首先是做好准备工作。配送计划确定后，将到货时间、到货品种、规格、数量以及车辆型号通知各门店，使其做好接车准备。同时向各职能部门，如仓储、分货包装、运输及财务等部门下达配送任务，各部门做好配送准备。

其次是组织配送发运。理货部门按要求将各门店所需的各种货物进行分货及配货，然后进行适当的包装，并详细标明门店名称、地址、送达时间以及货物明细；按计划将各门店货物组合、装车，运输部门按指定的路线运送各门店，完成配送工作。如果门店有退货、调货的要求，则应将退调商品随车带回，并完成有关登记手续。

（3）评价配送计划。评价配送计划是指在配送计划进入正常运转流程后，对计划的实施是否达到预期的目标进行评价，主要是分析配送计划实施状况和预期目标是否一致。定期对配送计划的执行情况进行监督检查，并对各项指标的完成进度和质量进行考评。

8.4 冷链物流配送路线规划及配送模式

8.4.1 冷链物流配送路线规划

1. 冷链物流配送路线规划的含义

冷链物流配送路线规划是指冷链物流配送中心对货物的生产地（如供应商）和销售地（如需求客户），安排适当的行车路线，使配送冷藏车辆有序地经过这些地方，同时在满足一定的约束条件（如供货时间、车辆容量限制、行驶里程限制、货物需求量等）下，达到所需的优化目标（如配送时间最短、路程最短、成本最低、使用车辆数尽可能少等）。

2. 冷链物流配送路线规划的原则

（1）适应性原则。设计上要充分考虑市场的需求，以期做到适应本地产品配送情况，以配送区域和配送对象的具体情况作为配送路线的设计依据。

（2）及时性原则。此原则主要考虑到一些鲜活类农产品易变质腐败，因此配送时要做好保鲜措施，减少生鲜农产品的等待时间和配送时间。在线路、中转点的设计上要尽量合理且能照顾到各个潜在的配送点，并且在配送流程的设计上突出效率第一，尽力减少因自身原因而造成的配送时间的拖延。

（3）经济性原则。在保证满足广大客户的配送需求和产品配送的时间要求的前提下，如何降低产品配送所需的成本，就是经济性原则所体现的内容。

（4）可操作性原则。根据实际配送点所在区域和当地基础交通设施情况，确定相应的配送路线和配送方式。形成标准化配送，配送流程明确、有效，并严格按照流程进行配送，各环节应设置责任人。通过应用信息系统和分拣系统、人才的培养和车辆的冷链化改装等都可以提高生鲜农产品冷链配送模式的可操作性。

8.4.2 冷链物流配送模式

1. 国外冷链物流配送模式

国外冷链物流配送模式因地区、产品类型和市场需求的不同而多样化。下面将逐一介绍几种常见的国外冷链配送模式。

1）基于温控车辆的配送模式

这是最常见的冷链配送模式之一，通过配备温控车辆来保持货物在适宜的温度条件下运输。温控车辆具备隔热和冷却功能，可以根据不同产品的需求调节温度，保证货物在整个运输过程中的质量和安全。

2）特殊温度要求的配送模式

有些产品有特殊的温度要求，如冷冻产品、冷藏食品、温控药品等。为满足这些产品的需求，配送商通常会配备专门的冷冻设备或冷藏车辆，以确保产品在必要的温度下运输，如在 -18 ℃以下的超低温。

3）航空配送模式

对于远距离和紧急的冷链配送需求，航空运输是一种常见的选择。航空公司通常提供专门的冷藏货舱，以使货物在航程中保持适宜的温度条件。这种模式适用于高值、易腐烂的产品，如鲜花、海鲜等。

4）第三方物流配送模式

一些国外的物流公司专门从事冷链配送服务。这些第三方物流运营商在全球范围内提供冷链物流解决方案，包括温控仓储、温控运输和库存管理等。它们通过专业的设备和技术，使货物在整个供应链中保持适宜的温度条件。

以下以美国生鲜农产品冷链配送模式与日本生鲜农产品冷链配送模式为案例进行具体介绍。

1）美国生鲜农产品冷链配送模式

美国生鲜农产品冷链配送模式包括：以超市为中转，将生鲜农产品从农场运送到超市，再由超市配送到客户手上的模式；农产品逐级批发，最后通过零售商店送到消费者手中的模式；由电商巨头建立网上生鲜超市和线下配送中心，将生鲜农产品先运送到配送中心，再通过电子商务手段进行线上购买、线下配送的模式；由农场自主通过签订协议的形式将生鲜农产品配送至附近的居民家中的模式，这种模式应用极少，如图 8-3 所示。

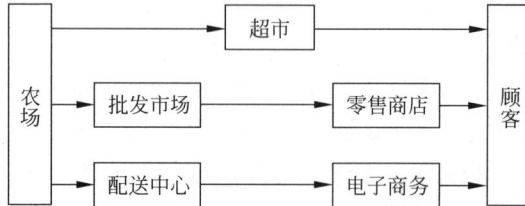

图 8-3　美国生鲜农产品冷链配送模式

美国生鲜农产品冷链配送取得成功主要有以下几个原因。

（1）保证生鲜农产品运输需要的硬件设施。比如美国的公路网络、企业的现代化和信息化管理，以及冷链物流的规范化。

（2）生鲜农产品供应链上下游关系密切，从原产地到加工者再到销售者，具有较高的产业化水平。

（3）充分发挥互联网影响力，大力建设网上生鲜市场。采用网上销售的方式，可以有效地降低生鲜农产品的运营成本，并提高物流的效率。

2）日本生鲜农产品冷链配送模式

日本与美国在生鲜农产品冷链配送模式上大致相同，即通过批发市场将农产品从生产者转移至超市或者零售商处进行销售和配送，或者由农产品生产者直接销售与配送农产品。区别之处在于日本的农产品配送超市所处的地位并不高，日本的农业协会则一直处于重要的地位，如图 8-4 所示。

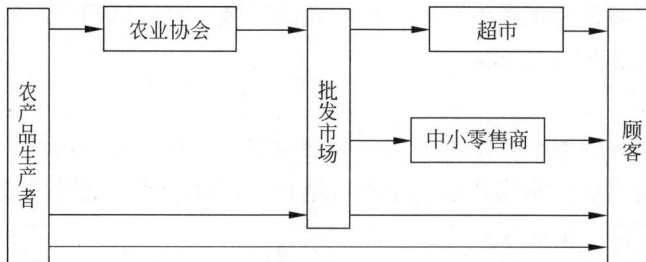

图 8-4　日本生鲜农产品冷链配送模式

日本生鲜农产品冷链配送的主要特点有以下方面。

（1）基础设施先进、完善。日本的物流基础设施主要是由政府负责规划和建造的，现在日本的各个地区都建立了大型的冷藏仓库、农产品加工厂和配送中心，再加上日臻完善的交通网络、配送设施、农产品加工工艺和冷藏技术，使日本的农产品配送能够达到高品质、高效率的目的。

（2）日本政府和农业协会等对农产品的流通起到了很大的推动作用。一方面，国家对农业、物流产业进行了积极的引导，并制定了一系列的优惠政策；另一方面，将产品的销售与分配工作完全交给农业协会，也为农民节约了大量的成本。

（3）积极运用计算机和网络技术，提高了农产品物流的信息化水平。日本是一个很早就开始进行信息化建设的国家，它通过大量使用计算机、网络等技术，大大提高了农业生产的效率，同时也为农业生产提供了便利条件。

2. 国内冷链配送模式

国内冷链配送模式由于市场需求和物流基础设施的发展不同，也呈现出多样化的形式，主要有以下几种常见的模式。

1）按照能源供给方式划分的三种模式

目前，国内冷链物流配送的主要模式可以分为电力驱动型（冷藏车）与无源蓄能型。而无源蓄能型按照载冷剂的不同又分为干冰载冷型和相变蓄冷材料载冷型两种。这三种冷链配送模式都存在一定优缺点，下面分别予以分析。

（1）冷藏车制冷低温配送模式。冷藏车属于有源型（电力驱动型）制冷方式，常见的是自带压缩机组的冷藏车。冷藏车制冷的优点是能保持较长时间的低温，这种低温物流制冷方式主要应用于大批量低温货物的长途配送。

（2）以干冰作为冷源的低温配送模式。干冰曾经被广泛应用于保存温度在 0 ℃以下的生物制品、食品、水产品等的配送与保存，其出色的制冷效果让它一度成为冷链配送的宠儿。但是，干冰也难逃在冷链配送中被扼杀的命运，各大航空公司出于对安全的考量，已经明令禁止使用干冰作为制冷剂。但是，干冰型冰袋的使用不受航空限制，且更加安全可靠。干冰型冰袋存在多个温度区域可供选择，满足不同温区货物配送。–55 ℃、–33 ℃、–18 ℃、–12 ℃、–6 ℃、2～8 ℃的系列干冰型冰袋，最大限度地满足了货物对温度的不同要求，持续 120 小时长时间保温性能确保生物制剂与食品的配送安全。

（3）相变蓄冷材料的低温配送模式。以蓄冷材料（冰袋或者干冰）作为冷源的低温配送模式是利用蓄冷材料在相变过程中释放冷量来维持货物的低温，该模式非常适用于小批量、少量、多次的货物低温配送。作为一种全新的低温物流配送制冷方式，相变蓄冷材料的低温配送模式造价较低，无须额外的能源，使用非常方便。

2）共同配送模式

探索共同配送模式，构建城市食品冷链物流配送网络体系。有实力的冷链物流企业可以充分利用自身的管理和网络优势，整合众多小型物流企业的资源，形成良好的冷链物流共同配送系统，提高运作效率，降低社会物流成本。共同配送模式可分为联合模式和整合模式。

（1）联合模式。我国农产品和食品批发市场，常常集结大批的食品生产企业、批发企业、零售企业、冷库企业、冷链运输企业，其中包括大批个体经营户。相关企业应该联合起来，共同建立冷链物流配送中心，实现冷链物流的共同配送。

（2）整合模式。目前，国内冷冻冷藏物流服务商多为小企业，但是大多数企业充分利用自身的品牌、资金、管理和网络优势，整合众多小型冷藏物流服务商的现有资源，在冷藏物流项目的不同环节，与小企业开展多方位的合作，形成第三方物流系统，为需求方提供完整的冷链服务，使冷链配送服务最大限度地适应冷链生产企业的发展需求。

3）冷链宅配模式

冷链物流的"门到门"延伸服务，是专业快递的一种特殊递送模式。它的"快递化"有三大特征：一是构建全程闭环的"门到门"服务体系，二是实施精准时效承诺的限时配送机制，三是开发温控保障的增值服务组合。该模式通过专业冷链快递网络，在冷藏（0～10 ℃）或冷冻（−18 ℃）的恒温环境下，完成需温控商品从分拨中心到用户住宅的"最后一公里"配送，实现冷链物流与快递服务的深度融合。

食品冷链宅配的特点主要体现在以下几个方面。

（1）需要冷链宅配的商品主要是中高端食品、进口食品、特色食品、易损及易变质食品、有机食品、天然食品、无公害食品，以及营养价值、附加值较高的食品。

（2）冷链宅配的季节性特点较强，夏季和秋季需要冷链处理，冬季反而需要"保温"处理。也有采取抽取真空包装后再进行冷链处理的，以确保食品安全。

（3）冷链宅配的市场规模与消费能力呈现正相关，与高收入人群聚集化的程度呈现正相关。

（4）冷链产品宅配需求向组合型、礼品化发展。随着家庭消费的日趋时尚化，礼品化包装冷链宅配将成为家庭之间礼尚往来的新潮流。

（5）国内冷链宅配还处在初级阶段，缺乏专业化的冷链宅配公司。冷链宅配的企业主要是第三方快递企业、冷链产品销售商自建宅配物流。

（6）冷链宅配以同城化、区域化为主，以跨区域为辅。未来，畅销的冷链产品具有一定的批量，通过进口、异地冷藏或冷冻干线集运（公路、铁路、航空）至某个城市仓储中心进行冷藏或者冷冻，然后再进行同城冷链宅配。

4）生鲜电商冷链配送模式

随着电子商务的发展，生鲜电商也相应兴起。为保证生鲜商品的新鲜度，对生鲜商品的配送时间、配送方式等要求必然很高，目前国内生鲜电商物流配送的主要模式有以下四种。

（1）自建物流模式。自建物流模式是指由网站自己筹资组建物流配送系统，经营管理整个物流运作过程。从消费者网上下订单到货物最终送达消费者手中，采取的是"一条龙"服务，没有第三方的参与。一般采用仓库与配送点相结合的方式，在网购密集地区建立仓储中心和配送点，各配送点联网接入系统，对配送进行全过程监控，根据订单地址就近配送，缩短配送时间。

（2）第三方物流模式。第三方物流模式是指由第三方物流企业承担企业物流活动的一种物流形态。随着资讯科技的进步与经济的全球化，更多的商品在全球范围内流通、生产、销售与消费，物流活动更加广泛与复杂，单一的一级物流和二级物流的组织与运作模式已经无法完全适应现代社会的需求。为了更好地参与国际市场的竞争，企业要构建自己的核心能力、强化自己的供应链、降低自己的物流成本，并将自己的物流业务外包。

（3）社区式配送模式。社区式配送模式是指消费者网上下单，企业以社区为单位集中进行物流配送的一种新物流模式，它将分散的物流网络集中化，能够极大地节省人力和时间。如"电子菜箱"模式，电商通过与小区物业公司协商、缴纳管理费用、设置

"电子菜箱"等方式，建立最终的销售网点。安装"电子菜箱"的住户，可以通过网上订购，由分拣员将蔬菜分拣出来，再将蔬菜按区域分类摆放。最终，根据不同的地区，由专门的车辆，准时将货物送往"电子菜箱"，进行全程冷藏运输。客户只需持会员证，即可开启"电子菜箱"领取所需物品。除此之外，一些公司还装备了以物联网技术为基础，具备制冷、隔热保鲜功能的配送终端储物柜，这样不仅可以有效地满足生鲜商品配送的存储运输条件，而且储存在里面的蔬菜瓜果也不会打蔫、变坏、变质，保证了其新鲜度，很好地解决了生鲜商品的鲜度问题。

（4）"便利店＋O2O"模式。O2O（线上到线下）是目前电商企业和传统企业共同关注的模式，电商企业将线下和线上融合成一个大的生态体系，而传统线下企业也在思考如何利用电商企业的流量、平台和工具，盘活自身的线上线下销售体系。

"便利店＋O2O"模式就是电商和便利店的合作，将线上和线下有机地结合起来，电商为消费者提供在线购物的信息，而在线下，便利店则为消费者提供自助的配送点，这就等于将便利店变成了电商的仓库和配送点。该模式利用便利店的冷柜设备，将用户在网上下单的物品放置在冷柜中，然后消费者到便利店进行线下提货，从而解决了物流配送"最后一公里"的问题。更多的情况是，企业在线下开设店铺，用户可以在网上下单，之后，利用 GPS 定位，选择距离最近的便利店进行提货，这样就不会产生物流成本。"便利店＋O2O"模式，线上与线下交互，消费者线下接触得更多，体验更真实，比较容易产生信任感和忠诚度，容易提升重复购买率。另外，这种线下提货的方式，不仅能很好地控制物流配送"最后一公里"的成本，还能很方便地处理退换货问题，提升用户体验感，更重要的是大大节约了用户挑选的时间，提高了整个模式的运作效率。

▰ 即测即练

第 8 章主要介绍了冷链配送计划及其配送管理，本章进一步详细介绍冷链物流信息系统管理：第一，冷链物流信息系统概述部分包括信息与物流信息、冷链物流信息系统的概念、冷链物流信息系统的作用；第二，冷链物流信息系统的结构体系主要由业务运作层、业务管理层和战略决策层三个层次组成；第三，冷链物流信息系统的功能部分主要介绍了冷链物流信息系统的七个基本功能；第四，冷链物流信息管理的技术部分包括冷链物流信息技术以及与冷链物流信息系统管理相关的计算机技术。

9.1　冷链物流信息系统概述

9.1.1　信息与物流信息

一个物流管理人员每天的业务都离不开信息，其大部分的工作是在收集、保存、传送及处理信息，并且通过信息来控制与管理业务，以及了解业务过程的现状与动态。例如，一封电报、一个电话、一张凭证、一本台账等，这些都可以看作物流信息。管理人员正是通过这些信息来管理业务的。

信息是关于客观世界某一方面的知识，是加工数据所得到的结果，是能帮助我们作出决策的知识。信息可以降低人们决策时的不准确性，增加对外界事物的了解。

提到信息，则需要明确数据的概念。数据是记录下来可以被鉴别的符号，是人、物、事件与概念的一种代表物，它以语言、数字与符号作为替代物。从一般意义上讲，数据是描述客观实体属性的值，如"某种货柜的高度为 1.5 米"，这个 1.5 米就是一个数据。数据不仅可用数字来表示，也可用文字、符号、图形等方式来表示，如货物的名称等。单纯的数据本身并没有实际意义，数据只有进行一定的格式化、组织化及转换才有意义，才成为信息。由于数据处理是较为典型的人类行为，而信息是数据处理的产物，所以信息具有一定的主观性，它仅以一个相关的信息接收者而存在，但数据则是客观的。

物流信息是反映物流各种活动内容的知识、资料、图像、数据和文件的总称。物流信息的标准化及标准化处理成为现代物流的突出特征。

9.1.2　冷链物流信息系统的概念

冷链物流信息系统作为物流信息系统的一部分，指的是一个以人为主导，利用计算机硬件、软件、网络通信设备及其他办公设备，进行信息的收集、传输、加工、储存、更新和维护，以企业战略竞优、提高效益和效率为目的，支持企业高层决策、中层控制、基层运作的集成化的人机系统。冷链物流信息系统是一个一体化的系统，也就是说，管理信息系统进行企业的信息管理是从总体出发，全面考虑，保证各个职能部门共享数据，降低数据的冗余度，保证数据的兼容性和一致性。信息只有集中统一，才能成为企业的资源。

9.1.3 冷链物流信息系统的作用

冷链物流信息系统除了管理冷链物流中心的进销、配送、流通加工、储存保管等功能作用外，还能为冷链物流中心提供各种信息，为冷链物流中心经营管理政策的制定、商品路线的开发、商品销售促销政策的制定提供参考。系统可提供下列三种信息：绩效管理、经营规划和冷链物流资源计划。

（1）为经营业务绩效管理与各项管理政策的制定提供参考。绩效的评估可包括商品销售绩效管理、作业处理绩效管理、仓库保管效率管理、冷链物流效率管理、机具设备使用效率管理等。

（2）为冷链物流中心经营规划提供参考。由各种实体冷链物流活动及作业所产生的各项信息足以为经营规划人员提供参考，包括：通过组织结构、作业内容、机器设备使用率及使用需求比率来考虑使用自动化机具设备的可能性、租用分析及其使用的成本效益；由现有商品销售量分析或客户反映的商品需求来调节商品品种或新商品开发的可能性分析；由现有人力分配及使用状况来拟订未来的人力资源计划；参考自有车、租赁车公司的各项费用及可用车数、可调派人力及其他外雇车辆条件，来衡量自有车、租赁车比率及所需费用，并制定租赁管理条例；统计分析现有各项活动所需费用，以作为运费、仓库保管费、支出预算等成本控制的依据。

（3）为多库冷链物流中心的冷链物流资源规划提供参考。它包括多库冷链物流中心的产品线规划分析、多库调货计划及执行、人力资源的规划配置、机具设备的需求分析、实际冷链物流的运作规划等。

9.2 冷链物流信息系统的结构

冷链物流信息系统结构体系由业务运作层、业务管理层和战略决策层三个层次组成，如图 9-1 所示。业务运作层进行日常作业组织、资源配置，以及提供管理数据。业务管理层统计分析日常运作信息、进行绩效考核、制订作业计划。战略决策层根据业务管理层提供的信息，利用模型进行预测、制订资源配置方案、确定业务发展目标及战略。这三个层次逐级递进，能够从不同角度满足冷链物流管理要求。一般冷链物流信息系统结构如图 9-2 所示。

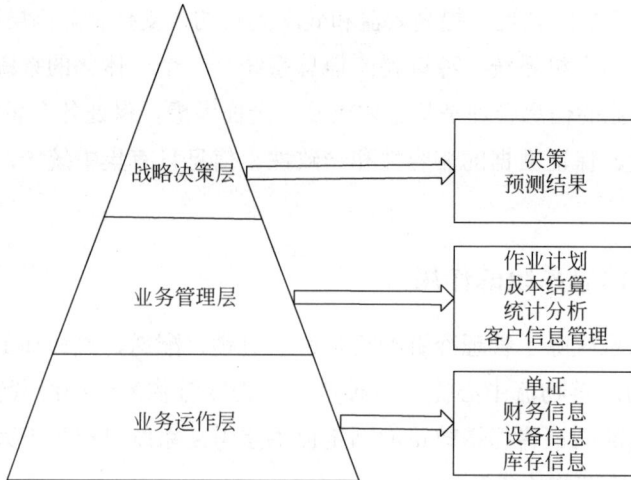

图 9-1　冷链物流信息系统层次模型

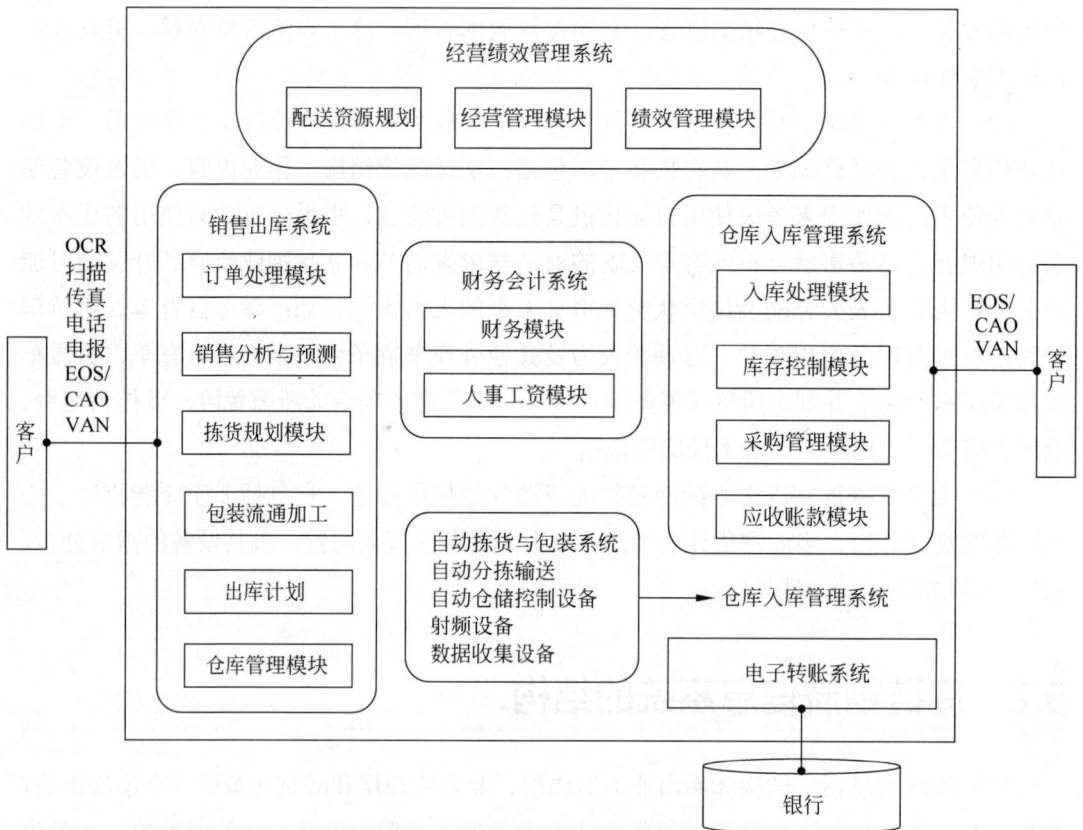

图 9-2　冷链物流信息系统结构

9.3　冷链物流信息系统的功能

冷链物流活动不仅具有支持保障功能，而且具有连接整个供应链和使整个供应链活动效率化的功能。冷链物流信息系统的核心功能包括业务管理功能、查询统计功能、盘点管理功能、库存结构分析功能、库存商品管理功能、退换货业务功能及货位调整功能等。

1. 业务管理功能

入库管理：输入入库商品数量，打印商品入库单，协助仓库管理人员正确进行入库商品确认。

出库管理：输入出库商品数量，打印商品出库单，协助仓库管理人员正确进行出库商品确认。

返库管理：输入返库商品数量，打印商品返库单，协助仓库管理人员正确进行返库商品确认。

退货管理：输入退货商品数量，打印商品退货单，协助仓库管理人员正确进行退货商品确认。

残损管理：输入残损商品数量，打印商品残损单，协助仓库管理人员正确进行残损商品确认。

2. 查询统计功能

入库信息：可按入库单号、单品、分类、供应商进行入库查询或统计。

出库信息：可按出库单号、单品、分类、收货分店进行出库查询或统计。

返库信息：可按返库单号、单品、分类、退货分店进行返库查询或统计。

退货信息：可按退货单号、单品、分类、供应商进行退货查询或统计。

残损信息：可按入库单号、单品、分类进行残损查询或统计。

库存信息：可按单品、分类进行库存查询或统计。

3. 盘点管理功能

盘点清单生成：生成商品盘点信息。

盘点清单打印：盘点人员打印出盘点商品的清单，对实际在架商品数量进行盘点，统计后填写实际商品数量。可以人工盘点，也可以用手持计算机盘点读入数据。

盘点数量输入：按清单上填写的数量与账面商品数量进行损益比较，由管理人员分析损益原因。

盘点商品确认：对实际在架商品盘点数量与账面商品数量进行损益比较，由管理人员分析损益原因。

盘点损益统计：对本次盘点确认过的商品进行损益统计。

损益商品查询：对历次盘点有损益的商品进行查询浏览统计。

4. 库存结构分析功能

库存总账分析：对库存商品的入库、出库、返库进行统计分析。

库存分类分析：库存商品按类别进行统计分析。

5. 库存商品管理功能

库存商品上限报警：对库存商品数量高于库存上限的商品进行信息提示。

库存商品下限报警：对库存商品数量低于库存下限的商品进行信息提示。

库存商品负数报警：对库存商品数量为负数的商品进行信息提示。

库存停滞商品报警：对在某一段时间内有入库但没有出库的商品进行信息提示。

商品及时出库报警：对在入库时库存商品数量为零但又未及时出库的商品进行信息提示。

6. 退换货业务功能

对已逾保质期的商品报警：对库存商品的保质截止日期已早于本日的商品进行信息提示。

对将逾保质期的商品报警：对库存商品的保质截止日期在本日后某一时间段内到期的商品进行信息提示。

商品保质期查询：对库存商品的保质截止日期在某日进行查询。

7. 货位调整功能

库存货位维护：对库存商品的货位号进行调整。

货位调整查询：对库存商品调整过的货位号按时间段进行查询。

库存货位统计：对库存商品按货位进行统计。

9.4　冷链物流信息管理的技术

9.4.1　冷链物流信息技术

冷链物流信息技术是与冷链物流活动有关的所有专业技术的总称，可以包括各种操作方法、管理技能等，如流通加工技术、物品包装技术、物品标志技术、物品实时跟踪技术等，还可以包括冷链物流规划、冷链物流评价等。本节主要介绍其中涉及的冷链物流信息技术，包括自动识别技术、GPS、GIS（地理信息系统）等。

1. 自动识别技术

自动识别技术是目前国际上发展很快的一项新技术，该技术的基本思想是通过采用一些先进的技术手段，实现人们对各类物体或设备（人员、物品）在不同状态（移动、静止或恶劣环境）下的自动识别和管理。目前应用最广泛的自动识别技术大致可以分为两个方面：以射频识别技术为代表的无线电技术和以条码为代表的光学技术。

射频识别系统一般至少包括电子标签和阅读器两部分。电子标签中一般保存有约定格式的电子数据，在实际应用中，电子标签附着在待识别物体的表面。阅读器又称读出装置，可无接触地读取并识别电子标签中所保存的电子数据，从而达到自动识别物体的目的。进一步通过计算机及计算机网络实现对物体识别信息的采集、处理及远程传送等功能。

射频识别系统所采用的技术称为微波反射技术，它基于电子标签内微波天线的负载阻抗随储存的电子数据变化而变化的特点，来实现对电子标签内电子数据的读取。射频自动识别装置发出微波查询信号时，安装在被识别物体上的电子标签将接收到的部分微波的能量转换为直流电，供电子标签内部电路工作，而将其余部分微波通过自己的微带天线反射回电子标签读出装置。由电子标签反射回的微波信号携带了电子标签内部储存的数据信息，经读出装置进行数据处理后，得到电子标签内储存的识别代码信息。

射频识别技术目前被广泛应用于工业自动化、商业自动化、交通运输控制管理等众多领域,如汽车、火车等交通监控系统、高速公路自动收费系统、停车场管理系统、物品管理、流水线生产自动化、安全出入检查、仓储管理、动物管理、车辆防盗等领域。

条码就是一组按一定规律排列的条和空组成的编码符号,用以表示一定的字符、数字及符号信息,该编码可以利用机器识读。条码技术与其他输入技术相比,具有识别速度快、误码率低、设备便宜、应用成本低廉和技术成熟等优点,目前已被广泛应用于商业、工业、图书、医疗等领域。条码按其生成规则不同,可分为一维条码和二维条码两类。

条码技术就是以条码符号为载体,在计算机技术与信息技术基础上发展起来的集编码、印刷、识别、数据采集和处理于一身的新兴技术。条码技术的核心内容是利用光电扫描设备识读条码符号,从而实现机器的自动识别,并快速、准确地将信息录入计算机进行数据处理,以达到自动化管理的目的。条码技术是在计算机的应用实践中产生和发展起来的一种自动识别技术。它是为实现对信息的自动扫描而设计的,是实现快速、准确而可靠地采集数据的有效手段。条码技术的应用解决了数据录入和数据采集的"瓶颈"问题,为供应链管理提供了有力的技术支持。

在配送过程中,自动识别技术主要有以下应用。

(1)在配送终端,条码技术的运用使得数以万计的商品种类、价格、产地、批次、货架、库存和销售等各方面被管理得井然有序。

(2)采用车辆自动识别技术,使得路桥、停车场等收费场所避免了车辆排队通关现象,减少了时间浪费,从而极大地提升了交通运输效率及交通运输设施的通行能力。

(3)在铁路运营中,采用自动设备识别技术可将飞驰的列车标志信息在查询点上自动采集下来送入铁路运输信息管理系统中,为铁路运营及时提供车辆追踪管理所需的基础信息。

(4)采用自动识别技术的防伪车牌系统,将被盗车置于本地监视系统之下,从而有效地防范车辆被盗案件的发生。

(5)在自动化的生产流水线上,整个产品生产流程的各个环节均被置于严密的监控和管理之下。

(6)在粉尘、污染、寒冷、炎热等恶劣环境中,远距离射频识别技术的运用改善了卡车司机必须下车办理手续的不便。

(7)在公交车的运行管理中,自动识别系统准确地记录车辆在沿线各站点的到发时刻,为车辆调度及全程运行管理提供实时、可靠的信息。

2. GPS

GPS 是由美国构想并实际筹建的全球定位系统的简称。该系统由空间和地面两部分组成,空间部分包括分布在 6 个轨道平面上的 24 颗人造卫星,这种分布可以保证在任何时刻、在全球的任一地区都可以被 4 颗卫星覆盖,以实现对该地区的精确定位。GPS 的地面部分由 1 个主控站、5 个全球监控站和 3 个地面天线组成。地面主控站实施对 GPS 卫星的轨道控制及参数修正。GPS 的用户必须配备 GPS 接收机才能使用 GPS 系统,GPS 接收机接收 GPS 卫星信号进行解算,以获得必要的导航定位信息,并据此进行导航和定位。

目前，GPS 在冷链物流管理中主要有以下应用。

（1）汽车自定位、跟踪调度、陆地救援。我国已有数十家公司在开发和销售车载导航系统。中国远洋海运集团有限公司、中国外运股份有限公司等大型国际物流服务企业均建立了装载卫星定位系统的车队。

（2）内河及远洋船队最佳航程和安全航线的测定、航向的实时调度、监测及水上救援。在我国，全球卫星定位系统最先使用于远洋运输的船舶导航。

（3）空中交通管理、精密进场着陆、航路导航和监视。

（4）铁路运输管理。可以通过 GPS 和计算机网络实时收集全路列车、机车、集装箱及所运货物的动态信息，实现列车、货物追踪管理。只要知道货车的种类、型号、号码，就可以立即从数万千米的铁路网上流动着的几十万辆货车中找到该货车，还能得知这辆货车现在何处运行或停在何处，以及所有的车载货物发货信息。铁路部门运用这项技术可大大增强其路网及其运营的透明度，为货主提供更高质量的服务。

3. GIS

GIS 是以地理空间数据库为基础，在计算机软、硬件支持下，实现对空间信息的采集、存储、管理、操作、分析模拟和显示，采用地理模型分析方法，实时提供多种空间和动态的地理信息，为地理研究和地理决策服务的计算机技术系统。

GIS 主要具有以下几方面的特征。

（1）具有采集、管理、分析和输出多种地理空间信息的能力，具有空间性和动态性。

（2）以地理研究和地理决策为目的，以地理模型方法为手段，具有区域空间分析、多要素综合分析和动态预测能力，产生高层次的地理信息。

（3）由计算机系统支持进行空间地理数据管理，并由计算机程序模拟常规的或专门的地理分析方法，作用于空间数据，产生有用信息，完成人类难以完成的任务。计算机系统的支持是 GIS 能够快速、准确、综合地对复杂的地理系统进行空间定位和动态分析的基础。

GIS 在物流领域的应用效果通常都是与其他技术相结合体现出来的，综合来说，GIS 在物流领域的作用主要是对物流活动进行专门的数据分析，并提供模拟数据，具体如下所述。

（1）车辆路线模型。该模型用于解决一个起始点、多个终点的货物运输中，如何降低物流作业费用，并保证服务质量的问题，包括决定使用多少辆车、每辆车的行驶路线等。

（2）网络物流模型。该模型用于解决寻求最有效地分配货物路径问题，也就是物流网点布局问题。如将货物从 N 个仓库运往 M 个商店，每个商店都有固定的需求量，因此需要确定由哪个仓库提货送给哪个商店，产生的运输代价最小。

（3）分配集合模型。该模型可以根据各个要素的相似点把同一层上的所有或部分要素分为几个组，用以解决确定服务范围和销售市场范围等问题。如某一公司要设立 X 个分销点，要求这些分销点覆盖某一地区，而且每个分销点的顾客数目大致相等。

（4）设施定位模型。该模型用于确定一个或多个设施的位置。物流系统中，仓库和运输线共同组成了物流网络，仓库处于网络的节点上，节点决定线路，如何根据供求的实际需要并结合经济效益等原则，确定在既定区域内设立的仓库数量、每个仓库的位置、每个仓库的规模，以及仓库之间的物流关系等问题，运用此模型均能很容易地得到解决。

9.4.2 与冷链物流信息系统管理相关的计算机技术

与冷链物流信息系统管理相关的计算机技术主要指运行和维护冷链物流信息系统所需要的硬件与软件的支持。

硬件部分是冷链物流信息系统发挥作用的实体基础，包括计算机、输入输出设备、网络设备、通信设施和储存媒体等。

软件部分则是信息系统进行信息收集、传输、加工的直接作用部分，具有非物质性，一般指用于处理交易、管理控制、决策分析和制订战略计划的系统与应用程序，包括系统软件、实用软件和应用软件三类。

（1）系统软件。系统软件是指控制协调硬件资源、提供其他软件运作平台的不可缺少和基础性的软件，主要有操作系统（operating system，OS）、网络操作系统（network operating system，NOS）等，种类较少。

（2）实用软件。实用软件是基于系统软件，用于开发应用软件、管理数据资源、实现通信等的软件，主要有数据库管理系统（database management system，DBMS）、计算机语言、各种开发工具、互联网上的浏览器等，种类多，版本更新更快。

（3）应用软件。应用软件是直接处理和解决冷链物流中心具体经营问题、实现其业务运作信息化的软件，可辅助冷链物流中心的业务管理，如冷链物流中心的进销存软件等。不同的冷链物流中心可以根据其功能、要求等进行开发或购买。

信息系统建设时，相关硬件和系统软件、实用软件可以从相应的计算机厂商、专门的软件开发公司处购得。而应用软件作为最重要的部分，一般要根据冷链物流中心实际情况和需要进行开发、安装和调试。

▋即测即练▋

10.1 冷链配送成本概述

10.1.1 配送中心成本构成

1. 冷链配送成本的概念

冷链配送成本是在冷链物流的备货、储存、分拣、配货、装配和送货等环节所发生的各项费用的总和，是冷链产品配送过程中所耗费的各种劳动和物化劳动的货币表现。

2. 冷链配送成本的特征

（1）特异性。冷链物流与一般的物流有很大的区别，其服务对象必须处于所需要的低温环境，因此其配送过程需要特殊的制冷设备来保证物品所需要的温度，而且制冷和温度监控缺一不可，与常温物流体系相比，冷链物流的活动成本更高。

（2）与服务水平密切相关。在一定范围内，配送成本与服务水平呈正相关，即配送成本越高，服务水平也越高；配送成本越低，服务水平也越低。

（3）隐蔽性。物流费用只有一小部分被发现，有很多还没有被认识。配送成本中的备货费用、人工费用等，归入销售费用和管理费用，而没有配送费用栏，存在隐蔽性。

（4）二律背反。物流服务质量与成本是一种此消彼长的关系，物流服务质量提高，物流成本就会上升，即二者存在二律背反规律。

（5）配送成本削减的乘数效应。

（6）专业设备的无通用性。当设备不具有通用性时，成本会增加。

3. 冷链配送成本的构成

冷链配送成本由运费、储存保管费用、包装费用及流通加工费用构成。

（1）运费。运费是由运输成本、税金和利润构成的。

（2）储存保管费用。储存保管费用由四部分构成，如图 10-1 所示。

（3）包装费用。包装费用由五部分构成，如图 10-2 所示。

（4）流通加工费用。流通加工费用由四部分构成，如图 10-3 所示。

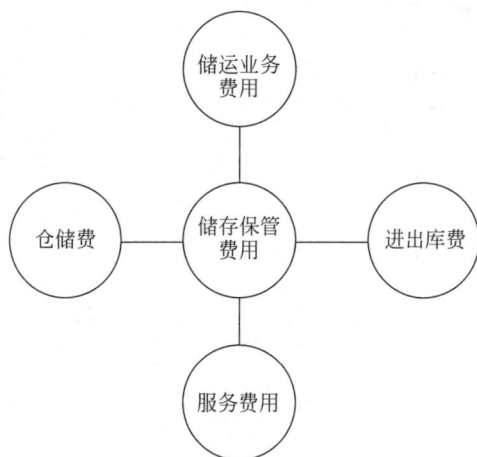

图 10-1　储存保管费用的构成

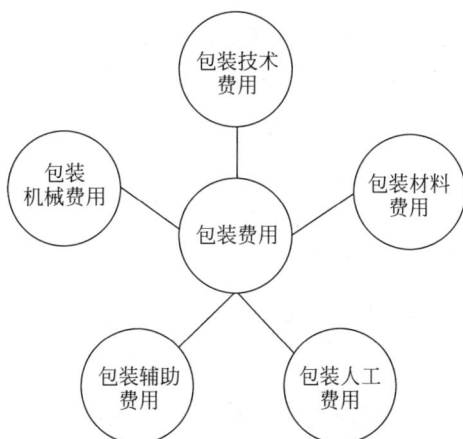

图 10-2　包装费用的构成

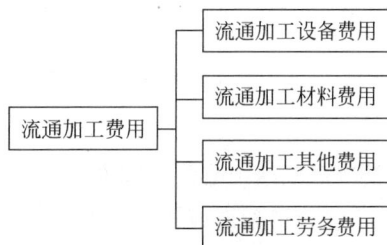

图 10-3　流通加工费用的构成

10.1.2　冷链配送成本的影响因素

1. 时间

配送时间持续的后果是占用了配送中心作业时间，耗用了配送中心的固定成本。而这种成本往往表现为机会成本，使得配送中心不能提供其他配送服务获得收入或者在其他配送服务上增加成本。

2. 距离

距离是构成冷链配送成本的主要内容。距离越远，就意味着运输成本越高，同时造成运输设备增加、保温时间增加、送货员增加等。

3. 配送物的数量和重量

数量和重量的增加虽然会使冷链配送作业量增加，但大批量的作业往往使配送效率提高，配送的数量和重量是委托人获得价格折扣的理由。

4. 货物种类及作业过程

不同种类的冷链货物配送难度不同，对配送作业要求不同，承担的责任也不一样，因而对成本会产生较大幅度的影响。采用原包装配送的成本支出显然要比配装配送低，因而不同的配送作业过程，直接影响配送成本。

5. 外部成本

配送经营时需要使用到配送企业以外的资源，如当地的起吊设备租赁市场具有垄断性，则配送企业就需要租用起吊设备，从而增加成本支出。如当地的路桥普遍收费且无管制，则必然使配送成本居高不下。

10.2　冷链配送中心成本的核算与控制

10.2.1　冷链配送中心成本的核算

一般来讲，冷链配送中心成本的核算可以采用三种方法，如图 10-4 所示。

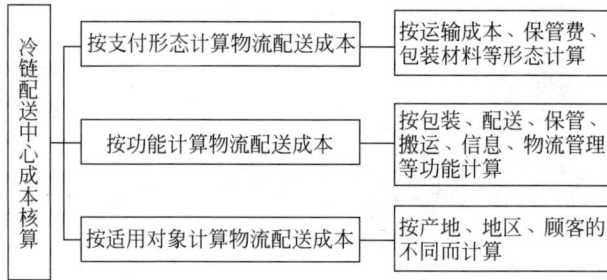

图 10-4　冷链配送中心成本核算的方法

某冷链配送中心配送成本的计算公式为

冷链配送成本＝分拣成本＋配装成本＋流通加工成本＋配送运输成本

1. 分拣成本的计算方法

分拣成本是分拣机械及人工在完成货物分拣过程中所发生的各项费用之和，包括分拣直接费用和分拣间接费用。

分拣直接费用包括以下几方面。

（1）折旧费。折旧费是指分拣设备按规定计提的折旧费，根据"固定资产折旧计算表"中分拣设备提取的折旧金额计入成本。

（2）修理费。修理费是指分拣设备进行保养和修理所发生的工料费用，根据"辅助生产费用计入分拣成本表"中分配的分拣成本金额计入成本。

（3）工资及职工福利费。工资及职工福利费是指企业支付给直接从事分拣作业人员的薪酬及相关的福利支出。

（4）其他费用。其他费用是指不属于以上各项的费用，根据"低值易耗品发出凭证汇总表"中分拣成本另计的金额计入成本。

分拣间接费用是指配送分拣管理部门为管理和组织分拣作业，需要由分拣成本分担的各项管理费用和业务费用。

2. 配装成本的计算方法

配装成本是在完成配装货物过程中所发生的各种费用之和，也包括配装直接费用和配装间接费用。

配装直接费用包括以下几方面。

（1）材料费。材料费是指配装过程中消耗的各种材料，如木材、包装纸、金属、塑料等。根据"材料发出凭证汇总表""领料单"及"领料登记表"等初始凭证，将配装成本金额计入成本。

（2）工资及职工福利费。工资及职工福利费是指企业支付给直接从事配装作业人员的薪酬及相关的福利支出。

（3）辅助材料费用。辅助材料费用是配装过程中消耗的辅助材料费用，如标签等。根据"材料发出凭证表""领料单"中的金额计入成本。

（4）其他费用。其他费用不属于以上各项费用，如配装职工的劳保用品等，根据"材料发出凭证汇总表""低值易耗品发出凭证"中配装成本的金额计入成本。

配装间接费用是指配送装配管理部门为管理和组织配装作业，需要由配装成本分担的各项管理费用和业务费用。根据"配送间接费用分配表"中由配装成本分担的金额计入配装成本。

3. 流通加工成本的计算方法

流通加工成本是指在配送过程中所提供的各种流通加工服务所耗费的直接材料费用、直接人工费用和制造费用的货币表现。

（1）直接材料费用。直接材料费用是指在流通加工产品过程中直接消耗的材料、辅助材料、包装材料及燃料和动力等费用。与工业企业相比，冷链配送中心在流通加工过程中的直接材料费用，占流通加工成本的比例不大。直接材料费用中，材料和燃料费用数额是根据全部领料凭证汇总编制的"耗用材料汇总表"确定的；外购动力费用是根据有关凭证确定的。

（2）直接人工费用。直接人工费用是指直接进行加工生产的工人的工资总额和按工资总额提取的职工福利费。

（3）制造费用。制造费用是冷链物流中心设置的生产加工单位为组织和管理生产加工所发生的各项间接费用。其主要包括：流通加工生产单位管理人员的工资及提取的福利费，生产加工单位房屋、建筑物及其设备等的折旧费和修理费，生产单位固定资产租赁费、机物料消耗、低值易耗品摊销、取暖费、水电费、办公费、差旅费、保险费、试验检验费、季节性停工和机器设备修理期间的停工损失，其他制造费用。

4. 配送运输成本的计算方法

配送运输成本是指配送车辆在完成配送货物的过程中，所发生的车辆费用和配送运输间接费用。

（1）车辆费用。车辆费用是指配送车辆从事配送生产所发生的各项费用，包括工资及职工福利费、燃料、轮胎、修理费、折旧费及运输管理费、车船税、行车事故损失和其他费用。

（2）配送运输间接费用。配送运输间接费用是指配送管理部门为管理和组织配送运输业务所发生的各项管理费用和业务费用。

10.2.2 冷链配送成本的控制

冷链配送成本的控制，应从四方面进行，如图 10-5 所示。

为维持一定的顾客服务水平，并使配送成本最小化，有如下五种策略，如图 10-6 所示。

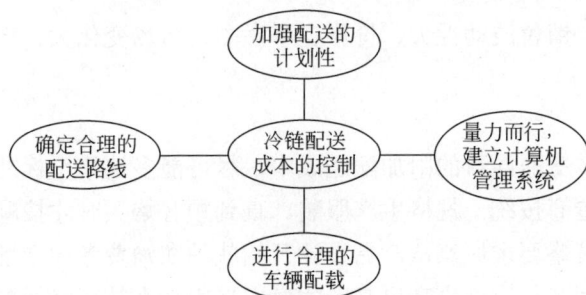

图 10-5 冷链配送成本的控制

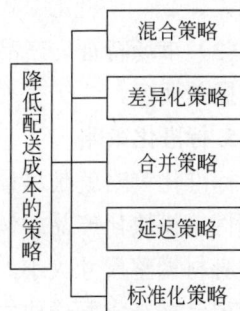

图 10-6 降低配送成本的策略

1. 混合策略

合理安排企业自身完成的配送和外包给第三方物流完成的配送，能使配送成本最低。

案例链接

美国一家干货产品生产企业为满足遍及全美的 1 000 家连锁店的配送需要，建造了 6 座仓库，并拥有自己的车队。随着经营的发展，企业决定扩大配送系统，计划在芝加哥投资 7 000 万美元再建一座新仓库，并配以新型的物料处理系统。该计划提交董事会讨论时，却发现这样不仅成本较高，而且就算仓库建起来，也还是满足不了需要。于是，企业把目光投向租赁公共仓库，结果发现，如果企业在附近租用公共仓库，增加一些必要的设备，再加上原有的仓储设施，企业所需的仓储空间就足够了，但总投资只需 20 万美元的设备购置费和 10 万美元的外包运费，加上租金，也远没有 7 000 万美元之多。

2. 差异化策略

产品特征不同，顾客服务水平也不同。企业拥有多种产品线时，不能对所有产品都按同一标准的顾客服务水平来配送，而应按产品的特点、销售水平，来设置不同的库存、运输方式及储存地点，忽视产品的差异性会增加不必要的配送成本。

案例链接

一家生产化学品添加剂的公司，为降低成本，按各种产品的销售量比重进行分类：A 类产品的销售量占总销售量的 70% 以上，B 类产品占 20% 左右，C 类产品则为 10% 左右。对 A 类产品，公司在各销售网点都备有库存；B 类产品只在地区分销中心备有库存，而在各销售网点不备有库存；C 类产品连地区分销中心都不设库存，仅在工厂的仓库才有存货。经过一段时间的运行，事实证明这种方法是成功的，企业总的配送成本下降了 20% 之多。

3. 合并策略

企业在安排车辆完成配送任务时，充分利用车辆的容积和载重量，做到满载满装。

4. 延迟策略

对产品的外观、形状及其生产、组装、配送，应尽可能推迟到接到顾客订单后再确定。一般说来，实施延迟策略的企业应具备以下几个基本条件。

（1）产品特征。模块化程度高，产品价值密度大，有特定的外形，产品特征易于表述，定制后可改变产品的容积或重量。

（2）生产技术特征。模块化产品设计，设备智能化程度高，定制工艺与基本工艺差别不大。

（3）市场特征。产品生命周期短、销售波动性大、价格竞争激烈、市场变化大、产品的提前期短。

5. 标准化策略

标准化策略就是尽量减少因品种多变而导致的附加配送成本，尽可能多地采用标准零部件、模块化产品。例如，服装制造商按统一规格生产服装，直到顾客购买时才按顾客的身材调整尺寸大小。采用标准化策略要求厂家从产品设计开始就站在消费者的立场去考虑怎样节省配送成本，而不要等到产品定型生产出来了才考虑采用什么技巧降低配送成本。

10.3 冷链配送中心绩效评价

10.3.1 冷链配送中心物流成本的全面分析

计算出冷链配送中心物流成本之后，可以计算出以下各种比率，再用这些比率来考察配送中心物流成本的实际状况，还可以与同行业其他企业比较，或者与其他行业比较。

1. 单位销售额物流成本率

$$单位销售额物流成本率 = 物流成本 / 销售额 \times 100\%$$

单位销售额物流成本率越高，则对价格的弹性越低。从连锁企业历年的数据中大体可以了解其动向，另外，通过与同行业其他企业和不同行业进行比较，可以进一步了解配送中心的物流成本水平。该比率受价格变动和交易条件变化的影响较大，因此作为考核指标还存在一定的缺陷。

2. 单位成本物流成本率

$$单位成本物流成本率 = 物流成本 / 总成本 \times 100\%$$

根据单位成本物流成本率来确定企业内部物流合理化目标。

3. 单位营业费用物流成本率

$$单位营业费用物流成本率 = 物流成本 /（销售额 + 一般管理费）\times 100\%$$

通过物流成本占营业费用（销售额 + 一般管理费）的比率，可以判断连锁企业物流成本的比重，而且这个比率不受进货成本变动的影响，得出的数值比较稳定，因此适合于做连锁企业配送中心物流合理化指标。

4. 物流职能成本率

$$物流职能成本率 = 物流职能成本 / 物流总成本 \times 100\%$$

该指标可以明确包装费、运输费、保管费、装卸费、流通加工费、信息流通费及物流管理费等各物流职能成本占物流总成本的比率。

10.3.2 配送中心内部绩效与外部绩效

1. 物流中心内部绩效衡量内容

物流中心内部绩效衡量内容见表 10-1。

表 10-1 物流中心内部绩效衡量内容

物流成本	物流顾客服务	物流生产率	物流资产管理	物流质量管理
总成本分析	填写单据速度	每个雇员发送的单位与以往数据对比	存货周转率	损坏频率
单位成本	是否有现货	目标	库存成本	损坏金额
销售百分比	运送错误	实现的情况	存货水平（日供应量）	顾客退货数
仓储费用	及时发送	生产率	过时存货	退货费用
采购运输费用	订货完成时间	指标	投资报酬率	
配送运输费用	顾客反馈		净资产收益率	
行政管理费用	销售部门反馈			
订货处理费用	顾客调查			
劳动力成本				
实际与预算的比较				
成本趋势分析				
商品的直接利润率				

2. 物流中心外部绩效评价

本部分以某连锁生鲜商业企业为例，从顾客的角度来分析。物流中心外部绩效评价内容见表 10-2。

表 10-2　物流中心外部绩效评价内容

订货服务	送货服务	增值服务	其他服务
订货截止时间	交货时间	库存服务水平要求	交接地点协议
订货单位	送货频率	信息提供	退货处理
订货损坏情况	确定送货到达的时间带	流通加工服务	废弃物处理
提供紧急订货服务	准时交货		
	送货及时性		
	送货人员的服务态度		

10.3.3　配送中心物流成本的详细分析

通过对配送中心物流成本的详细分析，可以了解物流成本的变化情况及变化趋势，但是对引起物流成本变化的原因，还要进一步按照职能分类对物流成本进行详细分析，然后提出对策。详细分析所用的指标有以下几项。

1. 与运输、配送相关的指标

（1）装载率 $= \dfrac{实际载重量}{标准载重量} \times 100\%$

（2）车辆开动率 $= \dfrac{月总开动次数}{拥有台数} \times 100\%$

（3）运行周转率 $= \dfrac{月总运行次数}{拥有台数} \times 100\%$

（4）单位车辆月行驶里程 $= \dfrac{月总行驶里程}{拥有台数}$

（5）单位运量运费 $= \dfrac{运输费}{运输总量}$

（6）单位里程行驶费 $= \dfrac{月实际行驶费}{月总行驶里程}$（行驶费 = 修理费 + 内外胎费 + 油料费）

（7）无缺损运输率 $= \dfrac{无损失运输次数}{运输总次数} \times 100\%$

（8）运输完好率 $= \dfrac{完好运输次数}{运输总次数} \times 100\%$

2. 进出货作业效率化评估指标

（1）站台使用率 $= \dfrac{进出货车次装卸货停留总时间}{站台泊位数 \times 工作天数 \times 每天工作时数} \times 100\%$

（2）进货站台使用率 $= \dfrac{进货车次装卸货停留总时间}{进货站台泊位数 \times 工作天数 \times 每天工作时数} \times 100\%$

（3）站台高峰率 $= \dfrac{\text{高峰车速}}{\text{站台泊位数}} \times 100\%$

3. 人员负担和时间耗用指标

（1）每人每小时处理进货量 $= \dfrac{\text{进货量}}{\text{进货人员数} \times \text{每日进货时间} \times \text{工作天数}}$

（2）每人每小时处理出货量 $= \dfrac{\text{出货量}}{\text{出货人员数} \times \text{每日出货时间} \times \text{工作天数}}$

（3）进货时间率 $= \dfrac{\text{每日进货时间}}{\text{每日工作时数}} \times 100\%$

（4）出货时间率 $= \dfrac{\text{每日出货时间}}{\text{每日工作时数}} \times 100\%$

（5）每人每小时进出货量 $= \dfrac{\text{进货量} + \text{出货量}}{\text{进出货人员数} \times \text{每日进出货时间} \times \text{工作天数}}$

（6）进出货时间率 $= \dfrac{\text{每日进货时间} + \text{每日出货时间}}{\text{每日工作时数}} \times 100\%$

4. 储存作业的评估指标

（1）单位面积保管量 $= \dfrac{\text{平均库存量}}{\text{可保管面积}}$

（2）库存周转率 $= \dfrac{\text{出货量}}{\text{平均库存量}} \times 100\%$ 或 库存周转率 $= \dfrac{\text{营业额}}{\text{平均库存金额}} \times 100\%$

（3）库存管理费 $= \dfrac{\text{库存管理费用}}{\text{平均库存量}}$

5. 盘点作业评估指标

（1）盘点数量误差率 $= \dfrac{\text{盘点误差量}}{\text{盘点总量}} \times 100\%$

（2）盘点品项误差率 $= \dfrac{\text{盘点误差品项数}}{\text{盘点实施品项数}} \times 100\%$

（3）每件盘差商品的金额 $= \dfrac{\text{盘点误差品金额}}{\text{盘点误差量}}$

6. 订单处理作业指标

（1）日均受理单数 $= \dfrac{\text{订单数量}}{\text{工作天数}}$

（2）每订单平均订货数量 $= \dfrac{\text{出货量}}{\text{订单数量}}$

（3）日均商品订单 $= \dfrac{\text{营业额}}{\text{订单数量}}$

7. 拣货作业效率化的评估指标

（1）人均每小时拣货品项数 $= \dfrac{\text{订单总笔数}}{\text{拣货人员数} \times \text{每天拣货时间} \times \text{工作天数}}$

（2）批量拣货时间 $= \dfrac{\text{每日拣货时数} \times \text{工作天数}}{\text{拣货分批次数}}$

8. 装卸效率评估指标

（1）装卸效率 $= \dfrac{\text{实际装卸作业人时数}}{\text{标准装卸作业人时数}} \times 100\%$

（2）装卸设备开工率 $= \dfrac{\text{装卸设备实际开工时间}}{\text{装卸设备标准开工时间}} \times 100\%$

（3）单位工作总量修理费 $= \dfrac{\text{装卸设备修理费}}{\text{总工作量}}$

（4）单位人时工作量 $= \dfrac{\text{总工作量}}{\text{装卸作业人时数}}$

（5）装卸作业人时数 $= \dfrac{\text{作业人数}}{\text{作业时间}}$

9. 物流信息活动效率指标

（1）物流信息处理率 $= \dfrac{\text{物流信息处理数量}}{\text{标准物流信息处理数量}} \times 100\%$

（2）单位产品物流信息流通费 $= \dfrac{\text{物流信息流通费}}{\text{总产量}}$

10.4 冷链物流配送中心运作绩效管理

10.4.1 冷链配送中心作业效率的评估要素

1. 相关概念

1）绩效管理

"绩效"一词在英文里的含义为"表现"。绩效管理是指各级管理者和员工为了实现组织目标，共同参与的绩效计划制订、绩效辅导沟通、绩效考核评价、绩效结果应用、绩效目标提升的持续循环过程。绩效管理既是企业典型的人力资源管理问题，又是企业战略管理（strategic management）的一个非常重要的有机组成部分。

绩效管理强调的是对过程的监控，通过对行动过程中各项指标的观察与评估，保证战略目标的实现。它不是基于目标的管理（management-by-objective，MBO），而是基于事实的管理（management-by-fact，MBF）。因此绩效管理的出现，使得企业战略已不再是企业决策层少数几个人的任务，而是成为从 CEO（首席执行官）到每一位员工的事。

2）企业绩效评价

企业绩效评价是运用数理统计和运筹学方法，采用特定的指标体系，依据统一的评价标准，按照一定的程序，通过定量、定性分析，对企业在一定的经营期间内的经营效益和经营者的业绩，作出客观、公正和准确的综合判断。

评价内容重点在盈利能力、资产运营水平、偿债能力和发展能力等方面。

3）物流绩效

物流绩效通常是指物流活动中一定量的劳动消耗和劳动占用与符合社会需要的劳动成果的对比关系，即投入与产出的比较。物流活动是指运输、仓储、装卸、搬运、包装、流通加工、物流信息、配送等要素或功能的物流服务，包含物流增值服务。劳动成果是物流服务的内容、质量、水平及客户满意度。

4）配送中心绩效

配送中心绩效指配送中心依据客户订单在组织配送运作过程中的劳动消耗和劳动占用与所创造的物流价值的对比关系，或者是配送运作过程中配送中心投入的配送资源与创造的物流价值的对比。

5）配送中心绩效评价

配送中心绩效评价是对物流价值的事前计划与控制以及事后的分析与评估，以衡量配送中心配送系统和配送活动全过程的投入和产出状况的分析技术与方法。

目前被广泛应用的绩效管理框架主要是关键业绩指标法（Key Performance Indicator，KPI）和平衡计分卡（Balanced Score Card，BSC）。不过在我国，尤其在物流企业和物流相关企业中其运用不多。

KPI 的精髓，是指出企业业绩指标的设置必须与企业的战略挂钩，其"关键"两字即指在某一阶段一个企业战略上要解决的最主要的问题。例如，处于超常增长状态的企业，业务迅速增长带来企业的组织结构迅速膨胀、员工队伍极力扩充、管理及技能短缺、流程及规范不健全等，成为制约企业有效应对高增长的主要问题。解决这些问题便成为该阶段对企业具有战略意义的关键所在，绩效管理体系则相应地针对这些问题的解决设计管理指标。

根据赫兹伯格的"激励 - 保健"理论，可以把现有的 KPI 指数分为协调与管控部分和激励部分。协调与管控部分指的是高层管理采用何种管理措施与部门直接互动（包括流程的严谨度、时间的分配、管理重点等），一般包括"人力资源计划／流程""财务管控与计划／流程""营运管控与计划／流程"，可以直接用考评结果衡量；而"奖励""机会""价值观与信念"属于激励部分，指的是高层管理为激发整体管理团队所采取的明确激励措施，一般不好考评。

根据我国物流企业的机构设置、物流组织定位及国外物流公司的最佳实践，物流绩效的管理最好是建立在以物流能力为核心，以供应链成本和最终客户满意度的灵敏性分析为基础以及公司与物流部门的绩效考核的基础上。具体的衡量体系可以由三部分组成：供应链物流能力考核、公司物流绩效考核以及物流部门绩效考核。

2. 配送中心绩效评价目标

（1）通过评价服务水平和配送成本，并与以往进行比较分析，向管理者和顾客提供绩效评估报告。

（2）应用配送系统标准体系实时对配送系统运作绩效进行控制，以此改进配送运作程序、调整运作方式。

（3）评价配送中心各业务部门和人员的工作绩效，达到激励员工、实现更优化配送运作效率的目的。

（4）评价配送中心作业绩效，了解配送中心空间、人员、设施、物品、订单、时间、成本、品质、作业规划等各个要素的状况，以便做出改进的措施。

3. 配送中心绩效评价的作用

（1）提出和追踪物流运作目标以及完成情况，并进行不同层次和角度的分析与评价，实现对物流活动的事先控制。

（2）判断配送中心目标的可行性和完成程度，进而调整物流目标。

（3）提升物流绩效。

（4）是企业内部监控的有效工具和方法。

（5）分析和评估配送中心资源素质与能力，确定物流发展战略。

4. 影响配送中心绩效评价的因素

1）快速响应

快速响应关系到配送中心能否及时提供满足顾客需求的配送服务。时间是衡量效率最直接的因素，最能体现配送中心的整体作业能力。因此，配送中心要缩短顾客从订货到收货的时间，使配送活动能在较短的时间内完成。信息技术提升了在较短的时间内完成作业和尽快交付顾客所需物品的能力，使用信息技术，配送中心把作业的重点从过去根据预测储备大量的物品转移到根据顾客需求进行配货和送货方面上来。

2）最小变异

变异是指破坏系统稳定的任何意想不到的事件，最小变异用来衡量配送活动的服务质量有无达到客户满意的水平。顾客的最大担心是供应不能保证，因此配送重要的一点是必须提升对顾客供应的保障能力。配送中心应做到：减少缺货次数；根据顾客的指示把货物交付到正确的地点；按时按质送货。

配送中心要根据顾客的要求进行配送，特别是当出现特殊情况时，按时按质送货就显得尤为重要。特别需要强调的一点是，配送中心的供应保障能力是一个科学的、合理的概念，而不是无限的概念。具体来讲，如果供应保障能力过高，超过了实际的需要，就会增加成本，这也是不合理的，所以配送中心的供应保障能力是有限度的。

5. 配送中心作业绩效评价指标的选择

1）选择评价指标的原则

（1）能反映组织整体或个别作业单位的业绩。

（2）确实反映负责人或经理人的努力程度，同时，对于不是其所能控制的因素也能适当显示。

（3）有助于问题点的分析，这样才能协助企业找到加强改进的方向。

因此，本书选取的配送中心业绩评价指标，既包含整体评价指标，又包含个别作业单位评价指标。同时，由各个作业的切入，考查各部门人员的努力程度。

2）配送中心作业绩效评价指标

配送中心的基本作业流程由进出货、储存、盘点、订单处理、拣货、配送、采购作业以及总体策划八个部分组成。配送中心作业绩效评价指标的选择主要依据配送中心作业效率评估的八大要素。

（1）设施空间利用率。此指标衡量整个配送中心空间设施是否已充分利用。

所谓设施，指除人员、设备以外的一切硬件，包括办公室、休息室、仓储区、拣货区、收货区和出货区等区域空间的安排及一些消防设施等周边硬件。

所谓设施空间利用率，就是针对空间利用度、有效度做考虑，即提高单位征地面积的使用率。要考虑货架、仓储区的储存量、每天理货场地的配货周转次数等。但是要注意，在追求空间利用率时，不要导致额外的搬运成本。

（2）人员利用率。此指标衡量每一个人员有无尽到自己最大的能力。

对于人员作业效率的考核分析，是每一个企业经营评估的重要指标。人员利用率考核评估主要从六方面着手，见表 10-3。

表 10-3 人员利用率考核指标说明

指标名称		应用说明
人均配送量	配送量 配送人员数	评估配送人员的工作分工（距离、重量、车次）及其作业贡献度（配送量），以衡量配送人员的能力负荷与作业绩效，确定是否增添或减少司机人手，在保证安全驾驶和成本控制之间取得平衡。
人均配送体积重量	配送总体积重量 配送人员数	若人均配送体积重量较高，配送人员装卸货工作量较大，配送时间过长，应考虑增加配送人员来减轻负荷。 若人均配送量、人均配送体积过低，表示配送人员的工作量负荷较低，应减少配送人员或扩大业务量。
人均配送距离	配送总距离 配送人员数	若人均配送量高、人均配送距离低，可推测虽然客户订货量很大，但多属轻负荷货品。应考虑增加每次配送装备载量，或减少配送次数及人员数。
人均配送吨公里	配送总吨公里 配送人员数	若人均配送距离过大，配送人的配送时间较长，则不利于安全驾驶。①可考虑增加配送人员。②通过调整配送路线调整距离。
人均配送车次	配送总车次 配送人员数	若人均配送量、人均配送距离、人均配送重量皆不高，但人均配送车次较高，表示针对客户即时需求的配送比例较高。应检讨服务策略，降低配送次数。若无法降低配送次数，则应考虑增加配送人员。
人均驾驶时间	总配送驾驶时间 配送人员数	人均驾驶时间主要涉及安全驾驶的法规要求

① 人员编制。要求人员的分配达到最合理化程度，避免忙闲不均，包括作息时间的安排。

通常要研究以下四方面的问题：工作需要性；工作量（劳逸合理性）；人员流动性；加班合理性。

② 员工待遇。员工待遇是指企业为员工提供的各类物质回报与非物质回报的综合体系，涵盖薪酬、福利及工作条件等多维度内容。其核心构成包括：基本薪酬（基于岗位价值与技能水平的固定收入）、绩效激励（奖金、提成等与业绩挂钩的浮动报酬）、法定

福利（五险一金、带薪休假等强制性保障），以及补充福利（如交通/餐费补贴、商业保险、培训机会等提升生活质量的非现金福利）。此外，工作环境舒适度、职业发展通道等非物质因素也属于广义待遇范畴。该体系既体现劳动价值对价，也承担着人才吸引与保留的功能。

③ 人员效率。人员效率管理的目的，是提高人员的工作效率，使每一个作业人员作业期间能发挥最大的生产效率。也就是说，掌握操作人员的作业速度，使配送中心的整体水平处理量相对提高。

（3）设备利用率。此指标衡量资产设备有无发挥最大产能。

配送中心的设备主要用于保管、搬运、存取、装卸、配送等物流作业活动。由于各种作业有一定的时间性，设备工时不容易计算，通常由增加设备移动时间和提高设备每单位时间内的处理量来达到提高设备利用率的目的。

（4）商品、订单效率。此指标衡量商品销售贡献是否达到预定目标。

配送中心应该抓好以下几项工作。

① 通过对配送中心的出货情况分析，提示采购人员调整水平结构。

② 根据客户的需求，快速拆零订单。

③ 严格控制配送中心的库存，留有存货以减小缺货率。同时要避免过多的存货造成企业资金积压、商品质量问题等损失。

（5）作业规划管理能力。此指标衡量目前管理阶层所做的决策规划是否合适。

规划是一种手法，用来拟定根据决策目标应采取的行动。规划的目的是为整个物流活动过程选择合理的作业方式、正确的行动方向。

要达到订单最佳的产出效果，规划管理人员必须先决定作业过程中最有效的资源组合，才能配合环境，设计出最好的资源方式，来执行物流运作过程中每一环节的工作。这里面及时修正是很重要的一环。

（6）时间效益率。此指标衡量每一作业有无掌握最佳时间。

缩短资源时间，一方面可使工作效率提高，另一方面可使交货期限提前。

时间是衡量效率最直接的因素，最容易看出整体作业能力是否降低。例如：

某段时间搬运了多少商品？

平均一小时配了多少箱商品？

平均每天配送了多少家门店的货？

从而很容易了解配送中心整体经营运作的优劣，促使管理人员去寻找问题的症结。

评估时间效益，主要是掌握单位时间内收入、产出量、作业单元数及各作业时间比率等情况。

（7）成本率。此指标衡量此项作业的成本费用是否合理。

配送中心的物流成本，是直接或间接用于收货、储存保管、拣货配货、流通加工、信息处理和配送作业的费用的总和。

（8）质量水平。此指标衡量配送中心服务质量有无达到客户满意的水准。

所谓质量，不仅包括商品的质量优劣，还包括各项物流作业特殊的质量指标，如耗损、缺货、呆滞品、维修、退货、延迟交货、事故、误差率等。

对于物流质量的管理，一方面，要建立合理的质量标准；另一方面，需更加重视存货管理及作业过程的监督，尽可能避免不必要的损耗、缺货、不良率等，以降低成本，提高客户的服务质量。

维持和提高质量标准，其对策不外乎从人员、商品、机械设备和作业方法四个方面着手。

10.4.2　冷链物流配送中心绩效评估指标

1. 进出货作业

1）进货

进货作业包括接收商品、装卸搬运、码托盘、核对该商品的数量及质量（主要是外表质量）、签单，然后将有关信息书面化等一系列工作。

2）出货

出货作业是指对拣选分拣完的商品，做好复核检查，并根据各辆卡车或配送路径将商品搬运到理货区，而后装车配送的物流活动。

3）配送中心管理人员需研究的问题

（1）进出货作业人员的工作量安排是否合理？

（2）进出货装卸设备效率如何？

（3）站台停车泊位利用率如何？

（4）供应商进货时间的控制如何？

（5）客户、门店要求交货的时间集中度控制如何？

4）进出货作业效率化评估指标

（1）空间利用率。此指标考核站台的使用情况，是否因数量不足或规划不佳造成拥挤或低效。

$$站台使用率 = \frac{进出货车次装卸货停留总时间}{站台泊位数 \times 工作天数 \times 每天工作时数} \times 100\%$$

注意若采用进出货站台分开的配送中心，则

$$进货站台使用率 = \frac{进货车次装卸货停留总时间}{进货站台泊位数 \times 工作天数 \times 每天工作时数} \times 100\%$$

$$出货站台使用率 = \frac{出货车次装卸货停留总时间}{出货站台泊位数 \times 工作天数 \times 每天工作时数} \times 100\%$$

（2）站台高峰率。站台高峰率指标考核的是站台在高峰时段的实际使用效率，反映其处理进出货作业的饱和程度与能力匹配情况。

$$站台高峰率 = \frac{高峰车数}{站台泊位数} \times 100\%$$

改善对策：

若站台使用率偏高，表示站台停车泊位数量不足，而造成交通拥挤，可采取下列措施。

① 增加停车泊位数。

② 为提高效率，要做好时段管理，让进出配送中心的车辆有序地行驶、停靠、装卸货作业。

③ 增加进出货人员，加快作业速度，减少每辆车停留装卸时间。

若站台使用率低、站台高峰率高，表示虽车辆停靠站台时间平均不高，站台停车泊位数量仍有余量，但在高峰时间进出货仍存在拥挤现象，此种情况主要是没有控制好进出货时间引起的。关键是要将进出货车辆的到达作业时间岔开，可采取以下措施。

① 要求供应商依照计划准时送货，规划出对客户交货的出车时间，尽量减少高峰时间的作业量。

② 若无法与供应商或客户就分散高峰期流量达成共识，则应特别安排人力在高峰时间工作，以保持商品快速装卸搬运。

（3）人员负担和时间耗用。此指标考核进出货人员工作分配及作业速度，以及目前的进出货时间是否合理。

$$每人每小时处理进货量 = \frac{进货量}{进货人员数 \times 每日进货时间 \times 工作天数}$$

$$每人每小时处理出货量 = \frac{出货量}{出货人员数 \times 每日出货时间 \times 工作天数}$$

$$进货时间率 = \frac{每日进货时间}{每日工作时数} \times 100\%$$

$$出货时间率 = \frac{每日出货时间}{每日工作时数} \times 100\%$$

若进出货人员共用，则以上指标应将进出货量、时间合并加总：

$$每人每小时进出货量 = \frac{进货量 + 出货量}{进出货人员数 \times 每日进出货时间 \times 工作天数}$$

$$进出货时间率 = \frac{每日进货时间 + 每日出货时间}{每日工作时数} \times 100\%$$

改善对策：

若每人每小时处理进出货量高，且进出货时间率也高，表示进出货人员平均每天的负担不轻，原因出在配送中心目前的业务量过大。可考虑增加进出货人员，以减轻每人的工作负担。

若每人每小时处理进出货量低，但进出货时间率高，表示虽配送中心一日内的进出货时间长，但每位人员进出货负担却很轻。其原因是，进出货作业人员过多和商品进出货处理比较繁杂、进出货人员作业效率较低。可考虑缩减进出货人员；对于工效差的问题，应随时督促、培训，同时应尽量想办法减少劳力及装卸次数（如托盘化）。

若每人每小时进出货量高，但进出货时间率低，表示上游进货和下游出货的时间可能集中于某一时段，以致作业人员必须在此段时间承受较高的作业量。可考虑平衡人员的劳动强度和避免造成车辆太多站台泊位拥挤，采取分散进出货作业时间的措施。

（4）设备移动率。此指标评估每台进出货设备承担的工作量是否合理、达标。

$$每台进出货设备每天装卸量 = \frac{出货量 + 进货量}{装卸设备数 \times 工作天数}$$

$$每台进出货设备每小时装卸货量 = \frac{出货量 + 进货量}{装卸设备数 \times 工作天数 \times 每日进出货时数}$$

改善对策：

若此指标数值较低，表示设备利用率差，资产过于闲置。应积极开拓业务，增加进出货量；如果业务工作量不可能扩大，则考虑将部分装卸设备移至他用（出租等）。

2. 储存作业

储存作业是指对存货或物品做妥善保管，充分利用仓库空间，注重库存控制，减少资金占用，降低保管成本，减少积压、过期、变质物品的物流活动。

在管理方面要求善于利用仓库空间，有效利用配送中心每一平方米面积；加强存货管理，保证存货可得性，降低存货的缺货率；防止存货过多而占用资源和资金。衡量储存作业的指标主要有以下几个。

1）设施空间利用率

储存作业中设施空间利用率考核的是仓库或储位实际使用面积（或体积）与可用总面积的比率，反映仓储空间的利用效率。

$$储区面积率 = \frac{储区面积}{配送中心建筑面积} \times 100\%$$

$$可使用保管面积率 = \frac{可保管面积}{储区面积} \times 100\%$$

$$储位容积使用率 = \frac{存货总体积}{储位总容积} \times 100\%$$

$$单位面积保管量 = \frac{平均库存量}{可保管面积}$$

$$平均每品项所占储位数 = \frac{货架储位数}{总品项数}$$

平均每品项所占储位数若能规划在 0.5~2.0 之间，即使无明确的储位编号，也能迅速存取商品，不至于造成储存、拣货作业人员找寻困难，也不会产生同一品项库存过多的问题。

2）库存周转率

这是考核冷链配送中心货品库存量是否适当、经营绩效的重要指标。

$$库存周转率 = \frac{出货量}{平均库存量} \times 100\% \ 或 = \frac{营业额}{平均库存金额} \times 100\%$$

周转率越高，库存周转期越短，表示用较少的库存完成同样的工作，使积压、占用在库存上的资金减少，也就是说，企业利润也随货品周转率的提高而增加。

改善对策：

缩减库存量。配送中心自行决定采购、补货的时机及存货量；建立预测系统；增加出货量。

3）库存管理费率

库存管理费率是衡量配送中心每单位存货的库存管理费用的指标。

$$库存管理费率 = \frac{库存管理费用}{平均库存量} \times 100\%$$

改善对策：

应对库存管理费用的内容逐一检讨分析，寻找问题予以改进。一般库存管理费用包括以下几方面。

（1）仓库租金。

（2）仓库管理费用。出库验收、盘点等人事费，安保费，仓库照明费，空调费，温调温控费，建筑物、设备及器具的维修费。

（3）保险费。

（4）损耗费（变质、破损、盘损等费用）。

（5）货品淘汰费用（流行商品过时、季节性商品换季等造成费用损失）。

（6）资金费用（如货品变价损失、机会成本损失等）。

例如，采取尽可能少量、频繁的订货，以减少库存管理费用。

4）呆废货品率

呆废货品率是用来测定配送中心货品损耗影响资金积压状况的指标。

$$呆废货品率 = \frac{呆废货品件数}{平均库存量} \times 100\%$$

或

$$呆废货品率 = \frac{呆废货品金额}{平均库存金额} \times 100\%$$

改善对策：

（1）验收时力求严格把关，防止不合格货品混入。

（2）检讨储存方法、设备与养护条件，防止货品变质。特别是对货品的有效期管理更应重视。

（3）随时掌握库存水平。特别是滞销品的处置，减少呆废货品积压资金和占用库存。

3. 盘点作业

盘点的目的是，通过经常定期或不定期的盘点库存，及早发现问题，以免造成日后出现更大的损失。

盘点作业中，以盘点过程中所发现的存货数量不符的情况作为评估重点。评价指标具体有以下两项。

1）盘点质量

$$盘点数量误差率 = \frac{盘点误差量}{盘点总量} \times 100\%$$

$$盘点品项误差率 = \frac{盘点误差品项数}{盘点实施品项数} \times 100\%$$

2）平均盘差品金额

$$平均盘差商品金额 = \frac{盘点误差金额}{盘点误差量}$$

4. 订单处理作业

从接到客户订货开始到准备着手拣货之间的作业阶段，称为订单处理。它包括接单、客户的资料确认、存货查询、单据处理等。其主要评价指标有以下几项。

1）订单分析

该指标通过对日均受理订单数、每订单平均订货数量和平均订货单价的分析，观察每天订单变化情况，以拟订客户管理策略及业务发展计划。

$$日均受理订单数 = \frac{订单数量}{工作天数}$$

$$每订单平均订货数量 = \frac{出货量}{订单数量}$$

$$平均订货单价 = \frac{营业额}{订单数量}$$

2）订单延迟率

该指标衡量交货的延迟状况。

$$订单延迟率 = \frac{延迟交货订单数}{订单数量} \times 100\%$$

改善对策：

（1）找出作业瓶颈，加以解决。

（2）研究物流系统前后作业能否相互支持或同时进行，谋求作业的均衡性。

（3）掌握库存情况，防止缺品。

（4）合理安排配送时间。

3）订单货件延迟率

该指标衡量配送中心是否应实施客户重点管理，使自己有限的人力、物力得到最有效的利用。

$$订单货件延迟率 = \frac{延迟交货订单数}{订单数量} \times 100\%$$

改善对策：

应考虑实施顾客 ABC 分析，以确定客户重要性程度，采取重点管理。例如，根据订单资料，按客户的购买量占配送中心营业额的百分比做客户 ABC 分析。尽可能减少重要客户延迟交货的次数，以提高服务水平。

4）紧急订单响应率

这是分析配送中心快速处理订单能力及紧急插单业务响应情况的指标。

$$紧急订单响应率 = \frac{未超过12小时出货订单}{订单数量} \times 100\%$$

改善对策：

制定快速作业处理流程及操作规程，以及快速送货计费标准。

5）缺货率

该指标衡量存货控制决策是否合理，以及是否应该调整订购点及订购量的基准。

$$缺货率 = \frac{接单缺货数}{出货量} \times 100\%$$

改善对策：

加强库存管理，登录并分析存货异动情况，掌握采购、补货时机，督促供应商送货的及时性。

6）短缺率

储存作业中短缺率考核的是实际库存与账面记录的差异比例，反映库存管理的准确性和货物缺失情况。

$$短缺率 = \frac{出货短缺数}{出货量} \times 100\%$$

改善对策：

（1）注重每位员工、每次作业的质量。

（2）做好每一作业环节的复核工作。

5. 拣货作业

拣货作业是配送作业的中心环节，是依据顾客的订货要求或配送中心的作业计划，准确、迅速地将商品从其储位或其他区域拣取出来的作业过程。拣货时间、拣货策略及拣货的精确度影响出货品质。除极少自动化程度较高的配送中心外，大多是靠人工配合简单机械化设备，耗费成本较多。拣货作业要素包括以下几个。

（1）拣货作业。每张客户订单至少包含一项商品，而将这些不同种类数量的商品从配送中心取出集中在一起，即称为拣货作业。

（2）拣货人员的负担及效率。由于拣货作业多数依靠人工配合简单机械化设备，是劳动力富集型的作业。因此，必须重视拣货人员的负担及效率的评估。

（3）拣货的时程、拣货的运用、拣货的精确度。拣货的时程及拣货的运用策略往往是接单出货时间长短最主要的决定性因素，而拣货的精确度更是影响出货质量的重要环节。

（4）拣货成本。拣货是配送中心最复杂的作业，其耗费成本比例不小，因此，拣货成本也是管理人员关心的重点。

拣货作业效率化的评估要素包括以下几个。

（1）人均作业能力。该指标衡量拣货的作业效率，以便找出在作业方法及管理方式上存在的问题。

$$人均每小时拣货品项数 = \frac{订单总笔数}{拣货人员数 \times 每天拣货时间 \times 工作天数}$$

提升拣货效率的方法是拣货路径的合理规划，储位的合理配置，确定高效的拣货方式，拣货人员数量及工况的合理安排，拣货的机械化、电子化。

（2）批量拣货时间。该指标衡量每批次平均拣货所需时间，可供日后分批策略参考。

$$批量拣货时间 = \frac{每日拣货时数 \times 工作天数}{拣货分批次数}$$

批量拣货时间短，表示拣货的反应时间很快，即订单进入拣货作业系统乃至完成拣取所费的时间很短。它特别有利于处理紧急订货。

（3）每个订单投入拣货成本。拣货作业效率化评估指标中每个订单投入拣货成本是指完成单个订单拣货作业所耗费的总成本（包括人工、设备、时间等费用），衡量拣货作业的经济性效率。

$$每订单投入拣货成本 = \frac{拣货投入成本}{订单数量}$$

$$每件商品投入拣货成本 = \frac{拣货投入成本}{拣货单位累计总件数}$$

（4）拣误率。这是衡量拣货作业质量的指标。

$$拣误率 = \frac{拣取错误笔数}{订单总笔数} \times 100\%$$

降低拣误率的主要措施是选择最合理的拣货方式，加强拣货人员的培训，引进条形码、拣货标签或电脑辅助拣货系统等自动化技术，以提升拣货精确度、改善现场照明度、检查拣货的速度。

6. 配送作业

配送是从配送中心将商品送达客户处的活动。要研究如何有效地配送（即用适当的配送人员、适合的配送车辆以及每趟车最佳运行路径来配送），以实现配送量大、装载率高。因此，人员、车辆及配送时间、规划方式都是配送中心管理人员在配送方面应该考虑的重点问题。

因配送造成的成本费用支出及因配送路途耽搁引起的交货延迟，也是必须注意的因素。

配送效率化的主要评估指标有以下几项。

1）人均作业量

这是评估配送人员工作能力及作业绩效的指标。

$$平均每人的配送量 = \frac{出货量}{配送人员数}$$

$$平均每人的配送距离 = \frac{配送总距离}{配送人员数}$$

$$平均每人的配送重量 = \frac{配送总重量}{配送人员数}$$

$$平均每人的配送车次 = \frac{配送总车次}{配送人员数}$$

2）车辆平均作业量

这是衡量车辆的空间利用率的指标。

$$平均每辆车的配送量 = \frac{配送总件数}{自车数量 + 外车数量}$$

$$平均每台车的吨公里数 = \frac{配送总距离 \times 配送总重量}{自车数量 + 外车数量}$$

$$平均每台车配送距离 = \frac{配送总距离}{自车数量 + 外车数量}$$

$$平均每台车配送重量 = \frac{配送总重量}{自车数量 + 外车数量}$$

3）空驶率

这是衡量车辆的运营效率的指标。

$$空驶率 = \frac{空车行驶距离}{配送总距离} \times 100\%$$

改善对策：

要减小空驶率，关键是做好"回程顺载"工作。可从"回收物流"着手，如"容器的回收（啤酒瓶、牛奶瓶）""托盘、笼车、拣货周转箱的回收""原材料的再生利用（如废纸板箱）"以及退货处理等。

4）车辆运行状况

这是评估车辆运行状况是否正常的指标。

$$配送车移动率 = \frac{配送总车次}{（自车数量 + 外车数量） \times 工作天数} \times 100\%$$

$$平均每车次配送吨公里数 = \frac{配送总距离 \times 配送总重量}{配送总车次}$$

5）外车比率

这是评估外车使用数量是否合理的指标。

$$外车比率 = \frac{外车数量}{自车数量 + 外车数量} \times 100\%$$

改善对策：

一般使用外雇车辆是为了满足季节性商品和节假日商品与平日形成的旺淡季供货状况的需求。若季节性商品比例较高，表示配送中心淡旺季出货量的差别很大，应尽量考虑多雇用外车、减少自车的数量。若季节性商品的比例很低，表示配送中心的淡旺季出货量的差别不大，应选择使用自车来提高配送效率。

6）配送成本考核

配送成本考核指标说明见表10-4。

表 10-4 配送成本考核指标说明

指 标	指 标 公 式	应 用 说 明
配送成本比率	$\dfrac{自车配送成本+外车配送成本}{物流总费用}\times100\%$	
每吨重配送成本	$\dfrac{自车配送成本+外车配送成本}{配送总重量}$	配送成本包括自车配送成本和外车配送成本。而一般租车的运费计算方式有以下几种：①以配送重量计算；②以配送量计算；③以配送车次计算；④以距离（客户点）计算；⑤以物品价值计算。
每立方米配送成本	$\dfrac{自车配送成本+外车配送成本}{出货品体积数}$	可以由每吨重、每立方米配送体积、每车次、每公里距离的配送成本来探求配送总成本花费过高的原因。
每单元配送成本	$\dfrac{自车配送成本+外车配送成本}{出货品总单元数}$	
每车次配送成本	$\dfrac{自车配送成本+外车配送成本}{配送总车次}$	
每公里配送成本	$\dfrac{自车配送成本+外车配送成本}{配送总距离}$	
配送延迟率	$\dfrac{配送延迟车次}{配送总车次}\times100\%$	掌握交货时间，尽量减少配送延迟情况，以确保公司信用度

改善对策：

若采用单独运行的配送成本偏高，应考虑采用"共同配送"策略，以降低较远距离、较少出货量而造成的过高配送成本。

7）配送延迟率

这是考核配送的准点率的指标。

$$配送延迟率=\frac{配送延迟车次}{配送总车次}\times100\%$$

往往造成配送延迟率过高的原因是：车辆、设备故障，路况不佳，供应商供货延迟、缺货以及拣货作业延迟。

配送时间效率考核指标说明见表 10-5。

表 10-5 配送时间效率考核指标说明

指 标	指 标 公 式	应 用 说 明
季节品比率	$\dfrac{本月季节品存量}{平均库存量}\times100\%$	配送对策： 若季节品比率很高，表示公司淡旺季配送量差距很大。考虑在旺季增加外雇车，以节省自车在淡季时的闲置成本。 若季节品比率很低，表示公司淡旺季差别不大。此时可考虑增添自车，来提高配送效率

指　　标	指标公式	应用说明
配送时间比率	$\dfrac{配送人员数 \times 工作天数 \times 正常班工作时数}{配送总时间} \times 100\%$	观察配送时间对配送的贡献度。 改善对策：若配送时间比率太低，说明资源利用率低。 （1）配送人员较少，以致花费较长时间配送。应增加配送人员来缩短配送时间，以便更迅速地交货。 （2）配送贡献度不高：①订货客户的距离较远，或出车次数太多，但出货量及营业额并无相应增加。②出货量少或出货商品计量方式不合理，与时间不成比率。 （3）配送效率问题。未能按路线分别规划配装货物。应按区域分配固定订货时间，尽量集中订货，减少零散订货量，也可提升配送效率
单位时间配送量	$\dfrac{出货量}{配送总时间}$	观察按照出货量计算的配送时间效率
单位时间配送生产力	$\dfrac{营业额}{配送总时间}$	观察按照营业额计算的配送时间效率

7. 采购作业

由于出货使库存量逐次减少，当库存量降到某一定点（即订货点）时，应马上采购补充商品。采用何种订购方式、供应商信用、货品质量是进货作业的重要环节，以防进货发生延迟、短缺，造成整个后续作业的困难。

采购作业效率的评估指标有以下几项。

1）出货品成本占营业额比率

这是衡量采购成本的合理性的指标。

$$出货品成本占营业额比率 = \frac{出货品采购成本}{营业额} \times 100\%$$

改善对策：

采取"集中采购"的方式，可以因一次采购量大而获得"数量折扣"，还可以减少采购的手续费。

2）货品采购及管理总费用

这是衡量采购与库存政策的合理性的指标。

$$货品采购及管理总费用 = 采购作业费用 + 库存管理费用$$

改善对策：

对于单价比较高的货品，其采购次数较多时费用较省；对于单价较低的货品，一次大量采购较为便宜。

3）进货数量误差率、进货次品率和进货延迟率

这是衡量进货准确度和有效率的指标，以配合调整安全库存。

$$进货数量误差率 = \frac{进货误差量}{进货量} \times 100\%$$

$$进货次品率 = \frac{进货不合格数量}{进货量} \times 100\%$$

$$进货延迟率 = \frac{延迟进货数量}{进货量} \times 100\%$$

8. 配送中心经营管理综合指标

整体评估方面，重点是配送中心资产营运、财务效益、人员等的评估。

1）配送中心评效

这是衡量配送中心单位面积（平方米）的营业收入（产值）的指标。

$$配送中心评效 = \frac{营业额（产值）}{建筑物总建筑面积}$$

2）人员作业能力

这是衡量配送中心的人员单产水平的指标。

$$人员作业量 = \frac{出货量}{配送中心总人数}$$

$$人员作业能力 = \frac{营业额}{配送中心总人数}$$

改善对策：

有效地利用省人化物流机械设备，减少配送中心从业人员，首先考虑削减间接人员，尤其是当直间工比率不高时。

3）直间工比率

这是衡量配送中心作业人员及管理人员的比率是否合理的指标。

$$直间工比率 = \frac{一线作业人数}{配送中心总人数 - 一线作业人数} \times 100\%$$

4）固定资产周转率

这是衡量配送中心固定资产的运行绩效的指标，评估所投资的资产是否充分发挥效用。

$$固定资产周转率 = \frac{产值}{固定资产总额} \times 100\%$$

5）产出与投入平衡率

这是判断是否维持低库存量的指标。

$$产出与投入平衡率 = \frac{出货量}{进货量} \times 100\%$$

改善对策：

产出与投入平衡率是指进出货件数比率。如果想以低库存作为最终目标，且不会出现缺货现象，则产出与投入平衡率最好控制在 1 左右，而实现整改目标的关键是切实做好销售预测。

10.4.3　冷链配送中心作业绩效评价分析

1. 冷链配送中心作业绩效评价指标的分析

1）作业绩效评价分析方法

（1）比较分析法。比较分析法是指对两个或几个有关的可比数据进行对比，揭示差异和矛盾的方法。比较分析法是最基本的方法，没有比较，分析就无法开始。

比较分析法可按比较对象（和谁比）和比较内容（比什么）分类。

（2）功效系数法。功效系数法是指根据多目标规则原理，将所要考核的各项指标分别对照不同分类和分档的标准值，通过功效函数转化为可以度量计分的方法。它是配送中心绩效评价的基本方法，主要用于配送中心定量指标的计算分析。

（3）综合分析判断法。综合分析判断法是指综合考虑影响配送中心绩效的各种潜在或非计量的因素，参照评议参考标准，对评议指标进行印象比较分析判断的方法，主要用于定性分析。

2）作业绩效评价指标的分析

作业绩效评价指标分析的步骤如下：①判断数据的好坏；②发现问题点；③确定问题；④查找原因；⑤寻找解决方法。

3）作业绩效评价问题的解决

在所有问题点中确定亟待解决的问题：①收集有关事实，确定改善目标；②分析事实，检讨改善方法；③拟订改善计划；④试行改善；⑤评价试行实施结果，并使之标准化；⑥制定管理标准、执行标准。

2. 顾客服务绩效评价分析

1）冷链配送中心服务的可得性

可得性是指当顾客需要时，能够满足顾客需求的能力。衡量可得性一般采用以下三项指标：①订货完成率；②缺货频率；③供应比率。

2）冷链配送中心的作业绩效

作业绩效可通过订发货周期、一致性、灵活性、故障与恢复等指标进行衡量。

3）冷链配送中心顾客服务的可靠性

（1）物流绩效倍增系统。物流绩效倍增系统是一个对企业现有物流条件进行一系列改善，以提升物流绩效的方法体系。它的核心点主要有三个：绩效、分析、检查与管理。它们的英文单词第一个字母合在一起为 PAC，所以该系统又被称为 PAC 系统。

（2）物流绩效倍增系统的运作程序。①收集日常物流配送工作各项数据资料，确定各项作业耗费的生产工时。②分析各物流工作岗位的绩效损失原因。③根据科学方法来确定每个物流配送工作岗位的标准工时。④测算物流绩效的损失状况。⑤消除物流绩效损失。

即测即练

第 11 章　冷链供应链平台案例分析

11.1　一站式数字海洋（渔业）服务平台

11.1.1　企业基本情况及介绍

宁波海上鲜信息技术股份有限公司（以下简称"海上鲜"）于 2015 年创办，注册资金 2 亿元，国家高新技术企业，是国内领先的基于"卫星+互联网+渔业"的一站式数字海洋（渔业）服务平台，提供包括海上通信、海鲜交易、供应链、海上指挥加油的全链条服务。海上鲜以发展数字海洋经济为目标，以帮助渔民获利增收为驱动，提供便民服务，业务范围从宁波辐射到全国沿海城市。2015—2023 年期间，海上鲜已完成 6 轮融资，募集资金总额约为 4.04 亿元人民币。其股东包含多家上市公司、知名基金和国有资本。

海上鲜先后入选商务部全国首批线上线下融合发展数字商务企业、由农业农村部等八部委评审通过的全国供应链创新与应用试点企业等，斩获 2021 年第五届浙江省农村创业创新大赛一等奖、2020 年"直通乌镇"全球互联网大赛总决赛第一名等多项荣誉。海上鲜积极参与我国渔业信息化建设，致力于我国乡村渔港、渔业的伟大复兴，积极创新数字海洋（渔业）发展新模式，带动沿海渔港站点的渔业从业人员走向共同富裕，助力渔业供给侧结构性改革和蓝色海洋经济的数字化转型升级。

11.1.2　供应链创新背景

渔业作为浙江省农业的重要支柱和农业经济的重要组成部分，其经济产值、国内外市场占有率均名列全国前茅。浙江省作为全国海洋渔业强省，已形成配套完善的渔业产业链条。近年来，产业数字化、智能化成为加快经济发展的驱动力，"三农"经济作为全面建设社会主义现代化国家的重要部分，通过集成应用互联网、大数据、人工智能、北斗导航、卫星遥感等现代信息技术，开展各项数字农业建设。数据作为基础性资源，已经成为新的生产要素，驱动农业经济和农业供应链产业的快速、高效发展。

海上鲜针对海洋渔业供应链发展的实际需求，充分贯彻以服务渔业、渔民为中心的理念，将渔业数字化发展作为战略目标。其依托线上的信息平台优势和线下服务，注重创新，紧紧围绕四大服务，快速融入各渔港站点，深入渔业产业链，建立一站式数字海洋（渔业）服务平台。

传统渔业生产过程中，渔民常面临海上通信信号弱、资费高、普及率低、海陆通信不畅的问题，受网络、通信方式等限制，交易信息局限。另外，传统的交易环节冗长，造成渔货新鲜度降低。由于季节性因素，企业资金需求大，再加上渔货的特殊性，渔业从业者存在融资难、融资贵等难题。在海上作业时，渔船对燃油的需求量大，来回补给燃料油导致渔民成本增加。这些痛点在一定程度上阻碍了渔业经济的发展。

海上鲜在互联网、物联网、大数据等技术引领下对海产品的交易模式、冷链仓储等进行创新，用产业互联网模式赋能传统渔业产业链，推动渔业供给侧结构性改革，引导传统渔业向智慧渔业转型发展。海上鲜主要产品如图 11-1 所示。

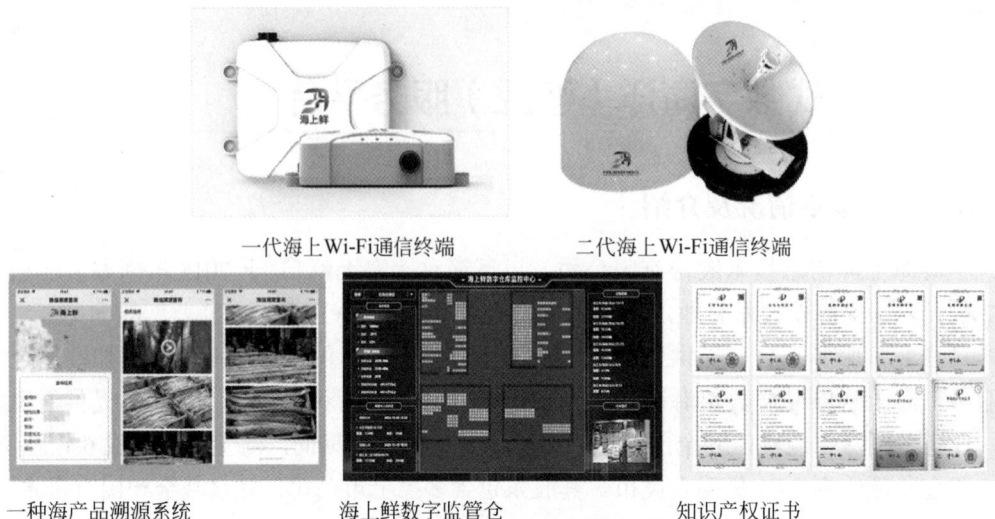

一代海上Wi-Fi通信终端　　　　　二代海上Wi-Fi通信终端

一种海产品溯源系统　　　　海上鲜数字监管仓　　　　知识产权证书

图 11-1　海上鲜主要产品

11.1.3　供应链创新模式和特点

为顺应数字化转型发展趋势，海上鲜将信息技术率先应用到传统渔业产业链，通过给上下游提供增值服务的方式来分享价值，开展多种渔业增值服务，极大地提高了渔业产业链交易效率。

1. 建立现代化供应链管理体系

海上鲜在发展过程中，充分发挥自身的竞争优势，不断引入先进的网络和信息技术，确保业务不断创新，同时对需求、生产等信息准确把握，及时对市场需求作出反应，保持企业在渔业市场竞争中的高灵敏度，并将渔民、供应商等水产上下游企业有机组合，助力双方利益共享、合作共赢。

在市场低迷走弱的环境下，海上鲜利用"互联网+渔业"的现代化模式，改变原本传统、落后、低效的海鲜交易模式，适应市场需求，抓住市场的突破口，降低上、下游的沟通成本和贸易成本，促进海产品高效交易。其帮助渔业从业者树立信心，稳定交易大盘合理行情，带动渔民共同富裕。

2. 打造高效柔性数字供应链

海上鲜以数字化渔业为导向，聚焦供应链科技、数字经济，以区块链、大数据、云计算、物联网等关键技术为基础，依托大数据分析，创新供应链服务模式。

以数字化智慧管理、共享存储为理念提供数字冷库仓储服务。通过前端的精细化运营、信息的及时反馈推送，后端进行供应链柔性管理，共同构成闭环。同时进行供应链组织方式创新，促进协同协作、资源整合和综合服务。海上鲜创新模式提高了渔业运营效率，提升了上下游体验感和满意度，降低了沟通成本，推动了收益共享，在不利条件的影响下仍逆风而上。

海上鲜针对渔船捕捞回港加油效率低下、燃油成本高、资金压力大等痛点，打造"海上智慧加油"服务模式。其基于大数据分析，通过规划运油船最优路径，完成渔船燃料油的海上补给，减少两头的油耗成本，减少渔民出海燃料油成本、增加渔船作业时间。同时，通过银行产品通道，为资金压力大的渔民用户链接银行融资渠道，实现"先加油，后付款"。该系统获得 2021 浙江数据开放创新应用大赛二等奖。

3. 建设节能低碳绿色供应链

海上鲜积极响应"十四五"规划中"以数字化转型整体驱动生产方式、生活方式和治理方式变革"的号召，通过信息系统、互联网、物联网等技术，构建绿色供应链管理平台，与渔业上下游客户建立直接联系，利用智能化大数据精准把握两端需求，形成新业态驱动、大数据支撑、网络化共享的供应链体系，实现信息共享、资源协同、业务协作，提升了交易效率，降低了资源投入和消耗，促进了平台交易一体化和均衡协调运作。通过线上下单完成交易，实现供应链绿色发展。

4. 加强供应链风险防范

海上鲜从供应链产业链整体出发，运用科技手段，整合货物流、资金流、信息流，构建渔业上下游企业一体化的融资供给体系和风险评估体系。基于电子围栏、视频监控、电子标签、智能预警、智能仓储管理系统五大技术，结合业务风险合规评估，实现对仓库质押品的有效控制，实时记录货品的位置、体积、重量的变化，形成审批数据，远程视频 360 度掌控。依托视频分析技术实现冷库智能监管，提高"智能监管冷库"体系的决策效率，实现冷库风险的精准预测，并提供科学、高效的应急处置机制。

除此之外，为解决渔民海上作业的安全隐患问题，海上鲜与政府合作开发"浙里惠渔"一站式渔民数字服务应用，打造全覆盖的渔业监管场景，从"事后救助"转向"事前预防"，提高航行安全智能预警水平，降低渔船碰撞率，实现安全预警机制。

目前"浙里惠渔"一站式渔民数字服务应用已入选浙江省农业农村数字化改革第一批"优秀应用"名单，并入选宁波市首批数字化改革"最佳应用"，成为渔业安全数字化首选品牌。

海上鲜核心服务如图 11-2 所示。

11.1.4 供应链创新成效

1. 经济效益

海上鲜一直以来积极开展供应链创新与应用，致力于我国海洋渔业数字化转型升级，通过线上、线下结合，提供共享冷库服务，还破解了渔货"存储杂"的问题，搭建"智能监管冷库"体系，实现冷库在线共享、高频使用、降本增收，渔货就近储存、线上流通、智能监管。另外，海上鲜利用科学技术搭建渔货交易平台，链接银行融资渠道，破解渔民"融资难"问题，使渔业上下游企业能够最快获得银行的资金支持。海上鲜不断对海产品的交易模式进行创新，助力渔业中小企业生产管理智能化和信息化，提高全要素产业效能，加速数字化向传统渔业领域多端延伸，全力推进现代海洋渔业供给侧结构

图 11-2　海上鲜核心服务

性改革，促进渔业捕捞生产节本增效，拓展销售渠道，为渔民增收，为水产企业减负。

2. 社会效益

海上鲜拥有大数据工程（技术）中心，技术研发团队创新能力强，坚持以科技为先导、以市场为导向，注重科技投入，自主研发多项系统及程序，致力于供应链技术的研究开发和改良，并先后与多家高校和研究院进行产学研合作，建立起产学研相结合的自主创新平台。

3. 人才培养

公司内部设立了以企业文化为根基、以企业战略为核心的商学院，通过合理、有效的培训模式，及时把管理层的理念和项目战略方向等传递给所有员工，从而提升供应链平台创新性，保障组织活力与员工工作激情，为企业发展提供原动力。

11.1.5　供应链创新经验总结及未来发展规划

为了适应国际环境不稳定性提高和新一轮技术变革的要求，海上鲜也在不断提升产业链供应链现代化水平，走以国内大循环为主体、国际国内循环相互促进的路子，推动渔业产业链上下游协同发展。

（1）加快数据互通、共享。充分挖掘并发挥现有渔业大数据价值，在确保数据安全的前提下，加快数据互通、共享，构建全面翔实且动态更新的渔业数据库，加强政企在数据应用方面的优势互补，更好地提高现代海洋渔业经济发展效率。

（2）强化资源整合利用。增强效能，做强渔业供应链服务功能，提高开发和运行效率。

（3）通过科技赋能，打造集海洋捕捞管理、海产品流通管理、渔产品仓储运输、渔业科技服务于一体的全产业链发展新模式，全面做深做强渔业全产业链服务，赋能全国海洋经济高质量发展。

（4）通过加强产业集群建设，加快传统渔业转型升级。目前海上鲜积极参与沿海渔港经济建设，负责海洋产业项目数字化运营，如象山中国水产城交易中心平台项目、吉林珲春海洋经济示范区冷链物流基地示范项目等。通过持续增强产业链供应链竞争优势，助力渔业供给侧结构性改革和蓝色海洋经济的数字化转型升级。

11.2 享运共配城市物流服务平台

11.2.1 企业基本情况介绍

上海交运集团系上海市国资委系统骨干企业，注册资本 14.39 亿元，资产总额 115 亿元，被中国企业联合会评为"2015 年中国服务业企业 500 强"第 257 名，"上海企业 100 强"第 57 名和"上海服务业企业 50 强"第 32 名，被上海港口行业协会评为三星级诚信创建企业。上海交运沪北物流发展有限公司（以下简称"交运沪北"）为上海交运集团的全资子公司。

交运沪北为全国道路货物运输一级企业，拥有约 4 000 辆货运车辆，物流配送仓储面积达 18 万平方米，其中包括 3 座现代化冷库，在上海市商业端市内配送中扮演重要角色。公司主要提供供应链管理、道路货物运输（除危险化学品）、搬运装卸、货物运输代理、第三方物流、仓储（除危险化学品）、包装、自有设备租赁、自有房屋租赁，以及汽车配件、金属材料、金属制品、建材、日用百货、五金交电、橡塑制品、机械设备、化工原料及产品（除危险化学品、监控化学品、烟花爆竹、民用爆炸物品、易制毒化学品）、润滑油的销售等服务。

交运沪北的服务理念是"客户的满意，我们的追求"，并且仍在不断寻找合适的机会，合理布局运营网点，优化和发展城市物流服务网络，从各个维度实现高效的物流供应链能力，真正从战略和运营上为各行业领域客户提供高效、顺畅的物流支撑。

11.2.2 供应链创新背景

在城市配送领域，上海市目前消费市场稳定增长，城市物流配送需求不断增加，积极推进具有全球影响力的电子商务中心城市建设，全市城配市场营收规模达 300 亿元 / 年。近年，公安部印发《关于进一步规范和优化城市配送车辆通行管理的通知》，提出要加强部门协作，改进城市配送运力需求管理；推动配送模式创新，统筹配送供给资源，发展共同配送、统一配送等多种形式的集约化配送；研究制定城市配送车辆专用标识式样和管理规范；优化配送车辆通行管控措施，科学合理设定禁限行时段、路段，为货车通行预留时间窗口；落实新能源货车差别化通行管理政策，对纯电动轻型货车少限行甚至不限行。

上海城配行业的痛点，一是从监管角度，上海市中心城区实施货车通行证制度。城区客车载货现象普遍且严重，增加了城市管理的难度和城市机动车流量。不正规车辆目前通行无限制，非高峰段可以上高架，违法成本低，严重影响了正规物流配送车的正常运作，且对道路安全和人民生命安全造成严重的威胁。二是从企业和客户角度，行业缺乏一站式的门户服务入口；供给资源零散，缺乏精细化、差别化配送解决方案；细分行业价格混乱、行业标准不清晰；智能化程度低，难以满足客户需求；车货匹配信息缺乏、信息不对称；各部门、各环节缺乏数据共享与交换。

在新能源货运车应用领域，近年来，纯电动重卡在厂内、矿山、港口等固定运输专线、支线以及一些封闭性场景下的应用逐渐趋于市场化。实际应用中，相较于其他纯电产品，换电重卡能够缓解充电缓慢、里程焦虑、运营低效、电池衰减、初始投资过高等问题，有助于新能源汽车的可持续推广，在新基建时代迎来了高速发展。上海宝钢股份积极适应汽车行业节能减排发展趋势，加速推进相关绿色产品的开发与应用，不断推进绿色钢铁在汽车领域的应用。其本次与交运沪北深入交流以及积极尝试，共同开拓并推广新能源商用车的应用和宣传，树立积极的标杆作用，对国家的能源战略起到带头表率的作用。

11.2.3　供应链创新模式和特点

享运共配城市物流服务平台是在相关部门的支持下，发挥上海本土的两家国有企业——上海交运集团和上汽大通各自领域的专业与资源优势，协力打造的"城市物流配送服务平台"。上海交运集团从事专业供应链服务，规模和市场地位居于全市前列。上汽大通为专业的商用车制造企业，为消费者提供高品质的汽车产品及服务。享运共配城市物流服务平台具有即时城配、租车买车、金融服务的功能。

1. 建设基础

（1）政府支持。通过政府各部门联动规范审批手续，更新运输车辆，从源头杜绝违规现象。通过有力的源头管控、严密的运输监管、严厉的执法查处等措施，全市货运车辆管理步入了整体联动、管理有力、规范有序、健康发展的良性轨道。

（2）社会参与。联合社会企业共同参与平台的建设，将合规的车辆和专业的服务在平台上统一呈现，给予市民与客户更好的城配服务体验。

（3）共管共治。建立健全多部门协同机制，增强管理合力，提升配送行业治理和应急处置能力，促进城配行业持续、稳定、健康发展。

（4）共享共赢。打造以易配货、易管理、易找车、易定位、易开票为特征的公共服务平台，实现货主、车主、物流公司共享共赢，并通过数字化升级，将有效的城配数据提供给政府部门进行精准管理。

上海交运集团城市配送平台模式如图 11-3 所示。

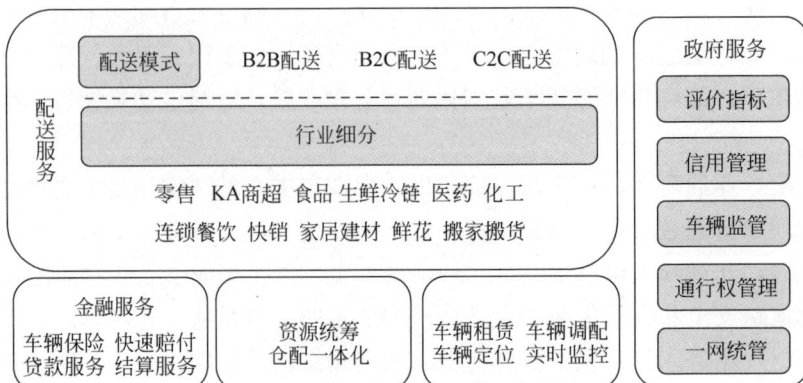

图 11-3　上海交运集团城市配送平台模式

2. 建设目标

打造标准化城市配送平台，树立城市配送规范化形象，构建服务规范、方便快捷、畅通高效、保障有力的城市配送体系。

内部整合：整合集团内部的物流资源，帮助上海交运集团在本市形成较强的竞争优势，初步确立上海交运集团在城市物流配送发展中的重要地位。

配送行业标准：规范配送行业市场秩序，改善城市配送发展环境，推动城市配送车辆实行统一车型、统一标识、统一管理、统一技术标准。

长三角示范：建立跨区域的城市物流配送平台，进一步形成层次清晰、科学快捷、集散性强、辐射面广的区域物流配送网络。

政府监管：以数据整合为基础，建立满足不同类型客户需求、不同细分行业服务需求、政府评估管理需求的多维度、多层次的公共服务平台。

3. 平台亮点

平台通过纳管社会合法合规运力，满足实际供应链配送需求；配合交通管理部门"疏堵结合"，逐步代替"客载货"与非法改装等违规车辆。

平台经济：通过大数据与人工智能等技术，实现供需服务的精准对接，高效配置各类物流配送业务，并以平台交易为核心，形成所有参与成员连接的多边生态价值网络。

大数据：通过大数据分析，实现城配行业内外全产业链数据互联互通，精准匹配供需、实现精细化服务。

信用评价：根据用户反馈信息和采集的数据，形成行业信用评价体系，为政府提供第三方评价服务。

AI 平台：将互联网、大数据、区块链等技术与安全驾驶、车辆保险、衍生金融服务、汽修服务等相关资源进行深度融合，以 AI 管理为核心，增强平台用户体验和用户黏度，树立"城市配送公共服务一体化平台"的品牌形象。

区块链：传统配送平台存在过程不透明、难以追踪、管理困难等痛点难点问题。本案例采用区块链技术构建配送平台，应用区块链多方共享、不可篡改、多方共识、全程可追踪等特点，达到优化流程、提高效率、降低成本的效果。

政府监管服务：通过平台数据汇集与分析，为政府提供配送行业的相关研判信息服务，包括车辆安全规范、通行权限管理、规范停放管理等。

11.2.4 "享运共配城市物流服务平台"案例社会、经济效益

享运共配城市物流服务平台通过资源整合、多主体协作与技术创新，实现了物流效率提升、运营成本降低及行业规范升级，驱动行业发展。

为政府：提供停车、装卸、通行权数据化决策方案；大数据辅助决策；节能减排评估；交通安全监控。

为民生：提升城市配送服务品质；提高城市配送分类专业性；提高配送效率、缓解交通拥堵；减少环境污染、提高空气质量。

为行业：提供行业数据采集、分析、研究；提高行业集中度、服务水平及进入门槛；规范竞争环境、促进行业良性发展。

为企业：共享资源、减少空驶；便利交易支付；智能技术赋能；信息发布、查询；降低成本、提高利润。

为营造城市良好交通秩序，享运共配城市物流服务平台积极配合上海交警"疏堵结合"，对接交通违法高发地区，导入平台合规货运车，充分适应上海道路通行环境日益改善的总体趋势，满足社会各界对道路货运持续提升的需求。

未来，享运共配将继续增加平台车辆的数量与车型，将符合规范标准、车容车貌要求，且能体现上海国际大都市形象的城市物流货运车辆统一纳入平台，预计达到 10 000 辆以上。

通过该平台的建设，享运共配将致力于进一步提升上海城市配送智能化服务水平，严格执行城配车辆的规范标准，为广大企业与市民提供优质、便捷、专业的城配物流服务，保障城市交通安全、规范货物配送市场、提升城市文明形象、提高城市治理水平。

11.2.5 供应链创新经验总结及未来发展规划

"享运共配城市物流服务平台"项目正逐步整合全市城配行业资源；推进保险、车辆检验等物流车后市场服务；全面完成城市配送辅助决策系统的开发；平台标准化车辆 10 000 台以上；杜绝市场不规范运营的车辆；设定市区商圈卸货指定区域；减少车辆空载，提高城市供应链效率。未来，将全市城配服务纳入公共平台，数据与"一网统管"对接，并推广至长三角地区，一体化城配平台服务覆盖长三角地区，供应链服务内容和标准可复制。

11.3 冷链供应链综合服务平台

11.3.1 冷链供应链创新背景

江苏汇鸿冷链物流有限公司（以下简称"汇鸿冷链"）于 2014 年注册于江苏镇江，注册资本 5.9 亿元，于 2018 年正式运营，为江苏省省级农业龙头企业、江苏省重点物流企业、国家《餐饮冷链物流服务规范》首批试点企业。自 2018 年以来，公司营收规模连续翻倍增长，在重资产投入的模式下仅用 3 年时间即实现了盈利。经过几年的发展，截至 2023 年，公司已成为中国冷链物流百强企业第 15 名、中国农产品食材供应链百强企业第 36 名。

众所周知，冷链是食品流通环节的"牛鼻子"，抓住这个"牛鼻子"，才能联通食品、农副产品的产销，才能构建"产+销"一体化的新型农业经营主体。由此可知，发展冷链产业是构建现代流通体系的迫切需求。社会再生产过程中，流通效率和生产效率同等重要，是提高国民经济总体运行效率的重要方面，物畅其流，货通天下，是经济发展繁荣的标志。当前，构建以国内大循环为主体、国内国际双循环相互促进的新发展格局，尤其需要高效的现代流通体系作为支撑。现代流通体系既是国内大循环的基础骨架，也是国内国际双循环必须借助的市场接口。

随着居民消费升级，国家供给侧结构性改革，冷链物流市场规模持续扩大。食品行业的发展，离不开冷链产业的保驾护航；冷链产业的发展程度，关系到食品行业发展的质量和速度，是构建现代流通体系不可忽视的重要环节。截至 2025 年，全国冷库总量超过 9 600 万吨（折合 2.4 亿立方米），冷藏车保有量突破 46 万辆。但同时应该看到，中国冷链物流行业的整体现状仍然是市场份额分散、核心竞争力较弱，没有实力绝对突出的企业，基本处于同一起跑线上，反观美国，前五强的冷链物流运输企业占据市场份额的 50% 以上，也有年营收超 20 亿美元的独角兽。当前互联网食品销售的强劲增长也依赖于冷链供应链体系的关键支撑，唯有以充足的冷链基础设施为保障，生鲜电商的互联网效率才能真正体现。特别是当前兴起的直播带货等新的营销方式，不仅仅是营销模式的变化，更是网络扶贫的新手段，这都依赖于冷链供应链强大的支撑。所以，当前国内对发展冷链产业的需求迫切，任重道远。

内部背景方面，随着汇鸿集团"十三五修编规划"的确定，汇鸿冷链积极进行食品生鲜供应链板块布局，立足于食品生鲜进口，侧重于整合资源、提高效率，从海外源头采购到国内居民餐桌，努力构建"六位一体"的冷链供应链综合服务平台，力争成为国内优秀的食品供应链集成服务商。进入"十四五"时期，公司更丰富了平台的身份，在不断提升供应链韧性的基础上，逐步通过现有平台切入为社会提供民生保供服务。汇鸿冷链运输专用车如图 11-4 所示。

图 11-4　汇鸿冷链运输专用车

11.3.2　供应链创新模式和特点

公司创新发展集仓储、物流、展示加工、贸易、金融于一体的供应链综合集成服务平台，配以专业的信息化系统和智能化装备，实现从产地到餐桌全程可控的智慧冷链供应链服务闭环，致力成为全球生鲜进入中国的第一窗口。公司在供应链运营中，始终坚持两个创新：以生鲜冷冻食品进口为重点，通过模式创新建设六项服务集成的冷链供应链综合服务平台，配以技术创新，以 B2B（企业对企业）电商平台为核心，辅以 WMS、TMS、OMS、DCP（数字文件集）、RFID 等信息化系统，集成为汇鸿冷链供应链综合服务平台（图 11-5），应用于打造可视、可移动、可追溯的食品温控供应链，致力于探索食品供应链至简之道。

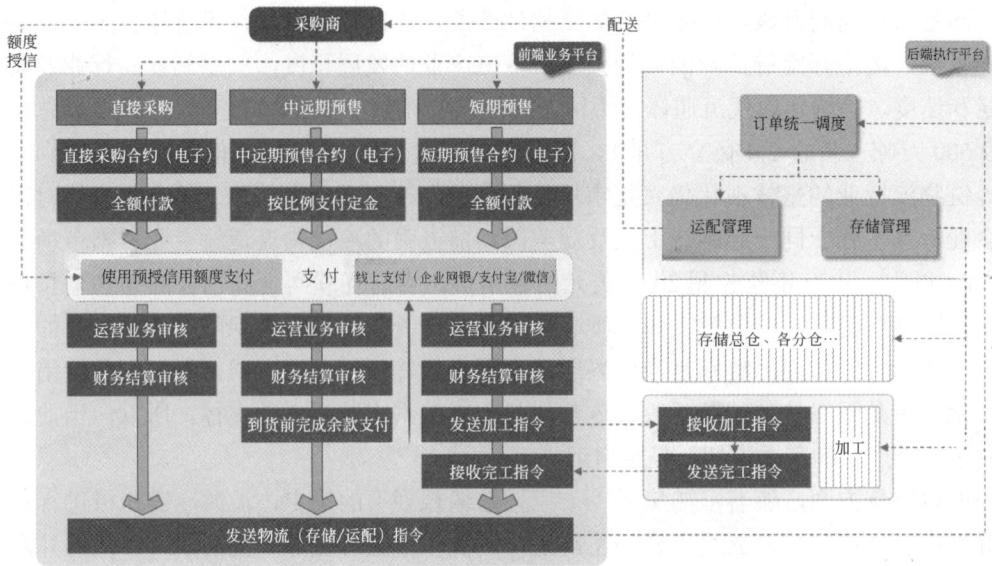

图 11-5　汇鸿冷链供应链综合服务平台

1. 创新驱动，提升供应链运营效率，建立上下游协同体系

1）在技术应用上，利用数字化系统实现高效支撑

公司始终坚持以高效、可靠的信息化系统来支撑供应链整体运营，为公司延伸格局、打造全国范围服务网点、复制并扩张经营模式提供支撑，坚持以信息化、数字化、智能化为目标，结合物联网、区块链、大数据、人工智能四项关键技术，集成 WMS、TMS、OMS、RFID、ERP（企业资源计划）、DCP、PPM（工艺过程管理）加工系统等近 20 个子系统，全面实现从信息化到数字化的创新迈进，实现供应链应用中的技术创新，真正体现技术赋能。具体应用上，使用 RF（射频）非接触芯片技术，对供应链商品存货管理实现精确管控；使用车载 GPS 物联网设备，对运配过程全程跟踪、定位，包括对温度全程记录、报警；使用 OMS，对各类订单统一智能化分配、跟踪执行，有效连接供应链上下游；"汇冷优鲜"电商平台利用大数据分析，精准匹配上、下游需求，提供智能解决方案。目前通过信息化系统的串联，贸易、仓储、物流、加工、金融等业务实现内部自动协同，各项业务一体化服务初具雏形。

2）在商业逻辑上，利用贸易优势畅通全供应链环节

公司在独有的信息化系统的支撑下，创新运营，形成多温层的仓储服务、全程可控的冷链运输、领先的产品加工技术、全功能的体验中心、多形式的金融支持、流畅的产品贸易六项服务闭环融合的供应链服务集成平台，充分利用汇鸿集团多年来形成的外贸资源优势，在上游已同来自欧洲、南美洲、大洋洲等区域的西班牙、巴西、澳大利亚等20 余个国家超 300 家供应商企业建立了联系，与国内包括餐饮、加工厂、批发商、商超等在内近百家下游企业建立了良好稳定的合作关系，构建了稳固的供应链上下游协同体系。与此同时，汇鸿冷链建立了 B2B 电商平台，其是面向多业态、具备多功能、采用先进技术架构的在线电子商务交易平台，致力于帮助上下游企业实现创新协同、共同发展、合作共赢。公司积极筹划运用新营销手段如直播带货等形式，依托自身供应链整体运营

优势，推动发展新业态、新模式。公司还与江苏省粮油食品进出口集团股份有限公司合作，推动供应链协同发展，目前正在整合双方资源，未来将完全实现仓配一体化管理，帮助其在供应链运营中提升风险管控能力，提高供应链运营效率。公司积极强链、补链、扩链，通过引进第三方加工企业并展开合作，持续整合资源，扩大供应链运营规模。

2. 发挥产业互联网优势，推动平台型经济健康发展

公司充分发挥产业互联网优势，以自建的 B2B 电商平台为核心，通过建立针对生鲜领域的较大规模的专业性强的 B 端线上销售平台，进一步促进行业交易的规范化、标准化（规范的冷链存、运、配，确保食品质量）。其努力从销售入手，建立供应链核心企业地位，构建供应链金融基础，同时以智能化的销售带动供应链实体商品交付的流程化操作，真正实现供应链运营的降本增效，进一步实现撮合交易、集成支付、集成线下物流仓储，进而对产品实现标准化、指数化、金融化。通过行业领先的数字化软件（ERP、WMS、TMS、OMS）等对供应链业务进行全流程的业务管控，在采购、仓储、物流等多方面拥有较强的数据整理分析能力。通过合作多年的上游国外供应商及国内采购商，对行业上游采购价格有较强的分析判断能力，同时全流程的闭环管理有效降低了供应链业务的风险。

3. 积极构建供应链运营管理体系，实现内生驱动

公司高度重视标准化管理和推广，针对食品供应链仓储、物流、加工等环节制定了40 余项标准化操作指导制度，形成标准化操作手册；受中国物流与采购联合会冷链物流专业委员会（以下简称"中物联冷链委"）邀请，参与了国家《食品冷链物流交接规范》标准的起草工作，该标准现已在全国发布执行。因高度重视标准化作业，公司被镇江市市场监管局授予"冷库示范企业"称号。

为提升自身供应链运营能力和理论水平，公司积极开展供应链人才培养，参加省商务厅举办的供应链各期培训；利用各类重要会议，专门组织供应链运营专题交流研讨，通过公司的实践案例分享对供应链运营的全新认识，提高全员供应链理论水平和实操能力；公司还为中层管理人员专门购置书籍《高效协同——供应链与商业模式创新》供大家学习交流，分享学习心得体会。经过努力，公司现作为江苏省现代供应链协会常务理事单位，在江苏省的现代供应链发展中积极贡献力量。

公司还积极布局全球供应链，经常参加各类国际食品展会，如中国国际食品展览会、FHC（上海环球食品展）、科隆食品展、中国国际进口博览会等，努力拓宽供应链的上游采购端。

11.3.3　冷链供应链创新成效

1. 业务水平显著提升

通过供应链管理能力的不断提升，公司资源利用更加高效可靠，盈利能力显著上升，每年消化巨额资产折旧后，依然于 2020 年迅速实现盈利，远超投资预期。依托供应链运营思维，公司营收规模、进出口总额连续实现翻倍增长。

2. 服务能力明显增强

目前公司在华东地区基本完成布局：基础设施上，已通过整合板块资源、配套业务跟随等方式，在长三角各大城市初步形成能够有效运作的仓配服务体系；信息化建设上，OMS、WMS、TMS 等 10 余个子系统串联应用，溯源体系完成，形成全业务链信息跟随支撑、全链条温度可控、过程可视、源头可溯，实现仓储、运输等环节一体化运作和精准管控；业务上，继续坚持以贸易业务为引领，供应链一体化运营，持续扩大仓储、物流、加工等业务的服务规模和范围，优化业务结构，扩大利润规模。

3. 行业影响力不断扩大

经过一段时间的发展后，公司现已形成较为独特、适应供应链运营思路的管理体系，并不断在内部自我复制和推广。目前，公司在南京、上海、无锡、苏州等地设立了分公司、办事处和档口，建成了遍布长三角区域的仓配服务体系。依托信息化、智能化手段应用，公司将通过管理输出，实现自有供应链的全国推广。公司的成果近年来进一步得到行业内认可，已成为中国冷链物流百强企业、中国食材供应链百强企业，被中国食品土畜进出口商会授予"中国肉类食品行业优秀进出口贸易商"称号。

11.3.4　冷链创新经验总结

当前，冷链技术发展相对成熟，在医药、食品、生鲜等领域发挥了重要作用，极大地提高了人们的生活水平。特别是 2020 年，在外部大环境和全球经济走势不佳的情况下，中国经济依然触底反弹，中国物流低开高走，中国冷链转折信号也已出现。这种转折，一方面体现在随着生鲜新零售的持续大幅增长和连锁餐饮消费的不断恢复，冷链物流市场需求在短期低迷后重新被释放。另一方面，政府部门和消费者对冷链物流的价值认知明显提高，产业政策接连出台，行业监管提上日程，冷链物流从过去的散乱差向门槛高、新基建、大整合、强监管的阶段转折、转变。

政策环境方面，近些年与冷链物流相关的政策发布较多，2017—2024 年间累计发布47 项国家级冷链政策，年均增速达 18%。截至 2024 年，各省区市累计出台 132 项配套政策，形成"中央定方向＋地方补细则"的立体化政策框架。首个食品冷链物流强制性国家标准也于 2020 年发布，整个营商环境朝着合规的方向发展。

市场环境方面，中国现在是全球最大的食品消费市场，无论是食品生产还是食品进口，一直保持高速增长。从市场规模来看，需要冷链服务的食品超过 10 万亿元。中国冷链物流发展报告数据显示，截至 2023 年，我国冷库总容量达 8 500 万吨，然而美国人均冷库容量是我国的 13.44 倍，日本是我国的 2.58 倍。尤其需要指出的是，中餐的复杂程度相比西餐而言要高得多，因此实际上我国的需求更大。总体来说，当前国内冷链物流市场需求稳定，规模不断增长。中国物流与采购联合会公布的数据显示，2023 年我国冷链物流市场规模达到 5 500 亿元，2019—2023 年复合增长率 11.5%，冷链需求总量突破3.1 亿吨。

企业环境方面，目前整个冷链物流行业的市场集中度仍然不高，主要特点是"散"和"乱"。比如由中物联冷链委每年公布的中国冷链物流百强企业，排在前列的上榜企业均为综合性企业，冷链营收在其总营收中的占比极小，国内单纯依靠冷链实现营收突破 4 亿元的企业不足 10 家。比如我国是猪肉消费大国，猪肉生产头部企业的产量市场占比非常低，而对美国而言，其几大肉类企业就能实现整个市场供给。再比如在末端，发达国家 75%～80% 的购买行为是在超市环节实现的，我国大部分依然是在农贸市场，超市化率比较低。这说明在冷链行业的两端，不管是上游的生产企业还是下游末端的零售企业、餐饮企业，发展都比较散。

从以上三个方面不难看出，当前我国构建的冷链供应链综合服务平台，正是为解决这些难题和痛点产生的。应对和解决这些问题，在我国看来有以下方式。

一是应对好未来冷链供应链的模式变化。当前消费渠道的扁平化趋势非常明显，食品生产企业进入全渠道销售模式。此外，直播带货快速兴起，但已发生多起冷链食品带货的"翻车"现象。这说明整个冷链物流体系，尤其是 2C（消费者端）的冷链物流体系发展还跟不上市场变化。从目前来看，整个行业从消费者到零售到流通都发生巨大变化，这也是未来 5 年非常重要的趋势。

二是应对好未来冷链供应链的数字化转型。技术驱动会带动行业发展，现在新基建的发展很大程度上就是基于 5G 的进步。目前全行业都在进行数字化转型，冷链物流行业也会面临智慧化升级的挑战。

11.4 SNL-NOVA跨境电商全链条供应链服务海派平台

11.4.1 企业基本情况介绍

1. 企业简介

中外运集装箱运输有限公司（以下简称"外运集运"）是招商局集团旗下经营内外贸集装箱班轮运输业务的公司。外运集运坚持"以客户为中心、以市场为导向"，做精做优亚洲区域内精品航线，努力成为聚焦亚洲航运数字化一站式精品服务领航者。公司自成立以来，业务不断拓展和调整，目前在北京、天津、大连、青岛、南京、宁波、福州、厦门、深圳设有分公司，并拥有阳光速航、香港和海南 3 家子公司，境内代理 40 余家，设有华中及华北区域、重庆和武汉代表处，在烟台、威海和连云港设有办事处。其服务网络覆盖中国大陆（内地）沿海主要港口至日本、韩国、澳大利亚、菲律宾、越南、中国台湾、中国香港等国家和地区的多条集装箱班轮航线，其中日本航线和国内香港、台湾航线深耕多年，在业内处于市场领先地位。同时，公司还能够提供网点众多的优质江海联运、海铁联运、集卡直通等多式联运服务。

2. 发展历程

外运集运成立于 1998 年，原隶属于中国对外贸易运输总公司，伴随着近年来招商局集团与中国外运两大央企的整合，2022 年成为招商轮船的全资子公司，集装箱业务成为其重点关注的板块之一，蓄势发展，再启征程。

3. 目前经营情况

在招商局集团的领导下，公司围绕强航线、优结构、延链条、拓平台、提质效的工作主线，坚持战略变革，锚定双轮驱动，全体船岸员工团结奋进、拼搏创新，在服务口碑、品牌形象等方面具有核心优势，公司年报数据显示，2019—2021 年实现利润复合增长率 250.97% 的优异成绩，并于 2021 年创下利润总额 17.71 亿元的历史新高。

11.4.2 供应链创新背景

1. 物流行业的发展趋势

传统物流企业服务单一，仅能提供端到端服务，缺乏资源整合能力，无法提供基于数字化技术的供应链整体解决方案。随着移动互联网、5G 和物联网等技术的不断迭代更新和成熟，新业态下的物流企业，应是以物流为底层服务的科技公司，通过科技赋能，连接制造业、金融业，成为产业的连接器，帮助传统制造企业、商贸企业加速转型，同时也促进自身快速发展。

2. 市场背景

随着新零售时代的到来，线上、线下不断融合，购物移动化、社交娱乐化，用户中心、数据驱动、体验为王、口碑传播、迭代思维等互联网思维正在改造传统零售业。

3. 品牌商需求及痛点

（1）出口转内销快消品牌商，受多种因素影响，出口订单受阻，库存积压严重，特别是服装鞋帽类、户外用品等。工厂或品牌商出口转内销需求增强，且将转为长期战略。同时，为拥有出口及内销货物相互转化的便利，希望保税仓与普通仓使用相同的仓库管理系统。

（2）一线快消品牌一般有成熟的自有管理系统和健全的固有销售渠道，不会轻易突破现有商业模式。非一线快消品牌一般都存在管理体系不成熟的困境，有拓展销售渠道、扩大市场份额的现实需求。

（3）大部分跨境电商进口产品，境内知名度不高，要打入境内市场，更需要仓配一体化服务及多元化的销售渠道。

11.4.3 供应链创新模式和特点

长期以来，外运集运始终以信息化、数字化建设为抓手，通过内部搭建数据采集、数据接口、作业流程、交互拓展及风控管理等信息化运营体系，运用数据 BI（商业智能）分析技术，不断提升企业内部流程规范化程度及运作效率。针对跨境电商全链路物流服务需求，全力打造高质量的一条龙跨境电商物流服务产品，涵盖 SNL-NOVA 跨境电商海运快航服务及 SNL-NOVA 跨境电商全球仓配服务的 SNL-NOVA 跨境电商海派平台应运而生。SNL-NOVA 跨境电商海运快航服务，充分运用船公司的自有船舶、航线等海运资源，灵活对接各方资源，提供优质的跨境电商精品服务。SNL-NOVA 跨境电商全球仓配服务则协同招商局集团内外部优质仓库资源，提供直达消费端的仓配一体化服务。

外运集运面向广大跨境电商客户开展 SNL-NOVA 跨境电商海派平台供应链服务，主要具有以下几个特点。

1. 充分运用船公司的自有航船等海运资源

作为老牌集装箱航运企业，外运集运在全球供应链服务方面有着得天独厚的优势。截至 2024 年，宁波远洋的日本航线已经扩展到宁波、乍浦、台州、太仓 4 个直航港口，挂靠日本 9 个港口，投入 8 艘船。

2. 充分协同招商局集团内外部优质仓库资源

截至 2025 年，招商局集团网络分布于我国 31 个省、自治区、直辖市及香港特别行政区；在海外拥有 77 个经营网点，覆盖了 39 个国家和地区，拥有各类仓库 850 余个，仓储面积超 900 万平方米。背靠招商局集团遍布全国的仓储运营资源，外运集运在场地、人员等方面更具优势，具备快速落地"1 个中心仓 + N 个干线仓"的业务支撑能力。

3. 致力于科技赋能，自主打造 SNL-NOVA 跨境电商全球仓配服务平台

自主打造 SNL-NOVA 跨境电商全球仓配服务平台，提供标准化的生产运控体系，以及数字可视化服务平台，涵盖水晶 DOS（仓配数字化运控系统）、信鸽 DSS（仓配数字可视化平台）、OMS、WMS、TMS 等，应用 GPS、RFID 技术，可轻松对接电商客户的 ERP 系统，实现全流程业务数据链打通和系统集成，为电商客户提供完善的技术解决方案。

4. SNL-NOVA 跨境电商海派平台完美满足跨境电商客户全链路服务需求

外运集运跨境电商海派平台针对跨境电商物流环节复杂、参与企业多、信息不透明，以及时效、服务、价格等影响消费者体验和电商业务发展的痛点，利用招商局集团的网络优势搭建了覆盖全国的立体服务网络，致力于降低成本、提高配送效率、提供一站式解决方案。平台服务深入每个细节末端，对于跨境电商的全链条各个节点，展现出优秀的掌控能力、整合能力和衔接能力，打通价值链上全部物流服务环节，全力打造高质量的一条龙跨境电商物流服务产品，完美满足客户的全链路服务需求。SNL-NOVA 立体服务网络如图 11-6 所示。

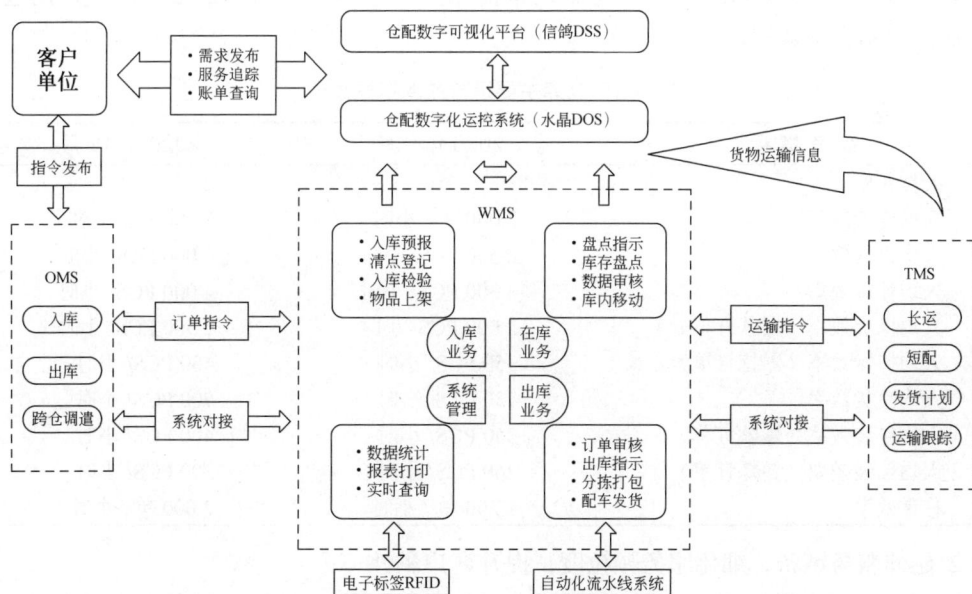

图 11-6　SNL-NOVA 立体服务网络

外运集运 SNL-NOVA 跨境电商海派平台供应链服务，主要创新点如下。

（1）将传统物流服务延伸到了电商物流服务，提供直达消费端的仓配一体化服务。

（2）满足了品牌方"全渠道一盘货"的供应链物流服务需求。

传统物流、电商物流同 SNL-NOVA 对比如图 11-7 所示。

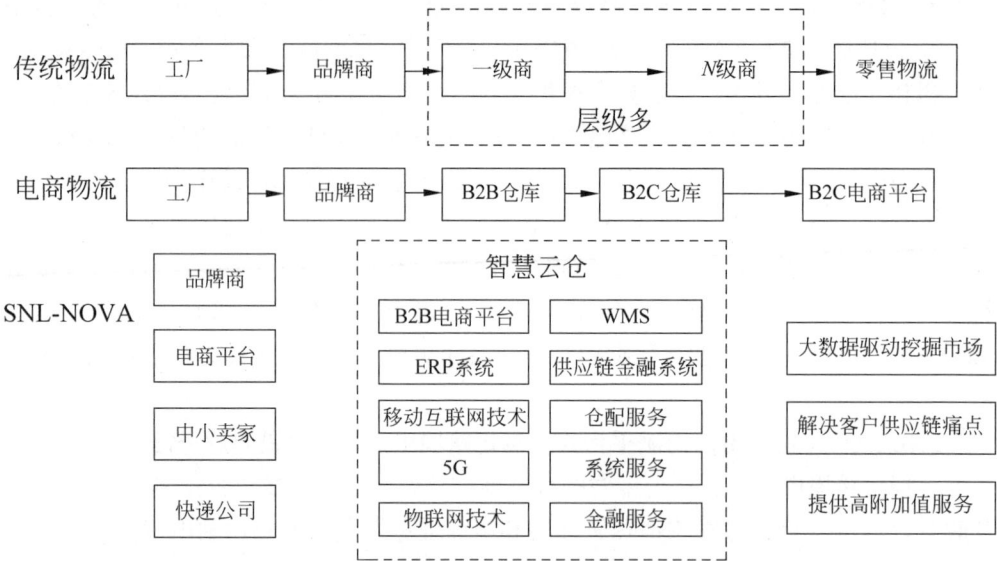

图 11-7　传统物流、电商物流同 SNL-NOVA 对比

11.4.4　供应链创新成效

1. 通过对电商仓配系统及仓储设备优化，提高仓库运营效率

表 11-1 是 SNL-NOVA 旗下某仓储设备优化后，2020 年 6 月与 2020 年 12 月的仓库主要运营效率指标数据。

表 11-1　仓库主要运营效率指标数据

参 考 指 标	2020 年 6 月	2020 年 12 月
人员 / 人	30	25
人均打单效率	2 000 单 / 小时	3 000 单 / 小时
人均收货效率	2 500 PCS/ 小时	3 000 PCS/ 小时
人均补货效率	3 300 PCS/ 小时	4 000 PCS/ 小时
人均拣货效率（爆款订单）	2 000 PCS/ 小时	2 500 PCS/ 小时
人均拣货效率（零拣订单）	350 PCS/ 小时	400 PCS/ 小时
人均验货效率	750 PCS/ 小时	900 PCS/ 小时
人均包装效率（爆款订单）	350 PCS/ 小时	400 PCS/ 小时
人均包装效率（零拣订单）	260 PCS/ 小时	300 PCS/ 小时
称重效率	1 200 单 / 小时	2 000 单 / 小时

2. 延伸服务链条，细化服务颗粒度，提升客户黏性

向同一个客户提供不同的产品，让客户有更多的选择，既能吸引客户将原本不属于公司的业务汇集过来，形成集约效应，新增业务量，又能与客户形成捆绑效应，与其他提供单一服务的竞争对手相比，凸显公司与客户的深度合作，使之不能轻易地离开公司。

3. 通过全链条服务搭建，助力公司布局海外网络

根据公司海外布局战略，通过跨境电商全链条服务，覆盖从海外至国内端的仓、关、派等环节，建立各个环节的资源节点；通过规模化，将各个资源节点整合，形成线；通过不同区域内的资源整合，形成网络。这样"由点及线，由线及面"，促进海外网点的建立和使用，增强公司供应链业务的综合服务能力。

4. 助力某知名麦片品牌方在中国内地建立全渠道供应链服务网络

某知名麦片品牌方，以前都是通过经销商、进口商在中国内地销售。之后由于中国内地需求增大，品牌方想改为自营方式来中国内地销售，但是它对中国内地的物流不擅长。公司提供 SNL-NOVA 跨境电商海派平台服务，帮助品牌方建立自营体系，并慢慢回收经销商的库存，增强自营渠道的力量。为了降低不确定因素的影响，公司还协助其在全国各地设立仓配网点，陪伴并助力品牌方不断成长。

11.4.5 供应链创新经验总结及未来发展规划

外运集运通过开展 SNL-NOVA 跨境电商海派平台供应链服务，不断强化与系统内公司的协同能力，增强全链条服务节点的整合能力，打造科技创新和系统集成能力，为广大电商客户提供了高效的全链条服务。后续，公司将会在既有的海运资源、整合衔接能力优势的基础上，不断精进服务、开发产品。一方面，将现有成熟的服务方案向更多的客户、更多的口岸、更多的航线推广；另一方面，积极深入探索跨境电商物流业务，主动整合资源，不断推进全链路服务能力建设，努力构建全链路服务产品，最终成为集稀缺运力、资源协调能力、全链路布局于一体的跨境物流提供商，助力电商行业不断发展。

即测即练

第 12 章 冷链供应链创新应用案例分析

12.1 供应链（运输）无纸化区块链解决方案

12.1.1 企业基本情况介绍

百世物流科技（中国）有限公司（以下简称"百世物流"）是百世集团旗下公司之一，成立于 2008 年 4 月，注册资本 20.13 亿元。

百世物流拥有全场景集成化的物流服务体系，集全渠道供应链管理、仓储服务、零担及整车快运、末端配送、国际电商物流、供应链信息化服务等业务板块于一体，为客户提供全面的数智化、定制化、一站式的供应链综合解决方案，是国内领先的供应链智慧物流提供商。

作为供应链物流服务企业，百世物流发挥了供应链物流领域数据链服务企业的集成、引导、辐射和一体化管理作用，推动了供应链物流各环节的数据对接、资源协同共享，实现了供应链物流降本增效的目的。目前，百世物流已发展成为中国领先的智慧供应链物流综合服务提供商，服务网络包括快运、百世云仓、百世云配，仓储配送网络覆盖全国，是国内网络最全、覆盖面最广、覆盖渠道最深的供应链物流领域数据链服务企业。

2021 中国民营企业 500 强榜单中，百世物流位列第 361。2021 年中国民营物流企业 50 强中，百世物流排名第五。2021 年中国零担企业货量 10 强中，百世物流排名第四；中国零担企业 30 强中，百世物流排名第五。2021 年，百世物流被评为中国供应链及合同物流企业全国 30 强。

12.1.2 供应链创新背景

物流业作为支撑国民经济的战略性、基础性产业，近年来发展迅猛，产业地位不断上升，对于推动产业结构优化升级、保障和改善民生、扩大就业渠道、带动消费方式转型等方面具有重大意义。随着数字经济成为经济发展的新引擎，物流行业普遍关注的重点之一就是如何利用信息技术降低能耗，提高基础网络的运营质量和效率。

伴随着巨大快递包裹量带来的环境压力、资源浪费等环保问题日益突出，绿色治理势在必行。百世物流重视行业的绿色化、智能化，不断加大对技术的投入和应用，倡导低污染、低排放和高效率的全链路绿色物流解决方案，打通上、下游，建立绿色采购、绿色配送体系，与合作伙伴、加盟商一起全方位推动绿色环保落地。其通过技术的创新缓解当前面临的环保压力，有效降低包装污染，践行行业向绿色化、减量化、可循环发展。

传统运输业务中一直都存在这样的问题：运输过程单据交付次数多、类型杂，各环节多种签收单并存，纸质单据留存管理难；企业需要花费大量人工和成本进行纸质单据的核对、整理，核对效率低；纸质单据层层传递返回，时间长，且准确性难以保证，计费结算慢；一旦签收单据丢失，无法与货主结算和定责，常常导致纠纷甚至诉讼，取证、示证难。

面对众多痛点，百世物流率先用区块链技术解决难题。自 2018 年开始，百世物流就启动了区块链无纸化项目，想将区块链技术应用在实际业务场景中。2019 年底，百世物流供应链试点上线了供应链区块链存证平台一期。2021 年 6 月，区块链无纸化二期上线，实现了发货和收货环节的全程无纸化交接，供应链（运输）无纸化区块链解决方案正式上线。

12.1.3 供应链创新模式和特点

百世物流供应链（运输）无纸化区块链解决方案介绍：百世物流利用成熟的 TMS，结合区块链技术，协同公安部第一研究所、互联网法院、司法鉴定中心、数字证书中心等权威机构打造了百世物流供应链区块链存证平台，实现了运输过程全链路节点人脸识别认证、高效电子交接、数字存证等无纸化交接，为客户解决了单据管理与结算痛点，大大降低了纸质单据的打印成本与管理成本，同时减小了业务过程中的运营风险。

特点一：技术创新

在这个方案中，百世物流提出了一种基于区块链的物流用流转签署方法，该方法包括：订单管理系统根据使用者的下单任务生成订单数据，并将订单数据存储至存证平台；存证平台获取使用者的 CA（认证机构）认证信息并进行认证，若认证成功，则存证平台根据所述订单数据生成第一 hash 值（哈希值），并将第一 hash 值保存至区块链内，从而形成第一存储证据。

基于区块链的物流用流转签署方法实现的物流系统中的各种单据的在线签署，在物流的一次完整的运输业务活动中，每个业务活动的单据都能实现在线签署并计算其 hash 值，保证在各项业务活动的流转过程中单据不被篡改，同时也能防止出现传统的纸质单据丢失导致的货损责任问题，实现对具体业务活动中的单据全流程的有效管理，以及物流行业供应链系统的整体把控。

特点二：流程创新

百世物流对传统运输的线下纸质单据管理的整个流程进行了线上化，重新构建了单据的签署、收集、整理、存储和核对的流程。同时基于区块链技术的应用，保证了单据签署的有效性，签署完成的电子单据进行系统化的存储，也简化了单据核对过程。

特点三：风险防范

司法公证机关参与监管，保障了电子证据的真实性与合法性，取证、示证均可在线申请，便捷高效；对业务各方形成天然的诚信约束力，减少了异常与纠纷，大幅提升了业务管理效率，减小了业务过程中的运营风险。

12.1.4 供应链创新成效

百世物流供应链（运输）无纸化区块链解决方案大大提高了各环节交接效率，实现发货和收货环节的全程无纸化交接，仓库、门店、经销商之间实现信息流、商流和资金流的高效统一，同时节约了纸张，使运输业务的管理实现了环保、绿色、安全可靠、便捷与高效。供应链（运输）无纸化区块链解决方案助力百世集团实现碳达峰、碳中和的高效统一，也为供应链绿色物流提供了发展"新样本"。

百世物流供应链基于区块链技术的运输无纸化解决方案在低碳环保方面已具有阶段性成果。按 2021 年百世物流供应链 B2B 运输业务单量计算，若全部应用无纸化区块链解决方案，在成本耗材、减碳方面有以下成果性数据。

（1）节省成本耗材：每年减少消耗 A4 纸 580 万张，每张 A4 纸 0.08 元（纸张及打印成本），节省耗材成本 464 000 元。

（2）节省人工及存储空间成本：每年估算超过 100 万元。

（3）减少碳排放量：每年减少碳排放量 80 吨，增加森林面积 330 平方米。

12.1.5　供应链未来发展规划及创新经验总结

未来发展规划：区块链与 AI 深度融合，2025 年底前实现供应链全链路数据上链，覆盖仓储、运输、末端配送等环节，通过 AI 算法优化路径规划，降低空驶率 20%。接下来，百世物流致力于将基于区块链的碳排放追踪系统覆盖 3 000 多个客户，支持企业碳积分交易，为绿色物流及国家"碳达峰""碳中和"发展目标贡献一份力量。

基于客户全链路的管理需求，未来，百世物流将利用区块链技术，实现运输全程的无纸化交接以及交接凭证的区块链存证，为运输各相关方提供更加安全、高效的交接方式。百世物流自身将继续加强物流中间过程的管理，通过过程的可视化呈现，实现运输全过程的及时预警与干预，真正体现物流数字化带来的信息价值，为客户提供稳定运营质量的供应链服务。

经验总结：现代供应链物流在智能化、标准化、信息化、绿色化、及时性等方面对中下游企业提出了更高的要求。供应链（运输）无纸化区块链解决方案促进百世物流数字化智慧供应链物流的应用，推动绿色物流发展，产生积极的环境效益。

百世物流致力于通过创新的商业模式和现代互联网及信息技术对中国的物流行业进行整合，以解决物流业成本高的问题。经过多年的发展，百世物流的商业模式及技术、网络已经成熟，在智慧供应链物流方面积累了丰富的经验。通过本方案，百世物流在成熟的商业模式及技术、网络、经验的基础上进一步创新、升级。通过对技术的前瞻性投入、产品和服务的持续创新，推动信息技术、人工智能、大数据在物流领域的应用，提高物流运营效率。

12.2　新零售全链路数字化供应链

盒马是全球新零售的领军者，致力于满足内需市场不断变化的消费需求。其采用创新的线上、线下融合模式，数字化重构餐饮零售消费，实现了令人印象深刻的"30 分钟送达"智能购物体验。截至 2025 年 2 月，盒马已在全国 50 余个城市开设 400 多家店铺（图 12-1），特别是在上海地区开设了超过 70 家盒马鲜生店以及多个创新业态。盒马荣获了多项国家级荣誉，包括工业和信息化部供应链创新与应用试点企业、商务部服务业标准化试点企业、工业和信息化部信息消费体验中心等。盒马还在全球商品源头深耕，通过零售科技实现全链路数字化，积极参与双循环产业链的互联互通与协同协作，为全球市场带来了新的便利化与智能化的商业模式。

图 12-1　盒马网页图

12.2.1　供应链创新背景

随着数字经济的崛起，零售行业正经历供应链数字化加速的进程，但也面临一些痛点挑战，包括提供无缝消费体验、与科技创新同步、灵活转换商业模式等问题。传统零售和跨境电商的竞争对手如沃尔玛与亚马逊对企业盈利构成威胁，推高了全渠道销售的成本。在此背景下，中国零售商需要拓展供应链能力，实现全渠道转型和数字化创新，以持续发展业务。零售企业的数字化供应链不仅需要加强数字化，还需要消除内部"运营孤岛"，实现信息共享和协同运营，以建立高效的全渠道运营体系。盒马的数字化供应链体系在整合信息和数据方面发挥了关键作用，帮助业务负责人作出更明智的决策，提高运营效率。

12.2.2　供应链模式

1. 盒马全链路数字化供应链优势打造

盒马通过大数据应用和供应链技术，建立了高效的数字化生鲜产品供应链系统，包括供应链智慧协同平台、自动化机器人应用、智能悬挂链和输送线等技术。这些举措旨在实现供应链的智能协同，包括通过大数据分析满足消费者需求、自动化订货管理、精准预测供给能力等。同时，盒马引入了自动化机器人，实现了仓库操作的自动化，无须人工干预。这一系列的举措有助于提高效率、降低成本，并确保产品在时间、数量和质量方面按要求送达。例如，盒马的智慧物流仓储及配送体系，利用 RFID、GPS、二维码等技术，实现物流以及配送过程的及时跟踪，确保产品质量可控；在宝山等区域设置暂养仓，探索依托暂养设备等先进技术提升仓储质量及配送效率。

2. 盒马供应链创新的案例解析

盒马通过与纽澜地合作，在山东淄博建设了一个现代化的"数字农业牛肉产业集群"，旨在拓展其供应链优势。这个项目包括大型现代化加工仓，涵盖生鲜蔬果、生鲜牛羊肉等产业的全自动化生产加工和分切分拣分装集散中心。项目的全链路数字化生产线，采用高度自动化的生产工艺，提高了零售效率。这个合作项目是在淄博市成为中国首个"盒马市"之后推出的，盒马与当地政府协同规划布局数字化基础设施，实现了从生产养殖到加工的全流程覆盖，从而保障了产品高效上市。通过这样的合作，盒马实现了从上游供应链到零售端的数字化管理，提高了市场占有率和供应链效率。未来，纽澜地计划进一步拓展产业链，为盒马提供更多的供应链优势。

3. 盒马基于消费新场景的业态创新

盒马通过稳健的供应链支持多种业态创新，以科技创新服务民众，推动内需市场增长。以下是盒马的一些创新业态。

盒小马：首创了"网订柜取"方式的早餐新业态，为忙碌的白领提供了方便的早餐解决方案。

盒马 X 会员店：通过线上线下一体化运营，提供全渠道的家庭购物体验，采用会员制模式，提供"半日达"到家服务。

盒马全球购：创立了线上线下一体的跨境电商新业态，为中国消费者提供全球好货。

盒马邻里：基于 15 分钟社区生活圈的新零售业态，为社区居民提供便利的生鲜商品和日常用品购买服务。

这些创新业态展示了盒马在不同领域的探索和创新，以满足不同消费者的需求，并推动中国新零售的发展。盒马历史沿革表见表 12-1。

表 12-1 盒马历史沿革表

年份	事 件	成 果
2015	盒马源起："五道口"项目	2015 年 6 月，侯毅带领着一群"吃货"在上海启动一个名为"五道口"的项目，立志创造一个新事物
	早期探索：盒马外卖	2015 年 7 月，盒马在上海浦东开出第一家外卖小店，高峰期达到每天出餐 5 000 份
2016	盒马首店："盒马鲜生"	2016 年 1 月，"盒马鲜生"上海金桥店正式开业，首创"店仓一体"模式，生鲜"30 分钟到家"
	产业风起："新零售"	2016 年 10 月，阿里巴巴提出"五新"战略，盒马成为"新零售"排头兵
2017	马云探店："帝王蟹"	2017 年 7 月，马云来到盒马鲜生上海金桥店，举起一只"帝王蟹"，盒马品牌从此进入大众视野
	舍命狂奔："十店同开"	2017 年 9 月，上海、北京、深圳、杭州和贵阳，全国五大城市 10 家盒马鲜生店同时开业
	线上探索："盒马云超"	2017 年 11 月，"盒马云超"在"双 11"活动中亮相，标志着盒马在 O2O 商业模式之外，拓展了"包邮到家"的 B2C（企业对消费者）模式
2018	产业深耕："新零供大会"	2018 年 8 月，盒马召开首届供应商大会，提出"新零供"关系，开启了对上游供应链的深耕
	全国拓城："盒马百店"	2018 年 11 月，盒马鲜生第 100 家店铺在武汉开业，盒马"全国拓城"势头迅猛

年份	事　件	成　果
2019	产地直供："盒马村"	2019 年 6 月，全国首个"盒马村"在四川丹巴县挂牌。盒马村实现了"产地直供"和"科技富农"双重目标
2020	会员业态："盒马 X 会员店"	2020 年 10 月，"盒马 X 会员店"上海浦东森兰店开业，这是盒马打造的首个仓储式会员店
2021	普惠业态："盒马奥莱"	2021 年 7 月，盒马本着将"普惠版盒区房"拓展全国的愿景，开始了向下沉市场、社区经济进发的探索
2023	全新出发："面向未来"	2023 年 1 月，盒马鲜生作为盒马新零售的主力业态，实现了全面盈利。侯毅提出未来 10 年的使命、愿景

12.2.3　供应链成效

1. 降本提效情况

盒马采取多项举措来降低供应链成本并提高效率。首先，盒马整合了供应商、销售渠道、仓库和门店的信息，借助大数据分析将整个系统的成本降至最低，同时提高了服务质量和效率。其次，通过建立智慧供应链体系，将消费端和供应端、线上和线下、门店和仓储有机连接，充分融合信息技术和供应链管理，增强了盒马在全温层物流服务和配送方面的能力，从而提高了供应链的效率。这些举措不仅有助于提高坪效，还降低了产品损耗率、订单消耗品开销以及运营成本。

盒马还在供应链自动化和智能创新方面取得了显著成果。其引入仓储机器人，实现了仓库货品的自动上架、拣选和补货，无须人工干预。这不仅减轻了一线员工的工作负担，还提高了供应链的效率、保障了品质。盒马的智慧供应链创新应用已成功复制并推广到我国多个省区市，推动了整个行业的转型升级。

2. 社会效益

1）助农惠农与乡村振兴

订单农业保障农民收益：与农产品基地直接合作（如澄迈黑山羊、有机蔬菜基地），通过包销协议降低农民风险，提升农产品溢价能力，助力农民增收；农产品上行通道：利用数字化能力减少流通环节，将偏远地区优质农产品（如沙漠南瓜、高原菌菇）引入城市餐桌，减少中间损耗 15%～20%。

2）新零售业态持续创新，深度便利都市生活服务

盒马 MINI 等新业态将深入服务社区和街镇，有助于上海构建"15 分钟社区生活圈"。盒马标准门店为线上用户提供免费配送服务，覆盖 3 千米范围，最快 30 分钟送达，同时支持消费者无条件退货。盒马通过优化店内灯光、布局和陈列，提供更人性化和舒适的购物环境。每个档口都配备了收银机，极大地方便了消费者。项目完工后，全国将拥有 300 多家盒马 MINI、标准门店以及其他相关业态门店。

3）盒马供应链带动周边上下游产业带发展

截至 2019 年底，盒马已建立 48 个多温层多功能仓库，其中包括 33 个常温仓和低温仓、11 个加工中心以及 4 个海鲜水产暂养中心。这一全国性的低成本生鲜冷链物流配

送网络已经初具规模，旨在为客户提供买得到、高品质、便捷、放心、愉悦的购物价值体验。

此外，盒马还推动了数字农业的新模式，为脱贫攻坚和乡村振兴贡献力量。盒马专注于贫困地区的发展需求，通过技术手段整合了产销资源，从供应链优化、盒马村创新以及农产品品牌化三个方面入手，全力支持贫困地区的供应链建设，帮助农特产品走向市场，为国家的脱贫攻坚和乡村振兴战略提供了有力的支持。

12.2.4 供应链创新经验总结

生鲜零售冷链行业，供应链的创新至关重要，需要朝着集成化、自动化和数字化的生鲜物流网络建设方向发展。特别是在高频、高客单、低利润的生鲜行业，供应链的建设已经成为企业核心竞争力的关键。盒马通过创建一个双层物流网络，满足了消费者对商品运输和商品种类的双重需求，从而构建了一个强大的供应链网络。

盒马的商品背后，有供应链创新的坚实支撑。当今，网红商品不断崛起，速度至关重要，而传统品牌也必须积极变革以适应市场。无论是网红品牌还是传统品牌，强大的供应链支持都是取得成功的关键。在零售行业的激烈竞争中，拥有集成化、自动化和数字化的冷链供应链网络已经成为行业发展不可或缺的路径。

12.3 "5G智慧物流+"特色两业融合式供应链创新

12.3.1 企业基本情况介绍

江苏佳利达国际物流股份有限公司（以下简称"佳利达"）成立于2005年，全国仓库面积超30万平方米，已在近30个城市建立服务网点。作为国际航空运输协会（IATA）会员、世界货物运输联盟（WCA）会员、中国航空运输协会（CATA）航空一级货运代理企业、中国国际货运代理协会（CIFA）常务理事单位及中国报关协会（CCBA）理事单位，佳利达同时拥有高新技术企业、全国商贸物流重点联系企业、江苏省供应链创新与应用重点培育企业等多项荣誉称号，系中国货代物流综合百强、民营五十强、空运五十强及仓储二十强企业。

佳利达以"诚信智佳·互利畅达"为品牌理念、以科技驱动行业发展为核心，精心构建"供应链整案咨询、智慧供应链、整合物流"三大服务体系，针对IC（集成电路）、大健康、新能源三大产业发展需求，可为其提供专业、高效、协同的智慧供应链解决方案，助推制造企业价值持续增长。同时佳利达积极响应"一带一路"倡议，于新加坡、越南、柬埔寨等东南亚国家设立海外分公司，持续构建共生共赢的供应链生态圈。

12.3.2 供应链创新背景

面对严峻复杂的宏观环境及前所未有的风险挑战，无锡工业制造正面临数字化转型的挑战，开始聚焦智能化、绿色化、服务化、高端化的发展方向，逐步形成集成电路、生物医药、物联网、汽车及零部件（含新能源汽车）、高端装备等16个先进制造业重点产业集群，涌现出一批智能制造领军企业。

随着制造业企业所处整体环境形势的变化及企业规模的扩大，过去劳动密集型、传统粗放且低端的制造生产方式难以持续，制造业管理者很难实时、高效地全局掌控企业生产，包括掌握物流环节数据并进行过程监管。同时，他们期望借助缩减成本、缩短业务流程等精细化手段提升行业竞争力，抢占新形势下发展先机，因此制造业企业对供应链的敏捷和柔性也提出了"智慧物流""智慧供应链"的更高要求。

伴随 5G 及大数据相关技术的应用并依托行业发展背景，佳利达从自身专业角度出发，以物流为突破口，提出"5G 智慧物流＋"特色的两业融合式创新供应链服务，该创新供应链服务集仓储、运输、配送、装卸、信息服务、报关等多功能于一体，优化供应链全链路，将智慧供应链完全融入企业经营，数智化赋能先进制造业高质量发展，高效促进现代服务业与先进制造业的深度融合，如图 12-2 所示。

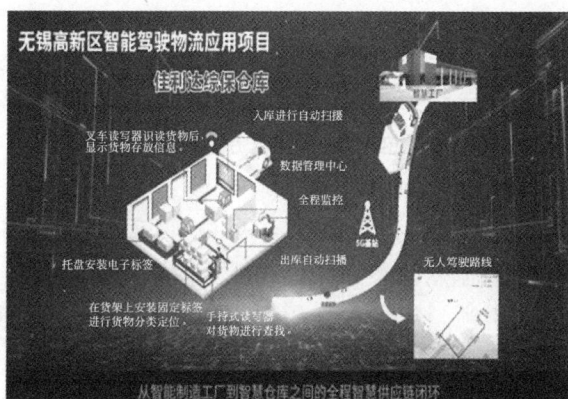

图 12-2　佳利达 B2B 的园区智慧型物流运营场景

12.3.3　供应链创新模式和特点

1. 构建"5G 智慧物流＋"的特色两业融合创新模式

佳利达与多家先进制造企业建立长期战略合作关系，以物流为出发点，深入探索两业共生互融，总结出一种适用于物流行业与制造行业深度融合的创新发展服务模式，概括为"5G 智慧物流＋"的特色两业融合式供应链创新服务。

（1）依托智慧关务、智能仓储、智能驾驶、批量自动装卸等运营场景，开创智慧型物流与智能制造的 B2B 智慧园区数字融合创新。

（2）聚焦"三大产业"——IC 产业、大健康产业、新能源产业，并最终实现"四化"——数字化、智能化、绿色化、协同化。

2. 开创 B2B 的园区智慧型物流运营场景融合创新

佳利达以物流为出发点，强化"四化"供应链管理服务战略，开创 B2B 的园区智慧型物流运营场景，形成智慧物流与智能制造无缝衔接的真实性商业运营场景。在第三方物流接收订单后，智慧关务将纷繁复杂的单证归类，简化报关流程；智能仓库对货物进行自动分拣、出库；协同自动批量装载将货物装载至智能网联车，通过闸机自动抬杆、绿波通行等多项自动驾驶场景，将货物运载至客户工厂，并批量自动卸货，最终实现

"门到门"的全业务智慧化物流运营场景。该项运营场景的实施，进一步实现了制造工厂与智慧物流公司间的闭环智慧运作，同时也提升了无锡作为"双智"城市的现代化服务水平，形成无锡"双智"城市特色之一。

3. 运用综合性平台数字赋能智能制造供应链管理

伴随制造企业对供应链管理服务要求的不断升级，佳利达运用综合性智慧管理平台数字赋能智能制造企业供应链全方位管理，集成采购、智能仓储、智能制造、数字营销、智慧 B2B 物流、供应链风险预测与防控及数字化客户关系管理等于一体的供应链管理体系，可有效实现制造企业供应链流程的"四化"，可去掉线边库、直送产线，解决企业面临的作业不连贯、非智能化的困境，还可大幅提升制造企业库存管理、物流运输监管、作业效率及客户服务水平，提升制造企业管理质量和多方贸易的可靠性，强化与客户及供应商之间的紧密性，加速拓展供应链上下游产业，进一步深化制造业与物流业的协同融合发展。

12.3.4　供应链创新成效

1. 把握数字经济发展趋势，加速推动两业深度融合

1）以数字驱动为引领，推动融合模式创新

数字经济发展速度之快、辐射范围之广、影响程度之深前所未有。佳利达充分立足数字驱动及两业融合模式创新，聚焦先进制造业数字化转型发展需求，依托大数据、5G、车路协同等数字驱动引领，开创 B2B 的园区智慧供应链运营场景创新服务，有效催生两业融合新业态。

该创新融合模式依托智能仓库、自动批量装卸、智能驾驶、智慧关务等综合服务，数字驱动商业模式创新，可有效减少制造企业作业人员、加速作业流程运转，同时提升制造业整体供应链数字化、智能化发展水平，助力制造业朝向数智化、绿色低碳化转型。其中，智能驾驶场景及卡车自动批量装卸被无锡市工业和信息化局授予"无锡市车联网先导区典型应用场景"的称号，打造创新发展新格局。

2）以平台赋能为核心，提升融合发展质效

佳利达立足于制造业企业业务、资源及核心能力提升，探索优化制造行业供应链物流管理体系，以综合管理平台赋能提升制造业与物流业、制造业与供应商及客户间、产业上下游间的融合发展质效，可有效推动大数据在制造业企业工艺流程优化、管理流程创新、智能供应链、辅助决策支持等环节的集成应用；可有效提升企业市场响应能力、降低双方经营成本，进一步提升企业盈利水平，并解决制造企业面临的作业不连贯、环节衔接不紧密等困境，着力引导制造业与物流业携手迈进数智化发展新时代，不断促进两业融合发展质效的快速提升。

3）以数字基石为牵引，强化两业融合规范

经过佳利达对物流业与制造业融合实践的多年探索，物流标准体系的建立及应用推广作为数字基石不断强化两业深度融合规范，加速制造业数字化转型和创新发展。

近年来，佳利达主导并参与 1 项江苏省地方标准、4 项团体标准的发布。其中，团体标准《物流容器编码规则》为制造业与物流业企业的托盘、托盘笼、周转箱等不同种类的物流载具统一编制了 28 位码的编码体系；江苏省地方标准《仓储管理 RFID 应用技术规程》也为制造企业及物流企业的仓库管理提出了 RFID 技术规范，对行业的规范化、标准化起到积极正向融合作用。

2. 创新特殊环境定制服务，高效保障生产制造发展

面对严峻复杂的形势，作为无锡地区物流行业龙头企业，佳利达创新特殊环境背景下的定制化服务模式，针对性调整方案应对政策转变，高效保障制造企业生产畅通、持续发展。

12.3.5　供应链创新经验总结

1. 持续探索"5G 智慧物流＋"的特色两业融合

现代服务业与先进制造业深度融合过程中，佳利达积极谋划并打造推出"5G 智慧物流＋"的特色两业融合式供应链创新服务模式，全方位拓展产业转型新空间，提升数字化制造与服务能力，对制造企业增强核心竞争力、培育优质供应链管理体系、实现高质量发展起到重要作用。后续，佳利达将持续探索两业融合发展新业态、新模式，以及两业融合发展新路径，助力制造企业智改数转、赋能制造企业转型升级。

2. 打造多维发展的供应链整体解决优化服务

物流企业与制造企业并非简单的交易双方。作为智慧供应链解决方案服务商，佳利达从仓储改造、6S（整理、整顿、清扫、清洁、素养、安全）管理、绩效考核、供应链智能装备整合、产线优化、综合信息服务等多个维度，为先进制造业企业提供提升发展的管理咨询及专业流程改善服务，借此建立起佳利达与制造企业互利共赢、紧密联合的战略合作关系；同时增强两个不同业态企业的创新文化建设，为双方赢得物流总成本降低及新增利润价值创造的挑战。

3. 深化"人才强企＋科技强企"双向战略引领

在发展奋进的道路上，佳利达始终贯彻"人才强企＋科技强企"双向战略，切实将公司的人才优势转化为创新优势、竞争优势和发展优势，持续提升企业自身核心竞争力。

佳利达通过成立以总经理为首的创新领导小组，全过程参与公司创新项目管理，全方位推动公司创新发展；建立健全落实人才引领战略，不断完善人才引进、培养、使用、评价、激励机制，进一步激发提升人才创新活力、创新发展动力及攻坚克难能力。双向战略引领推动公司高质量发展。

12.4　多场景、模块自动化助力仓储服务升级

12.4.1　企业基本情况介绍

多年以来，利丰供应链积极拓展亚洲市场，与超过 400 家知名跨国公司建立合作伙伴关系，每天为全球客户输出超过 1 亿件商品。

随着中国经济和物流产业的飞速发展，利丰供应链专注于为在中国市场发展的鞋服、奢侈品、酒类、美妆品、医疗、食品饮料、快速消费品、电子及化工行业等客户，提供

高效、可靠、具有成本效益的定制化物流供应链管理服务，并与这些客户建立了长期的合作关系。

仓储服务是利丰供应链最核心的服务业务：截至 2024 年，利丰供应链管理（中国）有限公司在中国运营 53 个先进分拨中心，仓储总面积超过 837 500 平方米（83.75 万平方米）。为了有效地适应不同类型产品对仓储运作的要求，满足客户多样化的需求，利丰供应链在全国各地的仓库均不同程度地实现了定制化设计，并配备高标准的仓储和运作设施。

电子商务：截至 2024 年，利丰供应链在 10 个城市拥有 36 个电商运作点（含自动化中心），面积超过 83.75 万平方米。2023 年"双 11"其单日峰值超 500 万件。

运输服务：利丰供应链拥有完善的运输网络，截至 2024 年，在全国设有 45 个中转站、120 个城市提货点以及 800 多个末端城市配送点，拥有 120 台自有车辆和 90 多支经过严格甄选评估的供应商车队。利丰供应链的运输网络涵盖商场、超市、酒店、工厂等多种配送渠道，同时拥有危险品道路运输资质，可提供专业的危险品运输资源和服务。

货运代理：利丰供应链致力于为客户提供世界一流的货运代理服务，其服务范围涵盖航运、空运、陆运、多式联运、进出口报关相关服务及量身定制的一体化解决方案。

12.4.2 供应链创新背景

利丰供应链为利丰集团旗下的一家专业第三方物流企业，也是亚洲领先的物流服务提供商，通过国内物流和全球货运管理，可以提供整体、集成的解决方案，涵盖产品从工厂到达消费者手中的整个过程。其服务标准、设施质量和运营专业精神符合客户的最高服务标准。利丰供应链是鞋履、时装、快速消费品、食品、饮料及零售业的理想供应链合作伙伴，通过与本地及跨国品牌和零售商的合作，帮助其优化库存和信息流通，以降低成本和提高服务水平。

利丰供应链中国已成功与数百个客户合作，知名的客户品牌包括 Nike、Zara、Lululemon、IKEA、Dyson、Logitech、Nivea、P&G、Sephora、Dr. Jart＋、Toysrus 等。

利丰供应链的优异表现引起了行业的高度关注，2021 年 12 月 22 日，丹麦航运巨头马士基宣布，同意以 36 亿美元收购总部位于中国香港的利丰供应链。获得监管批准后，此项交易于 2022 年完成。

伴随着中国经济的发展，薪资水平水涨船高，第三方物流企业的用人成本不断攀升，导致众多企业不堪重负。同时，传统物流企业的繁重体力劳动、重复性操作模式的工作性质对于年轻的就业群体越来越缺乏吸引力。仓储工作场所，冬天冷、夏天热，温控设备高昂的设备投资和电费成本，使温控方案成为第三方物流的痛苦选择，也影响人员作业舒适度和人力作业模式的合理性。多种因素的叠加，导致企业招工日益艰难，用工缺口持续扩大，尤其是在"双 11"或者"618"这些大促期间，人力阶段性需求旺盛，各物流企业之间的抢人大战日趋白热化。

同时，物流技术，尤其是自动化技术，正在经历日新月异的变革，从传统的输送线，到分拣设备，再到货人机器人，各种技术加速迭代，设计理念持续推陈出新。这个大背景下，采用更多自动化技术替代人工的呼声越来越成为行业的共识。

大浪淘沙，不乏一些优秀的自动化供应商，在激烈的市场竞争中获得了成长，锻造了自身的拳头产品，也带来了一些成功的实施案例。利丰供应链在推进物流自动化的进程中，依托自身对行业的深刻理解，以及供应商的战略合作，一直走在行业的前列，是众多同行学习对标的模范生。这些自动化案例中，利丰供应链不仅释放了人工成本压力，提升了作业的品质和产能，同时也给客户的供应链赋能，提升了客户的品牌价值。

解决方案层面，第三方物流存在两个普遍的痛点：第一是仓储成本居高不下，随着地价和仓租持续上涨，以及市场上普遍的 9 米标准库大量涌现，如何充分利用仓库净高提升空间利用率成为当务之急。传统解决方案下，操作区和零拣小货架，仅使用地面 2～3 米的高度空间，上方净空均被浪费。利丰供应链在多个方案中，创新性地采用阁楼或者高位货到人货架的模式，充分利用仓库，有效解决这一难题，并且满足消防的规范要求。第二是方案的灵活性和兼容性，严重限制了第三方物流的投资。众所周知，作为合同物流的第三方，所有的投资都要跟项目合同走，理想的情况应该是设备在合同期内折旧清零，否则就有残值处理和利旧的问题发生。在这一点上，利丰供应链的解决方案，大多采用可拆卸迁移设备，同时在设备参数上，考虑行业的通用性，使这一难题得到解决。

12.4.3 供应链创新模式和特点

对于行业普遍遇到的挑战，利丰供应链依托十几年的运营经验和对市场上物流技术的研判，提出了"重点客户，重点流程，模块自动化"的策略。基于这个策略，利丰供应链与市场上头部的物流自动化企业保持密切的技术交流和紧密的项目合作，确保物流服务的高水平运转。

1. 多场景、多种设备的自动化改造，助力仓储的高效运营

A 物流中心，服务于高端运动品牌，主要产品是鞋服配，出库的渠道既有门店、经销商，也有多家电商平台，需要满足客人的存储需求和波动剧烈的操作需求。在对客人的业务有多年的理解和实践的情况下，利丰供应链在 25 000 平方米的场地，规划三种类型的存储空间，在出库流程中使用自动化设备，包含输送线、PTS（put to store，分货到门店）、发货分拣机、缓存集放区、灯带分拣墙等，使物流中心具备高度扩展性、灵活性、经济性、高效性。

1）采用输送线的方式，串联不同仓间和不同楼层的货物流动

物流中心的不同仓间，是一字布局，横向长度超过 200 米，还需要在阁楼区进行跨楼层作业，所以选择输送线的方式串联各个仓间和各个自动化设备。输送线总长超 2 000 米，有多个汇流口、分流口、读码器、分拣机，最大作业效率为 3 000 箱／小时；货物从整箱存储位通过输送线流经 PTS 区域、阁楼、Buffer 区域（缓冲区）、出库分拣区域等，完成货物的出库流程。

2）PTS 和发货分拣机

这两个设备用于大仓的出库环节，PTS 是利用电子标签帮助分拣的一个应用。在 WMS 中，不同订单的产品会组合在一起，以箱为单位从存储区补货到输送线上，输送线上的读码器会读取箱子的信息，上传给 WMS 来获取目的地，依靠分拣设备，箱子会

分流到 PTS 的工作站，工作人员根据电子标签的提示，将货物分拣到目标订单箱中。发货分拣机是按照线路进行分货的分拣机系统，在完成 PTS 的工作后，工作人员会复核封箱，封箱后，箱子会流转到出库区，读码器与 WMS 交互后，CMS(编码分拣机) 控制分拣机将箱子分至对应线路，最后堆板出库。

3）电商出库综合自动化

电商出库在拣选环节，采用波次拣选再分货的方式。拣选的楼层涉及多个，利用缓存集放区域对同一波次不同楼层的任务进行自动集合，集合完成后统一释放到分货区。分货区采用灯带的设计，减小对熟练工的依赖，并且提高效率，之后完成 WMS 的包装。包装完成后，利用输送线和读码器，实现自动出库扫描，并上传系统。

2. 积极进行创新技术的场景规划，助力仓储运营的智能化

B 物流中心服务于国际知名的内衣品牌，结合产品特性和出库订单特性，利丰供应链积极构建自动化应用场景，完成全市的匹配选型，依次引进了料箱 AGV、3D（三维）分拣系统、AMR（自主移动机器人）阁楼拣选等先进的技术，进行 POC（概念验证）测试，并从仓储需求倒推供应链前端，进行 RFID 的技术革新，初步部署 RFID 通道机、标签打印机、平板、盘点车、读码枪等设备，构建综合性 RFID 技术应用体系。利丰供应链创新管理如图 12-3 所示。

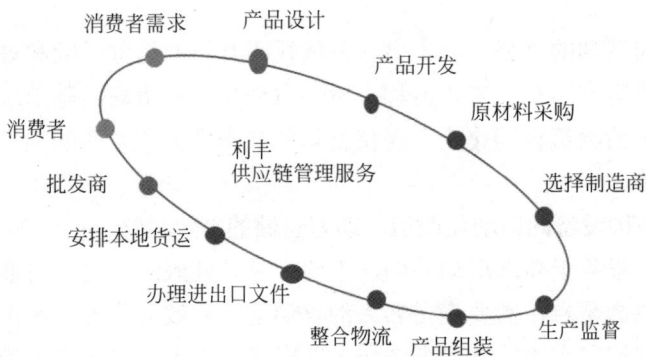

图 12-3　利丰供应链创新管理

（1）料箱 AGV 厂家与头部创新企业合作，采用最新的货到人分段概念，利用料箱 AGV 和搬运 AGV 组合的模式，在仓库 1 000 平方米的场地上，进行 12 000 个料箱的设置，多达 84 台 AGV 的部署，通过 WMS 与 CMS 的对接，自动获取作业任务，AGV 将目标料箱搬运到拣选工作站，拣选人员在零走动的情况下进行拣选作业，拣选工作站采用电子标签提醒的方式，降低工作人员的判断难度。以 AGV 料箱到人技术手段为核心，在一系列以人机交互为目的的综合性方案设计下，成功提高了拣选位的存储密度和操作效率。

（2）3D 分拣系统是以桌面分拣与立体分拣两种技术为载体的综合分拣系统，是市场上新颖且成熟的分拣技术，应用在鞋服的各种场景，并在市场上寻找强有力的伙伴进行产品的打磨。得益于双方强强联合的愿景，其最终快速部署在电商出库环节，其具有模块化的设计，整个部署和基本调试在一周内完成。现场运营结合自身的操作流程和设备的特性，不断地进行功能和实现方式的优化，最终提高每个波次的拣选单量：从 20 单提高到 200 单，并在不足 200 平方米的地方同时实现 700 个订单的分拣。

（3）阁楼是利丰供应链常态的零拣区域的规划设计，一般 9 米的仓库，会搭建成 3 层阁楼，在阁楼上进行零拣小货架的排布，因为产品的 SKU（最小存货单位）有 2 万~3 万个，整个拣选区域非常大，拣选人员每天需要行走 2 万~3 万步去完成作业任务。AMR 拣选技术是在传统 AGV 技术上的升级，不仅升级成自主导航的模式，而且结合了拣选的业务需求，增加任务分配和拣选功能，更重要的是适用利丰供应链 90% 阁楼拣选的场景。利丰供应链在深入打磨应用场景后，和行业细分市场的头部 AMR 企业合作，经过现场勘测、方案讨论、仿真模拟、实地建模等多重沟通后，决定部署 17 台 AMR 拣选车，进行 4 000 平方米的阁楼区域拣选。人员的走动多数被 AMR 替代，实现了人员拣选的效率提升，并大大减轻员工的工作强度。

12.4.4　供应链创新成效

1. 降低运营成本

在重点客户的重点流程，实施合理的自动化设备，可以直接节约作业人员和拣选作业成本；自动化设备的使用，简化操作流程，快速提升员工的操作熟练度，提高拣选效率，降低作业成本；自动化设备的应用，带来流程的标准化，减少不同环节因为灵活操作带来的人员冗余和浪费；可以通过自动化设备进行数据的收集和分析，方便人员和设备的管理，降低管理成本。

2. 提高市场竞争力

市场上 TPL 企业很多，在没有足够的运营经验的积累下，想提高服务质量，控制运营成本，采用自动化设备成为一部分企业的选择。利丰供应链服务于市场上各个行业的头部客户，客户对于服务水平的要求高于市场的平均水平，其看待市场的眼光也很高。利丰供应链在自动化的应用方面，依托多年的运营经验，切实地做到最适合的场景部署最适合的设备，在一定程度上，对于物流服务的生意，设置了准入门槛，从而避免市场上的恶性竞争，增强了与客人的黏合度。

3. 解放体力劳作，应对人力资源紧缺的压力

自动化设备的应用，可以降低对人员的要求，可选择的人力资源就会变多，从而缓解人员短缺的压力；承担了作业过程中最烦琐、最耗体力的作业，可以让员工保持在一个轻松的工作氛围中，员工的身体负荷小，更有利于员工的稳定，减少员工的流失；使员工的作业走向智能化，员工对于工作岗位的认可度更高，会吸引更多的人投入工作中，从而缓解找不到人、没人愿意干的窘况。

4. 对企业员工的培养

之前的各个部门的员工，特别是运营和方案规划人员，因为缺乏对于自动化的理解，局限在手工作业的泥潭中，在极致的手工作业模式下，依旧跟不上市场对于服务的需求。随着多场景、多模块自动化的实施，运营人员对于设备的使用和打磨更加得心应手；方案规划人员对于市场的敏感度越来越高，对于设备的了解也越来越深，在场景构造上有了深入的研究，彻底成为具有创新精神且专业的规划专家。自动化设备的应用，也助力公司扩大人才的培养宽度。

12.4.5 供应链创新经验总结及未来发展规划

自动化的实施，最主要的阻力来自财务成本。TPL 的合同周期一般不会太长，随时面临合同期满、服务终止的风险，所以管理层在投资上比较谨慎。在多个项目多种自动化的实施后，利丰供应链积累了大量的经验，确保在重点的操作流程中，寻找最合适的应用场景，匹配最合适的自动化设备，取得最大的收益，从而降低投资风险。

相同的设备和场景，在一个项目上获得成功后，会迅速推广到其他类似需求的项目，实现同一产品在利丰供应链内部的规模化，取得更有优势的报价。如料箱到人，利丰供应链在至少两个项目上进行了研究和实践，都取得了很好的收益。

实践证明，自动化对于降低运营成本和提高服务水平等，有明显的帮助。基于 TPL 的企业，功能模块自动化应用，并由块串成面，形成全仓自动化，是一个趋势。

即测即练

[1]　胡斌 . 冷链物流管理概论 [M]. 北京：清华大学出版社，2024.

[2]　李学工，李靖，李金峰 . 冷链物流管理 [M]. 2 版 . 北京：清华大学出版社，2020.

[3]　陈雨蝶，干宏程，程亮 . "双碳"背景下联合配送冷链物流模型及其求解算法 [J]. 控制与决策，2023，38（7）：1951-1959.

[4]　高杏杏 . 现代冷链物流中冷库的绿色设计及可持续发展 [J]. 中国物流与采购，2023（16）：69-70.

[5]　靳新春 . 冷链物流冷库绿色设计的理念与探析 [J]. 物流技术与应用，2024，29（z1）：66-68.

[6]　张蓉 . 新零售时代生鲜农产品"智慧＋冷链"物流发展路径探究 [J]. 商业经济研究，2022（9）：112-115.

[7]　李桂娥 . 冷链物流多层级配送中心连续选址模型构建 [J]. 计算机仿真，2022，39（4）：423-427.

[8]　张思颖，陈宁，李延晖，等 . 低碳视角下城市冷链物流配送系统优化决策研究 [J]. 工业工程与管理，2022，27（1）：56-64.

[9]　李明，刘航，张晓建 . 多物流配送中心的选址布局问题优化模型研究 [J]. 重庆交通大学学报（自然科学版），2017，36（1）：97-102.

[10]　任腾，罗天羽，李姝萱，等 . 面向冷链物流配送路径优化的知识型蚁群算法 [J]. 控制与决策，2022，37（3）：545-554.

[11]　周鲜成，蒋涛营，贺彩虹，等 . 冷链物流配送的绿色车辆路径模型及其求解算法 [J]. 中国管理科学，2023，31（12）：203-214.

[12]　陈久梅，周楠，王勇 . 生鲜农产品多隔室冷链配送车辆路径优化 [J]. 系统工程，2018，36（8）：106-113.

[13]　BURNSON P. Cold chain/Food logistics: setting the gold standard for cold chain[J]. Logistics management, 2002, 58 (9): 30-33.

[14]　PENG J. Optimizing the transportation route of fresh food in cold chain logistics by improved genetic algorithms[J]. International journal of metrology and quality engineering, 2019, 10 (14): 1-6.

[15]　寇学佳 . 冷链物流库设计研究 [J]. 中国新技术新产品，2020（13）：60-62.

[16]　施雯 . 互联网时代城市物流安全技术发展及应用：评《区块链技术下冷链物流安全性研究》[J]. 中国安全生产科学技术，2021，17（11）：194.

[17]　TANG F. Application of a cold-chain logistics distribution system based on cloud computing and Web delivery date management[J]. International journal of information systems and supply chain management, 2023, 16 (1): 1-16.

[18]　李学工，等 . 物流策划与设计 [M]. 北京：清华大学出版社，2018.

[19]　陈红丽，潘奕博，丁丽娟 . 冷链物流配送网络选址 - 路径 - 库存的优化 [J]. 公路交通科技，2024，41（10）：47-55.

[20]　胡利利，夏扬坤 . 多冷链物流中心选址分配及其自适应免疫算法 [J]. 数学的实践与认识，2018，48（16）：31-39.

教师服务

感谢您选用清华大学出版社的教材！为了更好地服务教学，我们为授课教师提供本书的教学辅助资源，以及本学科重点教材信息。请您扫码获取。

➤➤ 教辅获取

本书教辅资源，授课教师扫码获取

➤➤ 样书赠送

物流与供应链管理类重点教材，教师扫码获取样书

清华大学出版社

E-mail: tupfuwu@163.com

电话：010-83470332 / 83470142

地址：北京市海淀区双清路学研大厦 B 座 509

网址：https://www.tup.com.cn/

传真：8610-83470107

邮编：100084